# 本土化视域中的《周易》

## ——《周易》导读

李先龙 ◎ 著

黑龙江大学出版社
HEILONGJIANG UNIVERSITY PRESS
哈尔滨

**图书在版编目（CIP）数据**

本土化视域中的《周易》：《周易》导读 / 李先龙
著 . -- 哈尔滨：黑龙江大学出版社，2023.12
ISBN 978-7-5686-0979-1

Ⅰ．①本… Ⅱ．①李… Ⅲ．①《周易》－研究 Ⅳ.
① B221.5

中国国家版本馆 CIP 数据核字（2023）第 069149 号

本土化视域中的《周易》——《周易》导读
BENTUHUA SHIYU ZHONG DE《ZHOUYI》——《ZHOUYI》DAODU
李先龙　著

| | | |
|---|---|---|
| 责任编辑 | 于海燕 | |
| 出版发行 | 黑龙江大学出版社 | |
| 地　　址 | 哈尔滨市南岗区学府三道街 36 号 | |
| 印　　刷 | 哈尔滨市石桥印务有限公司 | |
| 开　　本 | 720 毫米 ×1000 毫米　1/16 | |
| 印　　张 | 13.75 | |
| 字　　数 | 245 千 | |
| 版　　次 | 2023 年 12 月第 1 版 | |
| 印　　次 | 2023 年 12 月第 1 次印刷 | |
| 书　　号 | ISBN 978-7-5686-0979-1 | |
| 定　　价 | 56.00 元 | |

# 前　言

在中国传统文化中,《周易》是一部很重要的书,素有"群经之首"的美誉。"易学"则是由《周易》衍生出来的学问。我们只要提及中国传统文化,无论哪一方面,似乎都可以找到与"易"的联系。正如《四库全书总目》中的概括:"《易》道广大,无所不包。旁及天文、地理、乐律、兵法、韵学、算术,以逮方外之炉火,皆可援《易》以为说。"因此,《周易》又是一部很复杂的书。

正是由于《周易》复杂,我们在读《周易》时不免会产生两点疑问:一是"从哪读起";二是"如何来读"。对于这两点疑问,笔者其实也不敢说有好的答案。一方面,笔者并非专注于《周易》研究的专家;另一方面,每个人的读书习惯也不完全相同。所以,笔者也希望借这本书和广大读书爱好者一起交流读书心得,共享读书的乐趣。

先谈谈"从哪读起"吧!窃以为不妨直接从《周易》文本入手。因为无论从哪读起,最终都是要进入文本才算真正地开始阅读。不过,直接从文本入手,不代表只读文本就够了。如高亨、朱伯崑、张善文、吴克峰等前辈学者的著述已经为我们读"易"扫除了许多障碍,我们首先要向前辈学习。只是在读有关《周易》的著述时,我们应该保持这样一种态度:读这些著述的目的是帮助我们更好地进入文本。

关于"如何来读",在笔者看来,这是一个比"从哪读起"要困难得多的问题。因为这将涉及读书的目的、方法及二者之间的关系等多方面的讨论。"如何来读"也是笔者希望通过这本书和读者交流的主要问题之一。

据记载,朴学大师孙诒让有一种读书法,即在曝书之余,检近年收藏之西洋动物学书各种译册,综合研览,并摘取其说,与中国古籍参互推校……以论究之①,"参互推校"是一种很有用的读书法。但是,我们需要注意,这种读书法存在一个隐藏的问题,即我们是以"参互推校"的方法来理解文本,还是在理解文本的基础上"参互推校"呢?

历史上,在印度佛教刚刚传入中国时,中国士人便以儒、道思想来"参互推校"佛学典籍,这种方法在佛学上称为"格义"。然而,到道安、鸠摩罗什时期以后,佛教渐渐为中国士人所熟知,"格义"之法也便不再用了。至于不再使用"格义"之法的原因,鸠摩罗什的弟子僧睿曾言,"'格义'迂而乖本"②。由此可见,"格义"只是佛教在中国传播之初而采取的一种权宜之法,真正进入佛教典籍之后,"格义"之法便退出了历史的舞台。

类似的问题在中国近代也曾出现过。例如,梁启超在解释《墨经》时提出了"以欧西新理比附中国旧学"③的方法。可是,这样解释的结果是属于欧西新理还是属于中国旧学呢?按照梁启超的说法,解释的结果应该是"两文明结婚"所孕育的"宁馨儿"④。于是,问题来了,"宁馨儿"是对《墨经》的解释吗?

陈寅恪曾在给冯友兰的《中国哲学史》写的《审查报告一》中指出过这一类问题:"则著者有意无意之间,往往依其自身所遭际之时代,所居处之环境,所熏染之学说,以推测解释古人之意志……其言论愈有条理统系,则去古人学说之真相愈远。"⑤按陈寅恪的评论,我们若以其他学说来"参互推校"古人的观点,结果不一定是更理解古人的观点,也可能会更加误解古人,我们越是系统地理解古人,便越有可能系统地误解了古人。所以,虽然"参互推校"是一种很有用的读书法,但我们应该谨慎使用。

可真正的问题在于,即使我们再谨慎,误解也是不可避免的。或者说,对于读书来说,理解和误解之间并没有一条清晰的界线。因为人不可能完全摒弃自己原有的视域来理解文本,所以理解的结果一定是视域融合。可是,伽达默尔在提出"视域融合"时却重点指出:"诠释学的任务根本不是要发展一种理解的

① 孙延钊:《孙衣言、孙诒让父子年谱》,徐和雍、周立人整理,上海社会科学院出版社2003年版,第290页。
② 陈寅恪:《陈寅恪史学论文选集》,上海古籍出版社1992年版,第97页。
③ 梁启超:《梁启超全集》,北京出版社1999年版,第3186页。
④ 梁启超:《梁启超全集》,北京出版社1999年版,第563页。
⑤ 冯友兰:《中国哲学史 下》,华东师范大学出版社2011年版,第331页。

程序,而是要澄清理解得以发生的条件。但这些条件完全不具有这样一种'程序'的或方法论的性质,以致作为解释者的我们可以对它们随意地加以应用——这些条件其实必须是被给予的。"①这意味着,视域融合理论对我们解释文本只具有本体论的意义,不具有方法论的价值。我们尤其不应该因为理解的结果是视域融合,便主动地把理解和误解混为一谈。

关于如何避免混为一谈的问题,本书将在第六章中展开详细讨论,这里只做简要说明。本土化视域是近年来基于逻辑学中的广义论证理解而提出的新的研究程式,也称"广义论证本土化研究程序"。其核心想法是,每个文本都是在其所处的社会文化中产生的,因而也只有在其所处的社会文化中才可能得到尽可能如实的描述。② 所以,我们在阅读《周易》时应该从方法论的角度尽量避免因参互推校而引起误解的可能。

但是,避免参互推校而引起的误解不等于排斥参互推校。我们的目的仅仅是有意识地减少误解。或者说,我们只是在方法论的意义上不把参互推校作为解释文本的依据;但在本体论的意义上,我们在解释完文本之后仍然可以就文本内容进行参互推校和阐发延伸。在这个意义上,本书所说的"本土化"并非保守或复旧,而是希望研究者能在全球化进程中保持一份文化自觉。所以,本书并不拒绝参互推校,只是强调参互推校应当建立在文化自觉的基础之上。事实上,本书中也存在参互推校的情况。但是本书参互推校的目的并不在于解释文本,而是对本土文化具有"自知之明",从而加强本土文化在适应新时代、新环境的文化转型中的自主能力。所以,参互推校其实是一种很好的读书法,但是参互推校应该以文化自觉为前提。

回到"如何来读"的问题上,简而言之,我们在阅读时要有意识分成两步来走:一是文本的定向;二是自我表达的定向。

当然,这种两步走的阅读仅仅是对于本书所要探讨的问题来讲的。阅读本身是没有定法的,每个人都有自己读书的习惯和目的。我们也大可不必纠结于一字一句的意义,"每有会意,便欣然忘食"也是不错的阅读体验。或者,借助"易学"来谈自我管理、人生智慧,也都是可以的。只不过这些方面已经不是这

---

① 汉斯-格奥尔格·伽达默尔:《诠释学 I 真理与方法——哲学诠释学的基本特征》,洪汉鼎译,商务印书馆 2007 年版,第 402 页。

② 鞠实儿:《广义论证的理论与方法》,载《逻辑学研究》2020 年第 1 期,第 1~27 页。

一本书可以涵盖的了。

其实,有关《周易》的著述已经很多了,这些著述都可以帮助我们更好地阅读《周易》。至于本书,其实也是一种尝试,希望可以在读书的方法论上做出一些自己的探索。毕竟本土化视域是近年来新提出的研究程式,在理论层面和应用层面尚有许多需要完善、深化之处。我们不妨先这样做起来,理论与实践并行,在阅读中不断地完善阅读体验。因为我们最终还是要读书的。

最后,由于笔者水平有限,书中难免会有不当之处。欢迎广大读者批评指正。

李先龙

# 目　录

# 第一章 《周易》的源流

《周易》是一部古老的书。《周礼·春官·宗伯》中已有提到，大卜"掌三易之法，一曰《连山》，二曰《归藏》，三曰《周易》"①；"筮人：掌三易以辨九筮之名，——一曰《连山》，二曰《归藏》，三曰《周易》"②，大卜和筮人都是商周时期负责卜筮的官员。由此可见，《周易》的历史至少可以追溯到《周礼》时期，甚至可以上溯到殷商时期。

不过，需要说明的是，《周礼·春官·宗伯》中提到的周易之法并不完全等同于我们今日所见之《周易》。现代流通本的《周易》其实可以分为两个部分：一部分内容称为《易经》，另一部分内容称为《易传》。

《易经》的内容就是卦，在生活中我们经常会说的八八六十四卦，其实都出自《易经》。关于卦的来历，一般认为，八卦始于伏羲，六十四卦源于周文王。即，"古者包牺氏之王天下也，仰则观象于天，俯则观法于地，观鸟兽之文，与地之宜，近取诸身，远取诸物，于是始作八卦，以通神明之德，以类万物之情"③。其中，包牺氏便是传说中的中华文化始祖伏羲。而"至于殷、周之际，纣在上位，逆天暴物，文王以诸侯顺命而行道，天人之占可得而效，于是重《易》六爻，作上下篇"④。其中，"重《易》六爻"而创作的上下两篇便是《易经》了。

《易传》的内容是对《易经》的解释，据说为孔子所作。司马迁曾言，孔子晚而喜《易》，序《彖》《系》《象》《说卦》《文言》。⑤ 其中，《彖》《系》《象》《说卦》

---

① 陈戍国：《周礼·仪礼·礼记》，岳麓书社 2006 年版，第 54 页。
② 陈戍国：《周礼·仪礼·礼记》，岳麓书社 2006 年版，第 55 页。
③ 杨天才、张善文：《周易》，中华书局 2011 年版，第 607 页。注：后文所引《周易》文本，如无特别说明，皆引自此文献。
④ 班固：《汉书》，中华书局 1962 年版，第 1704 页。
⑤ 司马迁：《史记》，中华书局 1950 年版，第 1937 页。

《文言》共同组成《易传》。

到了汉代，汉儒们开始编纂《周易》，将《易经》和《易传》编纂到一起，这便是现代流通本《周易》的初貌。随着儒学、经学的确立和发展，汉儒们将《周易》视为儒家经典，并尊《周易》为"六经之首"。我们通常也将这个过程称为《周易》的"儒学化"。

随后，历代哲人对《周易》的诠释逐渐呈现出多元化的趋势。例如，三国时期王弼作《周易注》和《周易略例》，将《周易》的诠释方向引导向了老庄；北宋程颐作《伊川易传》又开启了《周易》理学化的进程。再如，《周易参同契》和先天图的产生，又分别使得《周易》的诠释呈现为神仙家化和道士化。至此，《周易》也从"六经之首"逐步发展成"群经之首"。在后世多元化的诠释中，人们也不断地整合与《周易》相关的各种理论，最终又形成了一门以《周易》为核心的学问，即"易学"。

我们暂且不论先秦以后的易学发展状况，单从传说中伏羲创八卦到文王演《周易》，再到孔子作《十翼》，粗略算来也有上千年的时间①。所以，班固言道："《易》道深矣，人更三圣，世历三古。"②

当然，有关伏羲的典故更多体现在传说当中，我们不应该简单地把八卦归结于伏羲的贡献，《周易》的形成其实有一段历史过程。因而，在了解《周易》的具体内容之前，我们有必要了解一下《周易》产生的历史源流。

## 第一节　从龟卜到占筮

诚如上述所言，《周易》自上古时期便已有流传，在春秋战国时期，《周易》就已经成为一部重要的典籍。待到汉代，汉儒们对《周易》的看法发生了重大转变，我们现代对《周易》的认识其实主要来自汉代以后易学的研究。事实上，《周易》最初的"身份"只不过是一本卜筮手册。

据《汉书·艺文志》记载，"及秦燔书，而《易》为筮卜之事，传者不绝"③，由

---

① 我们虽然不能确定伏羲生活的年代，但是根据史料记载，姑且认为伏羲生活在夏商之前。
② 班固：《汉书》，中华书局 1962 年版，第 1704 页。
③ 班固：《汉书》，中华书局 1962 年版，第 1704 页。

此可见，直到秦始皇焚书坑儒时，人们对《周易》的看法还普遍停留在其卜筮的作用上。当然，也正因为当时人们对《周易》的这种普遍看法，《周易》才得以流传后世。所以，宋代大儒朱熹直接表明，"《易》本为卜筮而作"①。

## 一、何为"卜筮"

对于"卜筮"一词，我们现在常常将"卜"和"筮"连用，合称为"卜筮"，作为"占卜"或者"问卦"的同义词。但在历史上，"卜"和"筮"其实是截然不同的两种占问吉凶的方法。《礼记》中有言："龟为卜，策为筮。"②因而，"卜"是指"龟卜"，"筮"是指"占筮"。

事实上，"卜"字的本义是指龟甲在灼烧时所产生的裂痕。《说文解字》将"卜"解释为"灼剥龟也，象灸龟之形。一曰象龟兆之纵横也"③。这里提到的"龟卜"是指，人们通过观察龟甲在灼烧后形成的裂痕来断定吉凶。具体来讲，上古时期的人在占问吉凶时，首先会在龟甲上凿出孔洞，然后将凿有孔洞的龟甲放入火中灼烧，龟甲在受热后便会从孔洞向周围裂开。古人便根据裂痕的形状来判断占问之事的吉凶。

关于裂痕的形状，古人也有详细的说明。据《周礼》记载，大卜除掌握三易之法外，还要掌握三兆之法。所谓"三兆之法"，"一曰《玉兆》，二曰《瓦兆》，三曰《原兆》。其经兆之体，皆百有二十，其颂皆千有二百"④。其中，"兆，灼龟坼也"（《说文解字》），即龟甲在灼烧后产生的裂痕的形状。当时，人们认为不同的裂痕预示着未来会有不同的事件发生，因而，根据兆的类型可以断定吉凶。其实，时至今日，我们仍然会把事件发生前显现出来的迹象称为"兆"（"预兆"或"前兆"）。

那么，古人为什么要选择龟甲作为占卜的工具呢？主要原因是，古人认为龟的寿命长，而长寿的动物往往具有灵性。正如《礼记》所言："何谓四灵？麟、

① 黎靖德：《朱子语类》，王星贤点校，中华书局1985年版，第1620页。
② 陈戍国：《周礼·仪礼·礼记》，岳麓书社2006年版，第245页。
③ 许慎：《说文解字》，蔡梦麒校释，岳麓书社2021年版，第134页。
④ 陈戍国：《周礼·仪礼·礼记》，岳麓书社2006年版，第54页。

凤、龟、龙,谓之四灵。"①又如《尚书》中言道:"(宁)[文]王遗我大宝龟,绍天明。"②由此可见,古人确实认为龟是可以与人的命运相关联的灵物。也正因如此,司马迁才会有"神龟出于江水中,庐江郡常岁时生龟长尺二寸者二十枚输太卜官,太卜官因以吉日剔取其腹下甲。龟千岁乃满尺二寸。王者发军行将,必钻龟庙堂之上,以决吉凶。今高庙中有龟室,藏内以为神宝"③的记载。

因此,"卜"在上古时期多指用龟甲占问吉凶的方法。

"筮"的本义是指用蓍草来占问吉凶,即"筮,《易》卦用蓍也"④。蓍草是一种多年生草本植物,"蒿属。生十岁,百茎"⑤,开白色的花,茎和叶可以做香料。

古人选择蓍草作为占筮工具的原因与选择龟甲作为占卜工具的原因是一致的。相对于"一岁一枯荣"的野草而言,蓍草是一种长寿的草。故而,在古人眼中,蓍草也是具有灵性的。

有关蓍草具有灵性的说法,王充也曾提出,"龟生三百岁,大如钱,游于莲叶之上;三千岁青边缘,巨尺二寸。蓍生七十岁生一茎,七百岁生十茎。神灵之物也,故生迟留;历岁长久,故能明审"⑥。司马迁也提出了"蓍生满百茎者,其下必有神龟守之"⑦的说法。段玉裁在注解《说文解字》时更是直接指出,"蓍之言耆,龟之言久,龟千岁而灵,蓍百年而神,以其长久,故能辨吉凶"⑧。由此可见,古人认为,蓍草和龟甲一样都具有占问吉凶的作用。

用蓍草占问吉凶的过程,简单而言:筮人首先按照一定的程序来操作规定好数目的蓍草,然后记录每一步操作之后得到的相关蓍草的数量,最后再按照某种方法来计算记录下来的数量,并根据计算结果确定所得之卦。对于具体的操作,我们现在已经不清楚上古时期的人们究竟有多少种占筮的方法了。从文献记载来看,一般认为,周代的占筮方法主要有三种,即"连山"、"归藏"和"周易"。这也是《周礼》中所说的"三易之法"。可是,即便是仅此三易,我们从已

① 陈戍国:《周礼·仪礼·礼记》,岳麓书社 2006 年版,第 317 页。
② 陈戍国:《尚书》,岳麓书社 2019 年版,第 118 页。
③ 司马迁:《史记》,中华书局 1950 年版,第 3227 页。
④ 许慎:《说文解字》,蔡梦麒校释,岳麓书社 2021 年版,第 193 页。
⑤ 许慎:《说文解字》,蔡梦麒校释,岳麓书社 2021 年版,第 27 页。
⑥ 王充:《论衡》,岳麓书社 1991 年版,第 219 页。
⑦ 司马迁:《史记》,中华书局 1950 年版,第 3226 页。
⑧ 许慎:《说文解字注》,段玉裁注,浙江古籍出版社 1998 年版,第 678 页。

有文献中也仅获知，"其经卦皆八，其别皆六十有四"①，至于三易取卦之间的区别，我们所知并不多。事实上，目前我们所知的从先秦流传下来的占筮方法仅有《周易·系辞上》中记载的"大衍筮法"②这一种而已。

但无论有多少种筮法，我们都可以看出，"筮"在古代专指人们用蓍草占问吉凶的方法。

不过，需要说明的是，"卜"和"筮"虽然是两种不同的占问吉凶的方法，但在先秦文献的记载中，人们常常将"卜"和"筮"放到一起来使用。例如，《周礼》中有，"凡国之大事，先筮而后卜"③。《尚书》中也有，"故一人有事于四方，若卜筮，罔不是孚"④。先秦文献中这些"先筮后卜"或"卜筮并用"的记载反映了古人在占问吉凶时既会采用龟卜的方法，也会用到占筮的方法，"卜""筮"总是一起使用的。

古人不完全相信龟卜或占筮的结果，其中一个原因就是龟卜的结果与占筮的结果并不总是一致的，所以古人在占问吉凶时两种方法都会使用。而对于龟卜和占筮的结果出现分歧时，古人提出"筮短龟长，不如从长"⑤的判断标准，即龟卜的可信度要高于占筮。

有关"筮短龟长，不如从长"这一说法的解读，《左传》中有说明："龟，象也。筮，数也。物生而后有象，象而后有滋，滋而后有数。"⑥朱伯崑据此提出："龟卜的历史悠久，而占筮则比较晚出。或者说，占筮乃一种新的形式，被看成是对龟卜的补充，所以遭到卜人的轻视。"⑦

因而，从"筮短龟长"的说法中，我们可以看出，龟卜的产生是早于占筮的。近年来的一些考古研究显示，龟卜属于象占是殷商以后的事情。在史前时期，龟卜也属于数占，用于象占的工具是兽骨，龟甲只是偶尔才用于象占。直到殷商时期，龟甲才渐渐取代兽骨成为象占的工具。需要说明的是，龟卜和骨卜在

① 陈戌国：《周礼·仪礼·礼记》，岳麓书社2006年版，第54页。
② 关于"大衍筮法"的相关讨论，本书将在第五章中展开。
③ 陈戌国：《周礼·仪礼·礼记》，岳麓书社2006年版，第55页。
④ 陈戌国：《尚书》，岳麓书社2019年版，第155页。
⑤ 陈戌国：《春秋左传》，岳麓书社2019年版，第157页。
⑥ 陈戌国：《春秋左传》，岳麓书社2019年版，第189页。
⑦ 朱伯崑：《易学哲学史》，昆仑出版社2009年版，第8页。

史前时期的分布带有明显的地域性，这可能与龟和兽在古代的地域分布有关。①也有观点提出，使用龟甲或兽骨与占问的事项有关，占问与祭祀有关的事项用龟甲，占用其他的事项用兽骨（例，田猎之事用胫骨、征伐之事用胛骨）。所以，考古发现中，骨卜的占比远大于龟卜。② 此外，对我国少数民族地区占卜方法的民俗学研究成果也显示，在史前时期，骨卜应该是多于龟卜的。③

## 二、从龟卜到占筮

龟卜产生的时间要早于占筮，这表明从龟卜到占筮是一个卜筮方法演进的过程。对于这一演进过程，朱伯崑指出，从龟卜到占筮的发展不仅仅是卜筮方法的演进，还导致了人们有关卜筮的观念发生了转变。④

龟卜是通过兆的形状来判断占问之事的吉凶。兆是龟甲在火中灼烧出来的，人们是无法控制龟甲在灼烧过程中产生的裂痕的走势的。因而，可以认为，龟卜中的兆是自然成形的。

不过，根据近年来的考古研究，我们发现，古人并非不想控制龟卜中产生的兆的形状。因为在考古发现中，有一些史前时期使用过的龟甲上并没有人为凿出的孔洞。随着时间推移，龟甲上的凿孔越来越多。而且，越是到了晚期，龟甲上凿孔的痕迹越是接近殷商时期使用的龟甲。这表明，古人在龟甲上凿孔的目的不是简单地使龟甲更容易在灼烧中产生裂痕。或许，古人最初在龟甲上凿孔的目的仅仅是使它更容易开裂。然而，随着凿孔次数的增加，古人发现凿孔的形状和位置会影响裂痕的走势。人们便开始有意识地通过凿孔的形状和位置来控制龟卜出现的兆。因而，我们发现，殷商时期的龟甲上的凿孔已经呈现出了一定的规则性。

通过在龟甲上凿孔的做法来看，在龟卜方法的发展过程中，古人是有人为控制兆的倾向和行为的，只不过控制兆的方法并不十分可靠。所以，龟卜的结

---

① 张金平：《考古发现与〈易〉学溯源研究》，中国社会科学出版社 2015 年版，第 16~51 页。
② 罗振玉：《殷虚书契考释三种》，中华书局 2006 年版，第 314 页。
③ 宋兆麟、黎家芳、杜耀西：《中国原始社会史》，文物出版社 1983 年版，第 494 页。
④ 朱伯崑：《易学哲学史》，昆仑出版社 2009 年版，第 8~9 页。

果从总体上看还应该属于自然成形的,人的因素对龟卜的结果影响是非常小的。

但是,等到占筮方法产生以后,情况便不同了。占筮的过程主要是利用蓍草进行演算。例如,《周易·系辞上》中记载的"大衍筮法",其中"衍"即"演算"之义。演算一定是由人来操作的。这即表明,占筮的过程十分依赖于人,或者说,占筮的过程是受人控制的。在这个意义上,可以认为,占筮的结果是人为产生的,人的因素对占筮结果具有明显的影响。

因此,对比人对龟卜和占筮中的影响,正如王夫之所说,"大衍五十,而用四十有九,分二挂一,归奇过揲,审七、八、九、六之变以求肖于理,人谋也……若龟之见兆,但有鬼谋而无人谋"①。故而,《周易》中才有言道:"人谋鬼谋,百姓与能。"②

不过,倘若我们从人对卜筮过程的影响来看,由"鬼谋"转变为"人谋"的实质其实就是人在龟甲上凿孔的做法的延续。因为古人有人为控制卜筮结果的想法,所以卜筮必然会向着"人谋"的方向发展。

事实上,古人希望人为地控制卜筮结果是一种很正常的想法。因为在上古时期,人们普遍迷信卜筮的结果。古人在从事诸如田猎、征伐、祭祀等各类社会事务之前,都会先进行卜筮以占问吉凶。表面上看,各类社会事务是参照(遵从)卜筮的结果行事的,但实际上在处理具体社会事务时,人们参照或遵从的是卜筮者的说法。卜筮者也因其可以占问吉凶而取得了指挥他人的"权力"。

在当时一部分人在社会事务中取得了权力,随之而来的便是社会开始出现阶层分化。所谓"阶层分化",通俗地讲就是"人以群分",具有相似社会地位的人逐渐形成一个群体,而不同群体之间的地位差别越来越明显。然而,社会地位是由权力决定的。故而,懂得卜筮的人逐渐也形成了一个阶层,这个阶层便是"巫"。上古时期,巫在社会生活中掌握实际权力。他们自然不愿意将权力分散给其他阶层。所以,卜筮便成了巫的专职工作,其他人不再参与卜筮。以上巫阶层形成的过程,也是古代社会从"家为巫史"向"绝地天通"转变的过程。

其实,关于从"家为巫史"到"绝地天通"这一过程,学术界目前还存在一些

① 王夫之:《周易内传·周易大象解·周易稗疏·周易外传》,岳麓书社2010年版,第615页。
② 杨天才、张善文:《周易》,中华书局2011年版,第641页。

讨论。有的观点认为"绝地天通"只是传说,并不是真实的历史。也有学者认为,良渚文明的考古遗迹中就包括了"绝地天通"的史实证据。① 余英时在广泛参考了现代学者有关"绝地天通"的观点后提出见解:"地上人王'余一人'或'天子'通过对于巫术的政治操纵,即巫师所具有的祭祀和占卜之类'神通',独占了与'天'或'帝'交流的特权。巫师之所以能行使中介功能也是奉'余一人'之命而行。不但如此,'余一人'也往往以人王的身份担任'群巫之长'的角色……我们已可推断:'余一人'通过巫的祭祀方式以垄断与'天'或'帝'的交通……"②

"绝地天通"在古代社会的最终表现是,"巫"成了"君"的特权职能,"君"成为最大的"巫"。这正是中国上古时期的"巫君合一"。

于是,在"家为巫史"到"绝地天通"的转变过程中,或者出于私欲,或者出于政治目的,君必然要对卜筮的过程进行掌控,以便取得巫的权力。这便是卜筮由"鬼谋"转向"人谋"的最初原因。当然,在上古时期,从"家为巫史"到"绝地天通",从"巫"到"君",从"鬼谋"到"人谋",经过了一段极为复杂且漫长的历史时期。以上论述是仅就卜筮而言做出的简要说明。

当卜筮完成了由"鬼谋"向"人谋"的转变后,或者说,在卜筮由"鬼谋"向"人谋"的转变过程中,人的因素对卜筮结果的影响越来越重要。从而,人们也不再单纯地将卜筮结果看作是自然形成的,而是自然与"人"的共同作用。进而,卜筮便也不再是单纯地去占问一件即将发生的事情的吉凶了,还包含了"人"对这件事情的认知与态度。因此,由"鬼谋"向"人谋"的转变,实质上是自然与"人"在卜筮的结果中达到了统一。

在卜筮的结果中,自然与"人"达到统一将极大地提升"人"的价值,重视"人"的能力,发挥"人"的作用。从而,"人"的地位可以与"天""地"等同。因而,我们看到,在"大衍筮法"中有"挂一以象三"③的做法。所谓"挂一以象三",即人立于天地之间形成天、人、地的三才之象。我们还看到,后世哲学将"人"与

---

① 苏秉琦:《中国文明起源新探》,人民出版社 2013 年版,第 107 页。
② 余英时:《论天人之际:中国古代思想起源试探》,中华书局 2014 年版,第 25~26 页。
③ 杨天才、张善文:《周易》,中华书局 2011 年版,第 583 页。

"天"并列起来思考世界。如庄子有"有人,天也;有天,亦天也"①的说法,再如董仲舒有"以类合之,天人一也"②的观点。

所以,把人的因素融入卜筮当中,是卜筮发展过程中的一个非常重要的转变。也正是因为有人的因素融入了卜筮当中,才使得卜筮逐渐去除了迷信的成分。以"人"为基础,正如朱伯崑所言:"后来从《周易》中,终于导出哲学体系。"③

因而,在这个意义上可以认为,从龟卜到占筮的发展是人们在卜筮的观念上发生的转变。

## 三、从数字卦到符号卦

如果说从龟卜到占筮的观念转变是古人有意识地将人的因素融入卜筮之中,那么,在具体的操作中,古人又是如何将人的因素融入卜筮结果中的呢?或者说,从龟卜到占筮的发展,古人希望可以人为地控制占筮的结果是一个问题,而实际可以做到人为地控制占筮的结果又是另一个问题。所以,从具体的卜筮操作层面,从龟卜到占筮一定也发生了相应的转变。

我们在前文已经说明,龟卜和占筮的区别就在于,龟卜的依据是龟甲灼烧后产生的兆,而占筮的依据是蓍草演算后形成的卦。兆和卦之间并非割裂且毫无关系的。事实上,我们对比《周易》中的卦辞和出土的甲骨文卜辞,可以看出,二者之间有很多相似之处。或者说,《周易》中有些卦辞实际上就是仿照甲骨文卜辞而作的。④ 这也表明,卦有可能是由兆发展而来的。

不过,根据《周礼》的说法,兆的数目和卦的数目是不同的。龟卜中的兆有三种("三兆之法"),每一种包括一百二十个兆;占筮中的卦也有三种("三易之法"),但每一种只包括七十二个卦,其中经卦有八个,别卦有六十四个。显而易见,如果卦是由兆发展而来的,那么在其发展过程中一定存在一个数目精简的

---

① 方勇:《庄子》,中华书局 2010 年版,第 331 页。
② 张世亮、钟肇鹏、周桂钿:《春秋繁露》,中华书局 2012 年版,第 445 页。
③ 朱伯崑:《易学哲学史》,昆仑出版社 2009 年版,第 9 页。
④ 朱伯崑:《易学哲学史》,昆仑出版社 2009 年版,第 8 页。

过程。①

然而,根据考古研究的成果,我们发现,最初的卦并非只有七十二(或六十四)个。因为最初的卦并不是用我们熟知的阴阳符号来表示的,而是直接用数字来表示的。例如,有一些出土的甲骨上刻有一些数字,如"一一六六一五""六八八八六六"②等,这些数字多数是以三个或六个为一组的形式记录下来的。我们知道,卦是通过演算蓍草的数目得出的,这些用于表示卦的数字大概就是演算蓍草而得到的结果。由数字表示的卦的数量显然要远多于由阴阳符号表示的卦。经过简单计算便知,三个一组的数字有 1000 种排列,六个一组的数字有1000000 种排列。当然,古人未必清楚地知道所有的数字排列情况,但从整体的数量级看,从数字卦到符号卦存在一个数量精简的过程。

说起数字卦,其实刻有数字卦的甲骨出土后很长一段时间内,考古学家和古文字学家都不清楚这些数字组合的含义。所以,当时的学者将这些数字组合统称为"奇字"。直到 1978 年末,"张政烺先生提出了以数字奇偶转《周易》阴阳爻的原则释读这类考古发现的数字符号……时至今日,这种考古器物上的数字符号可以被称为'筮数易卦'"③。张政烺说的"筮数易卦"也就是我们现在所说的"数字卦"。

数字卦的发现证明了文献中记载的占筮即演算的说法。在早期占筮中,人们得到的结果是一组数字,卦应该就是对这组数字的如实记录。之所以说"应该",是因为我们现在已经不知道古人是如何演算出这些具体数字的。但是,我们可以猜想,古人占筮的演算方法应当满足以下条件:每个数字在占筮结果中出现的次数近似于等可能分布。因为根据常识来推理,如果占筮的结果中总是反复地得出一些数字而几乎从不得出另一些数字,那么人们便很容易质疑演算方法的准确性,进而对占筮产生怀疑。所以,我们以上关于占筮的演算方法的猜想是有合理性的。

然而,考古发现否定了我们关于占筮的演算方法的猜想。从考古发现来

<hr>

① 对于史前时期的占筮的形式、方法等详细内容,由于缺少相关文献记载,我们其实是一无所知的,我们所能做的仅是依据考古发现对占筮的演化加以合理的猜测。

② 安阳市文物工作队:《1995—1996 年安阳刘家庄殷代遗址发掘报告》,载《华夏考古》1997 年第 2期,第 28~45 页。

③ 张金平:《考古发现与〈易〉学溯源研究》,中国社会科学出版社 2015 年版,第 129 页。

看,"一"至"十"这十个数字出现的次数并不是大致相等的。我们可以把考古发现中数字卦的数字分布情况统计如下①:

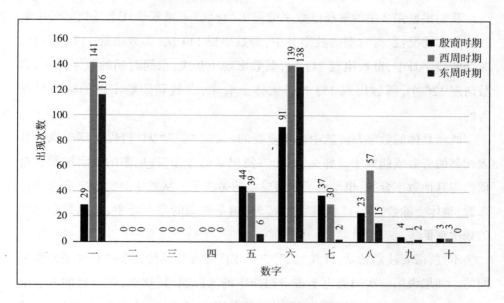

**图 1-1　数字卦中数字出现次数统计图**

根据上述统计数据,不难看出,"二""三""四"这三个数字在已发现的数字卦中一次都没有出现过。虽然考古发现只能反映当时的部分占筮结果,但相对于其他数字的出现次数(尤其是殷商时期),"二""三""四"的出现次数为0,应该不仅仅是统计问题和考古问题。在当时的占筮结果中,这三个数字应该是没有被记录过。

张政烺在研究周初青铜器铭文时也发现了数字卦中数字出现次数不平均的问题。对于此问题,张政烺解释说:二、三、四这三个数字虽不见,它实际上还是存在的,只是不曾正式列出来,而把它寄存在其他数字之中。按照简单的推想是:二、四并入六,三并入一。什么原因使它如此呢?我的解释是这样:古汉字的数字,从一到四都是积横画为之……自上而下书写起来容易彼此掺和,极难区分,因此把二、三、四从字面上去掉,归并到相邻的偶数或奇数之中……占

---

① 统计数据源于:张金平:《考古发现与〈易〉学溯源研究》,中国社会科学出版社 2015 年版,第 130 ~182 页。

卦实际使用的是八个数字,而记录出来的只有五个数字,说明当时观象重视阴阳,那些具体数目并不重要。①

我们根据张政烺的解释以数字的阳阴(奇偶)来重新统计上述数字卦中数字的分布情况:殷商时期的数字卦中,奇数出现 114 次,偶数出现 117 次;西周时期的数字卦中,奇数出现 211 次,偶数出现 199 次;东周时期的数字卦中,奇数出现 126 次,偶数出现 153 次。大体上看来,奇数和偶数出现的频率是均等的。

既然具体的数字在占筮中是不重要的,"二""三""四"可以按照奇偶性并入相邻的奇数或偶数中。那么,出于方便记录的考虑,将更多的数字按照其奇偶性与其他数字合并,也便成了顺理成章的做法了。从数字卦的数字分布统计来看,整体上除数字"一"和数字"六"外,越是晚期的数字卦中,其他数字出现的频次越低。

不过,需要注意的是,合并"二""三""四"与合并其他数字的意义是完全不同的。如果说第一次归类迫于占卜操作中的实际困难,那么,在以后的占卜活动中,先人又进一步将"五""七"简化归于数字"一"之中,就完全是一种自觉的归类认识了。②

因而,从数字卦到符号卦的发展过程来看,卦的数目精简的过程实质上就是将数字按奇偶(阳阴)归类的过程。当十个数字按奇偶性归类为两个符号后,卦的数目便大大减少了。以三个数字为一组的数字卦,经过奇偶归类后形成的符号卦只有八个;以六个数字为一组的数字卦,经过奇偶归类后形成的符号卦也只有六十四个。所以,符号卦的数量是远小于数字卦的数量的。不过,倘若与龟卜中产生的兆的数量相比,符号卦的数量恰好可以与兆的数量相对应。③当然,我们目前并没有实际的证据来表明古人在精简数字卦的过程中存在对兆

---

① 张政烺:《试释周初青铜器铭文中的易卦》,载《考古学报》1980 年第 4 期,第 403~415 页。
② 温公颐、崔清田:《中国逻辑史教程》,南开大学出版社 2012 年版,第 14 页。
③ 在出土的商周器物上发现的卦,绝大多数是三爻卦和六爻卦,但也有少量四爻卦和五爻卦的记录。例如,西周早期鼎的鼎腹上铸有四爻卦,"商潮甗"上铸有五爻卦。我们不妨计算一下这些卦的种类的数目:三爻卦有 $2^3 = 8$ 种,四爻卦有 $2^4 = 16$ 种,五爻卦有 $2^5 = 32$ 种,六爻卦有 $2^6 = 64$ 种。三爻卦、四爻卦、五爻卦和六爻卦的总数一共是 $8 + 16 + 32 + 64 = 120$ 种,恰好对应《周礼·春官》中记载的"兆"有 120 种。当然,这个对应关系是必然的,还是巧合?四爻卦、五爻卦与三爻卦、六爻卦究竟是什么关系?为什么现在只流传三爻卦和六爻卦而没有四爻卦和五爻卦?由于文献资料缺失,尚不足以回答这些问题,目前仅存猜测。

的数量的考虑。但从精简数字卦的结果来看,恰好可以同甲骨文卜辞与《周易》卦辞相似这一现象相对应。

当然,从数字卦发展为符号卦,同样也经历了一段极为复杂且漫长的历史时期。在这一历史时期中,归类方法的应用经过了一个由被动到主动、由自发到自觉的过程。主动地、自觉地应用归类方法,导致符号卦在本质上成为"类"思维凝结的结果,一个符号卦本身便是一个类。正如《周易》中所讲:"方以类聚,物以群分,吉凶生矣。"①

因而,在这个意义上可以说,由数字卦到符号卦的转变,其实蕴含着思维方式的转变,即由自发"类"思维向自觉"类"思维的转变。

综上所述,卜筮的发展实际上反映了古代蒙昧时期的人们不断认知世界的过程。这种认知当中固然存在许多在今天看来属于迷信的内容,但这也是受时代所限,无法避免的。不过,随着卜筮的观念和思维方式的转变,《周易》逐渐舍弃了卜筮中的迷信思想,发展为对当今时代仍具积极意义的《周易》思想和易学思维。

## 第二节 《易经》和《易传》的起源

《周易》是从卜筮发展而来的,《周易》最初就是卜筮时使用的手册。但是,需要强调的是,作为卜筮手册的《周易》实际上只是现代流通本《周易》的一部分。现代流通本《周易》分为《经》和《传》两部分,卜筮手册其实仅是《经》的内容。我们也会将《周易》中的《经》称为《易经》,将《周易》中的《传》称为《易传》。

不过,关于"易经"一词,目前的用法并不一致。严格地讲,我们在说"易经"时,应该仅指《周易》中的《经》。然而,有些时候,人们也会将整本《周易》称为"易经"。此外,还有一些人在说到"易经"时,其实是指《经》的内容和《传》中《象》的内容。本书中所说"易经",如无特别说明,均是在严格意义上指称《经》。

---

① 杨天才、张善文:《周易》,中华书局 2011 年版,第 561 页。

## 一、《易经》的内容与起源

《易经》的内容是六十四别卦。其中,每个别卦都包含卦名、卦画、卦辞和爻辞这四个部分。

1. 卦名是指卦的名称。例如,我们平常讲的《乾》卦(☰)①或《坤》卦(☷)时所说的"乾"和"坤"都是卦名。《易经》中的每一个卦都有一个卦名,64 个卦对应 64 个卦名。在这 64 个卦名中,有些卦的卦名是单字名,如《乾》卦(☰)和《坤》卦(☷)等;有些卦的卦名是双字名,如《既济》卦(䷾)和《未济》卦(䷿)等。

2. 卦画是指卦的图像,卦画也称为卦体。每个卦的卦画是由符号"—"或符号"- -"由下向上排列而成的。其中,符号"—"和符号"- -"也称为爻画。《易经》中的每一个卦的卦画都是由六个爻画构成的。卦画与卦名是一一对应的关系,不同的卦画对应着不同的卦名。例如,我们在表示《乾》卦(☰)和《坤》卦(☷)时使用的符号"—"和"- -",其实就分别是《乾》卦(☰)和《坤》卦(☷)的卦画。

3. 卦辞是从整体上阐释卦的意义的辞句。例如,"元,亨,利,贞"②是《乾》卦(☰)的卦辞。再如,"元,亨,利牝马之贞。君子有攸往,先迷;后得主,利。西南得朋,东北丧朋。安贞吉"③是《坤》卦(☷)的卦辞。《易经》中的每一个卦都有一条卦辞,64 个卦便有 64 条卦辞。

4. 爻辞是分别解释卦中每个爻的意义的辞句。例如,"潜龙,勿用"④是《乾》卦(☰)的初九爻的爻辞。再如,"见龙在田,利见大人"⑤是《乾》卦(☰)的九二爻的爻辞。《易经》中每个卦都对应着 6 个爻,每个爻都有一条爻辞。此外,《乾》卦(☰)和《坤》卦(☷)除了 6 个爻的爻辞外还各有一条特殊的爻辞,即"用九,见群龙无首,吉"⑥和"用六,利永贞"⑦。因而,《易经》中一共有 386 条

---

① 每个别卦都是《周易》中的一篇,故加"《》"表示,例如,《乾》卦(☰)、《坤》卦(☷)。但经卦并不是《周易》中的章节,故不加"《》",例如,乾卦(☰)、坤卦(☷)。
② 杨天才、张善文:《周易》,中华书局 2011 年版,第 1 页。
③ 杨天才、张善文:《周易》,中华书局 2011 年版,第 26 页。
④ 杨天才、张善文:《周易》,中华书局 2011 年版,第 2 页。
⑤ 杨天才、张善文:《周易》,中华书局 2011 年版,第 3 页。
⑥ 杨天才、张善文:《周易》,中华书局 2011 年版,第 6 页。
⑦ 杨天才、张善文:《周易》,中华书局 2011 年版,第 37 页。

爻辞。

所以，我们所说的《易经》，其实就只包含 64 个卦名、64 个卦画、64 条卦辞和 386 条爻辞。

虽然《易经》的内容很简短，仅仅只有卦，可是，对于《易经》的起源问题，素来都是《周易》研究中的争议焦点之一。即使我们已经知道《易经》中的卦是由数字卦精简而来，也与龟卜中的兆有着紧密的关联，但是，卦究竟如何演化为我们现在看到的形状，仍然存在不同的见解。

《周易》中说，八经卦为伏羲所作。然而，从目前的研究来看，伏羲的故事主要还是作为神话传说流传至今的。目前我们还没有足够的证据来证明历史上确有伏羲其人。不过，我们可以确定的是，八经卦的起源一定很早，而且形成了一套系统。

六十四别卦产生的时间应该晚于八经卦，因为六十四别卦是由八经卦两两重叠得来的。人们通常认为，六十四别卦是周文王创立的。《周易》中也有说明："《易》之兴也，其当殷之末世，周之盛德邪？当文王与纣之事邪？是故其辞危。"①西汉司马迁在《报任安书》中也有"西伯拘而演《周易》"②的说法。所以，六十四别卦应该是起源于殷周之际，八经卦的起源应当早于殷末，《易经》的成书时间应当与六十四别卦同期或稍晚。

不过，在"五四运动"之后，随着新史学研究的兴起，学术界普遍认为六十四别卦并非周文王一人所作。例如，顾颉刚在《周易卦爻辞中的故事》一文中指出，《明夷》卦（䷣）的六五爻的爻辞"箕子之明夷"记载的典故是发生在周武王之后的事情。③《晋》卦（䷢）的卦辞中有"康侯用锡马蕃庶"之言，其中，康侯（卫康叔）是周武王之弟，"康侯用锡马蕃庶"的典故也发生在周武王之后。④ 周文王显然不可能记录周武王之后发生的事情，因而，六十四别卦（至少卦爻辞的内容）并非由周文王一人完成。但是，我们也会发现，《易经》中的卦爻辞完全没有记载任何晚于西周早期的人物和事迹。据此，我们推测，《易经》的成书时间也不会晚于西周早期。

① 杨天才、张善文：《周易》，中华书局 2011 年版，第 639 页。
② 班固：《汉书》，中华书局 1962 年版，第 2735 页。
③ 顾颉刚：《古史辨 第三册》，海南出版社 2005 年版，第 9~10 页。
④ 顾颉刚：《古史辨 第三册》，海南出版社 2005 年版，第 10~14 页。

从其他一些文献中有关卜筮的记载来看,我们也会发现,《易经》应该不是一人一时之作。例如,《周礼》中记载:"凡卜筮,既事,则系币以比其命。岁终,则计其占之中否。"①即卜筮者会把每一次卜筮的结果都记录下来,然后在年终岁尾时统计卜筮的应验情况。卜筮者的这一做法表明,人们对卦的认识和解释还包括一个统计校验的过程。因而,作为卜筮手册的《易经》,应当包含历代卜筮者的统计成果,或者说,《易经》很可能就是在对历代卜筮者的统计成果进行整理汇编的过程中诞生的。

其实,从《易经》卦爻辞的写作风格上看,《易经》也可能是汇编而成的,因为《易经》中各卦爻辞的写作风格并不统一。《易经》中的卦爻辞虽然大多数都是散文体的,如:《坤》卦(☷)的卦辞,但是也有一些是韵文体的,如《中孚》卦(☱)的九二爻的爻辞便是"鸣鹤在阴,其子和之。我有好爵,吾与尔靡之"②。还有一些卦爻辞虽然不属于韵文体,但是对仗十分工整,如《中孚》卦(☱)的六三爻的爻辞为"得敌,或鼓或罢,或泣或歌"③。不同写作风格的卦爻辞同时出现在《易经》中,尤其是像《中孚》卦(☱)的九二爻和六三爻的爻辞已经十分接近《诗经》的写作风格了。这也从侧面说明了《易经》的文本很可能不是出自同一个人之手,应该是由很多人各自写作,最后汇编而成。

但是,即使《易经》并非一人一时创作完成的,就《易经》中各卦的整体编排来看,还是呈现出了一定的系统性。系统性主要体现在三个方面:其一,每一个卦都是围绕着一个确定的主题展开的,如《归妹》卦(☳)是以婚姻为主题展开的。其二,《易经》各卦的主题几乎覆盖了古人生活的方方面面,如农业、战争、婚姻、田猎等均有涉及。其三,《易经》中有一些排序相邻的卦的卦爻辞之间存在明显的关系,如:《泰》卦(☷)的卦辞中有"小往大来",《否》卦(☰)的卦辞中有"大往小来";《泰》卦(☷)的初九爻的爻辞和《否》卦(☰)的初六爻的爻辞都有"拔茅茹,以其汇"。

《易经》各卦的整体编排体现出的系统性表明,《易经》也非简单的汇总,是有经过统一编纂的。由于《易经》各卦的来源比较丰富,所以编纂之后的《易经》也只呈现出较弱的系统性。当然,编纂的工作也有可能不是一人独立完成

---

① 陈戍国:《周礼·仪礼·礼记》,岳麓书社 2006 年版,第 55 页。
② 杨天才、张善文:《周易》,中华书局 2011 年版,第 528 页。
③ 杨天才、张善文:《周易》,中华书局 2011 年版,第 529 页。

的,而是由某个人领衔完成的。如杨天才和张善文便认为,周文王对《易经》做过许多工作,但最终完成《易经》的人可能是周公。① 所以,《易经》可能是由周文王所主持编纂的。周文王之后,周公继续主持完成了编纂工作。这也解释了为什么历代都将《易经》归功于周文王,而《易经》的卦爻辞中会记载周文王之后的事情。

在了解了六十四别卦的起源之后,我们也不难推想,八经卦也是历代古人的智慧结晶。"伏羲造八卦"可能就像周文王作《易经》一样,一位远古时期的圣人站在前人的肩膀上将广为流传的各种版本的八卦统一编纂,从而形成了后世流传的八卦。

## 二、《易传》的内容和起源

《易传》的内容都是对《易经》的解释。《易传》包括七个部分,分别是《彖》《象》《系辞》《文言》《说卦》《序卦》《杂卦》。其中,《彖》《象》《系辞》又各自分为上下两篇。因而,《易传》一共有十篇。东汉经师也因此将《易传》称为"十翼",比喻《易传》的这十篇内容是辅助理解《易经》的羽翼。具体来说:

1.《彖》的内容是解释每一卦的卦象、卦名和卦辞。例如,《彖》对《乾》卦(☰)给出的解释为:"大哉乾元,万物资始,乃统天……首出庶物,万国咸宁。"②至于"彖"的含义,《周易》中有"彖者,材也"③。李鼎祚引用刘瓛的解释具体说明:"彖者,断也,断一卦之才也。"④孔颖达也解释说:"彖,断也,断定一卦之义,所以名为彖也。"⑤

2.《象》的内容是解释卦象、卦辞和爻辞。例如,《象》将《需》卦(☵)的卦画解释为:"云上于天,需。君子以饮食宴乐。"⑥《象》也具体将《需》卦(☵)的初九爻的爻画解释为:"'需于郊',不犯难行也。'利用恒无咎',未失常也。"⑦在

---

① 杨天才、张善文:《周易》,中华书局2011年版,前言第4~5页。
② 杨天才、张善文:《周易》,中华书局2011年版,第6页。
③ 杨天才、张善文:《周易》,中华书局2011年版,第615页。
④ 李鼎祚:《周易集解》,中央编译出版社2011年版,第3页。
⑤ 王弼、韩康伯、陆德明、孔颖达:《周易注疏》,中央编译出版社2012年版,第21页。
⑥ 杨天才、张善文:《周易》,中华书局2011年版,第64页。
⑦ 杨天才、张善文:《周易》,中华书局2011年版,第65页。

《象》中,用于解释卦象和卦义的内容也称为《大象》,用于解释爻象和爻辞[包括《乾》卦(☰)的"用九"和《坤》卦(☷)的"用六"]的内容也称为《小象》。

3.《文言》是专门文饰《乾》卦(☰)和《坤》卦(☷)的言辞,其中,"文"即文饰,"言"即言辞。孔颖达引庄氏言称:"以乾、坤德大,故特文饰,以为《文言》。"①因而,《文言》自然分为两篇,文饰《乾》卦(☰)的言辞也称《乾文言》,文饰《坤》卦(☷)的言辞也称《坤文言》。

4.《系辞》是对《易经》的基本意义、原理、筮法、功能和起源等问题的解释。其中,"系"有连缀、系属之义,正如孔颖达所言,"系属其辞于爻卦之下"②,因此,《系辞》可以看作是有关《易经》的总论。

5.《说卦》的内容是解释八经卦的卦象和卦义,其重点是从"类"思维的方面阐述八经卦的取象问题。虽然八经卦不是《易经》中记录的卦,但《易经》中记录的六十四别卦都是由八经卦两两重叠而成的。

6.《序卦》是对《易经》中六十四别卦因何排序的解释。

7.《杂卦》是对《易经》中六十四别卦做出的简明扼要的解释。需要注意的是,《杂卦》在解释六十四别卦时遵从的次序不同于《序卦》中解释的排序。

这些内容其实又可以分为四类:其一是对每一个卦逐一做出解释的篇章,包括《彖》上下两篇和《象》上下两篇;其二是专门解释《乾》卦(☰)和《坤》卦(☷)的篇章,即《文言》;其三是从整体上解释《易传》的篇章,包括《系辞》两篇和《说卦》;其四是解释六十四别卦排序问题③的篇章,包括《序卦》和《杂卦》。

以上便是《易传》的主要内容。由于《易传》是对《易经》做出的解释,那么《易传》的创作时间显然不可能早于《易经》。

司马迁认为,《易传》为孔子所作。并且,司马迁详细列举了《易传》的传承体系,即"孔子传《易》于瞿,瞿传楚人馯臂子弘,弘传江东人矫子庸疵,疵传燕人周子家竖,竖传淳于人光子乘羽,羽传齐人田子庄何,何传东武人王子中同,同

---

① 王弼、韩康伯、陆德明、孔颖达:《周易注疏》,中央编译出版社 2012 年版,第 26 页。
② 王弼、韩康伯、陆德明、孔颖达:《周易注疏》,中央编译出版社 2012 年版,第 337 页。
③ 据《周礼·春官》记载,《连山》《归藏》《周易》都是由六十四别卦组成的。虽然《连山》和《归藏》已经失传,但由数学知识可知,六爻卦最多只能有 64 种。所以,《连山》《归藏》《周易》中的六十四别卦应该都是相同的。那么,"三易"的区别可能就在筮法、解释和卦序上。因此,卦的排序自然就成为一个需要解释的问题了。

传菑川人杨何。何元朔中以治《易》为汉中大夫"①。

班固也说:"自鲁商瞿子木受《易》孔子,以授鲁桥庇子庸。子庸授江东馯臂子弓。子弓授燕周丑子家。子家授东武孙虞子乘。子乘授齐田何子装。及秦禁学,《易》为筮卜之书,独不禁,故传受者不绝也。汉兴,田何以齐田徙杜陵,号杜田生,授东武王同子中……同授淄川杨何,字叔元,元光中征为太中大夫。"②

我们看到,司马迁和班固二人的说法基本一致,这说明《史记》和《汉书》中记载的《易传》自孔子到杨何的传承体系大体上是可信的。

然而,从马王堆汉墓三号墓出土的文献来看,《易传》又不仅只有被列为"十翼"的这十篇内容,还包括《二三子问》《衷》《要》《昭力》等篇章。于是,我们不禁产生疑问:如果《易传》都是孔子所作,而且又有着明确的传承体系,那么《易传》中为什么还会有除"十翼"之外的其他篇章呢?更何况班固在《汉书》中明确指出"传受者不绝"。所以,《易传》也可能不是孔子一人完成的。

《易传》并非孔子一人完成的另一个证据是,在孔子生活的时代,《周易》与阴阳学说的结合并不明显。即便是春秋末年,范蠡在以天道论述阴阳时③仍然没有把《周易》与阴阳关联起来。直到"战国中期以后,以老庄为代表的道家学派在天道观方面掀起了一股自然主义的思潮,阴阳成为一对重要的哲学范畴,被各家普遍采用。易学与阴阳学说相结合就是受到这股思潮的强大影响才得以实现的"④。因而,《易传》当中诸如"一阴一阳之谓道"⑤、"是以立天之道曰阴与阳,立地之道曰柔与刚,立人之道曰仁与义"⑥等观点,应该是与战国中后期的阴阳学说的发展趋势相关的。

事实上,北宋欧阳修早在《易童子问》中就已经提出,《易传》并非一人所作,只有《彖》传和《象》传是出自孔子之手的。民国以后,学术界基本上否定了"十翼"都是孔子所作的观点,认为《易传》中大部分内容应该是创作于战国时期。这便解释了马王堆汉墓出土的《易传》中其他篇章的来历,这些篇章和"十

---

① 司马迁:《史记》,中华书局 1950 年版,第 2211 页。
② 班固:《汉书》,中华书局 1962 年版,第 3597 页。
③ 范蠡论阴阳:"天道皇皇,日月以为常,明者以为法,微者则是行。阳至而阴,阴至而阳;日困而还,月盈而匡。"(《国语·越语下》)
④ 朱伯崑、李申、王德有:《周易知识通览》,中央编译出版社 2018 年版,第 143 页。
⑤ 杨天才、张善文:《周易》,中华书局 2011 年版,第 571 页。
⑥ 杨天才、张善文:《周易》,中华书局 2011 年版,第 648 页。

翼"一样,最初都是用于解释《易经》的文章。只不过后来因为种种原因,东汉经师没有将这些篇章收录到儒家经典的《周易》中。因而导致在后世传播中,"十翼"因属儒家经典而流传于世,其他篇章便逐渐失传了。

此外,关于《易传》的起源问题,除《易传》的作者和诞生年代外,还有一个重要的问题值得思考:为什么要创作《易传》? 我们已经知道《易经》的实质就是一本卜筮手册,可是《易传》却不都是对卜筮做出的解释说明。其实《易传》的产生意味着人们对卜筮的态度发生了又一次变化。

殷商时期,从事卜筮工作的人称为"巫"。我们前文提到,殷商时期巫君合一。同时,在殷人的眼中,君和神又是同一的。① 因此,在殷商时期,从事卜筮工作的人更加接近所谓的"神",而不是"人"。似可以这样说,在殷商时期的卜筮中,"人"即是"巫","巫"即是"君","君"即是"神"。所以,殷人的卜筮仍然是将神置于首位的,卜筮结果体现的是神的意见,即"鬼谋"。

到了西周时期,人们对人神关系的认识发生了转变。转变的原因就是历史上著名的武王伐纣事件。纣王本是殷天子,即殷人眼中的(半)神;武王本为诸侯,即殷人世界中的人。在当时世人的眼中武王伐纣为"人伐神",武王伐纣的成功意味着尽人事可以打破天命。事实上,武王伐纣之后,周公也借召公之口总结了武王伐纣能够成功的原因:"'天不可信。'我(道)[迪]惟(宁)[文]王德延,天不庸释于文王受命。"②所以,周人会比殷人更加相信人可以把握自己的命运。

于是,周人虽然也敬神,但是不再像殷人那般迷信。周人认为吉凶祸福并非只能被动地接受天命,人的行为也可以影响到自身的吉凶祸福。例如,《姤》卦(☰)的九五爻的爻辞是"有损自天";再如,《既济》卦(☲)的九五爻的爻辞是"东邻杀牛,不如西邻之禴祭,实受其福"③。这些爻辞都说明了人事自身便可以决定吉凶祸福。

开始注重人事自身的重要性导致周人并不完全遵从卜筮的结果从事。例如,《尚书》中有说,"立时人作卜筮。三人占,则从二人之言。汝则有大疑,谋及

① 严格地讲,不能把殷商时的君和神看作是完全同一的,但是君和神却是紧密相连的,神是死去的君,君死后为神。
② 陈戌国:《尚书》,岳麓书社 2019 年版,第 155 页。
③ 杨天才、张善文:《周易》,中华书局 2011 年版,第 549 页。

乃心,谋及卿士,谋及庶人,谋及卜筮。汝则从,龟从,筮从,卿士从,庶民从,是之谓大同"①。其中,"谋及卜筮"可以看作"鬼谋","谋及乃心,谋及卿士,谋及庶人"均属于"人谋"。因而,周人在卜筮时寻求的是"鬼谋"和"人谋"之间的"大同"。

所以,卜筮从西周开始便逐渐显现出其人文价值了。春秋时期,卜筮中"鬼谋"的成分愈来愈多地被"人谋"所取代。

春秋时期是中国历史上的一个社会大变革时期,主要表现为社会动荡、礼崩乐坏。在这样的大环境中,古代先哲们首先需要解决的问题是如何恢复正常的社会秩序。例如,孔子对季氏破坏社会秩序的行为评论说:"八佾舞于庭,是可忍也,孰不可忍也?"②这表明,在孔子看来,社会动荡、礼崩乐坏的主要原因是人做出了僭越的行为,而非鬼神的决断。所以,解决问题应当诉诸人事,而非鬼神。正如孔子在谈及鬼神时所说:"未能事人,焉能事鬼?"③"敬鬼神而远之"④。

因而,到了春秋时期,人事自身的作用愈发受到重视,卜筮的作用进一步受到限制。甚至,卜筮已经不再作为事务决策中的必要环节了。凡是人自身便可以决断的事情已经不需要进行卜筮了,只有遇到犹疑不决的事情时,人们才会卜筮以问吉凶。正如春秋时期斗廉所言:"卜以决疑。不疑何卜?"⑤

我们看到,从殷商到春秋,人们对卜筮的态度发生了巨大的变化。从殷商时期的事无大小皆卜筮,到西周时期寻求"鬼谋"与"人谋"之间的"大同",再到春秋时期的"卜以决疑,不疑何卜",这一系列的变化表明,卜筮在逐渐由巫术迷信向人文精神转变。所以,单纯地检验卜筮的结果、改进卜筮的方法,已经不能满足当时人们的社会需求了,先哲们有必要阐发卜筮中潜藏的人文精神。因而,先哲们才作《易传》,以人文精神对《易经》做出解释。

例如,据《左传》记载,僖公十五年,晋惠公在被秦国俘虏后曾懊悔地说,如果先君晋献公能够遵照史苏的占筮结果,不把伯姬嫁到秦的话,那么他便不会落到战败被俘的境地了。然而韩简却向晋惠公指出:"先君之败德,及可数乎?

---

① 陈成国:《尚书》,岳麓书社 2019 年版,第 110 页。
② 陈晓芬、徐儒宗:《论语·大学·中庸》,中华书局 2011 年版,第 26 页。
③ 陈晓芬、徐儒宗:《论语·大学·中庸》,中华书局 2011 年版,第 128 页。
④ 陈晓芬、徐儒宗:《论语·大学·中庸》,中华书局 2011 年版,第 70 页。
⑤ 陈成国:《春秋左传》,岳麓书社 2019 年版,第 64 页。

史苏是占,勿从何益?"①韩简会提出"勿从何益"的观点说明虽然当时人们在遇到一些事情的时候还会进行占筮,但是有一些人已经可以清楚地认识到占筮吉凶对于人的所作所为是有局限性的。

再如,《左传》记载,襄公九年,穆姜在占筮中得到《艮》(䷳)之《随》(䷐),其对应的卦辞是"元亨,利贞,无咎。"按照当时的解释,"元"的意思是"即大也","亨"的意思是"享祀之享","利"的意思是"利益之利","贞"的意思是"贞卜之贞"。但是穆姜却将"元"解释为"体之长也",将"亨"解释为"嘉之会也",将"利"解释为"义之和也",将"贞"解释为"事之干也"。从而,穆姜认为这一卦对她来说不是"无咎"而是"有咎"。穆姜为卦辞赋予新解的做法看似是对《易经》的歪曲,但实质上表明,当时人们已经开始基于人文精神重新解释《易经》了。《易传》中的《文言》便沿用了穆姜对"元亨利贞"做出的新解。

又如,《左传》记载,昭公十二年,鲁国的南蒯想要叛变,于是就叛变之事进行占筮,占筮的结果是《坤》卦(䷁)的六五爻,其爻辞是"黄裳元吉"。南蒯认为这一卦为吉。但是子服惠伯却认为这不是一个吉卦,反而告诫南蒯说"且夫《易》,不可以占险"②。子服惠伯会提出"且夫《易》,不可以占险"的观点说明,当时人们已经摆脱占筮的巫术迷信对人的思想的束缚了,开始立足于人文精神对《易经》做整体性的反思和批判了。

从斗廉提出"卜以决疑,不疑何卜",到韩简提出"勿从何益",到穆姜赋"元亨利贞"以新解,再到子服惠伯强调"且夫《易》,不可以占险",他们对卜筮态度的转变无不表明,春秋之后人们已经不再简单地遵照卜筮的结果行事了,而是越来越强调卜筮结果应当符合人的预期评判。

当然,若要卜筮结果符合人的预期评判并非一件易事,因为人的预期评判包含人的价值判断,而人的价值判断是与社会文化和人文精神紧密相关的。所以,如要使卜筮结果符合当时人的价值判断,那么就需要像穆姜一样重新解释卜筮结果了。因而,人们开始重新解释《易经》,形成了《易传》。

马王堆汉墓出土的帛书《要》中记载了子贡和孔子之间的一段对话,这段对话充分地证明了我们上面论述的《易传》产生的原因:

---

① 陈戍国:《春秋左传》,岳麓书社 2019 年版,第 189 页。
② 陈戍国:《春秋左传》,岳麓书社 2019 年版,第 890 页。

子赣曰：夫子亦信其筮乎？子曰：吾百占而七十当，唯周梁山之占也，亦必从其多者而已矣。子曰：易，我复其祝卜矣，我观其德义耳也。幽赞而达乎数，明数而达乎德，又仁者而义行之耳。赞而不达于数，则其为之巫；数而不达于德，则其为之史。史巫之筮，乡之而未也，好之而非也。后世之士疑丘者，或以易乎？吾求其德而已，吾与史巫同涂而殊归者也。①

## 第三节 "善为《易》者不占"

了解了《易经》和《易传》的起源后，我们不难看出，《易经》到《易传》的发展其实也是一个"我用卜筮"到"卜筮为我所用"的过程。所谓"我用卜筮"是指先进行卜筮，然后再根据卜筮的结果做出判断；所谓"卜筮为我所用"是指预先做出一个判断，然后再进行卜筮，并且从卜筮的结果中寻求能支持其判断的理由。

例如，《左传·襄公二十五年》中记载了一则"齐崔杼筮娶棠姜"②的筮例：棠姜原本是齐棠公的妻子。齐棠公死后，崔杼因为迷恋棠姜的美貌而欲娶其为妻。为此崔杼专程占筮一卦，占筮的结果是《困》（☵）之《大过》（☱）。史官认为这是一个吉卦，但陈文子却认为这一卦为凶。崔杼早已打定主意，非要棠姜不可。所以，崔杼便找了一个理由回应陈文子，说棠姜的先夫（齐棠公）已经应验了凶险。最终，崔杼还是娶了棠姜为妻。

通过"齐崔杼筮娶棠姜"的筮例，我们可以设想，假如陈文子的解释和史官一致，认为卜筮的结果是一个吉卦，那么崔杼一定会满心欢喜地接纳陈文子的观点。因而，卜筮在崔杼看来不过只是一个形式罢了，无论卜筮的结果如何，都不会改变崔杼要娶棠姜为妻的想法。同时，我们从崔杼的行为中也可以看出，卜筮其实已经彻底失去卜问吉凶的最初价值了。

当然，卜筮失去卜问吉凶的最初价值并非单一原因造成的，一方面是因为人们对卜筮的态度发生了改变，另一方面也与《易经》本身编纂得不够完整

① 陈鼓应：《道家文化研究 第三辑 马王堆帛书专号》，上海古籍出版社1993年版，第435页。
② 陈戍国：《春秋左传》，岳麓书社2019年版，第641页。

有关。

我们已经知道,《易经》并非一人一时所作。虽然从编纂中也能看出一些整体统筹的特征,但就具体编纂的成果而言,《易经》只呈现出一种较弱的系统性。这种弱系统性导致《易经》中涵盖的内容并不完全,即在实际卜筮的时候会遇到《易经》与卜问之事不匹配的情况。

具体来讲,《易经》的弱系统性的表现之一便是编纂者将每一卦都赋予了一个主题。例如,《讼》卦(䷅)的主题是争讼,《师》卦(䷆)的主题是用兵之道,《大畜》卦(䷙)的主题是农事生产,《归妹》卦(䷵)的主题是婚姻,等等。这些卦在上古时期的卜筮中也许还涉及其他主题,但是在编纂《易经》时出于种种考虑,都只保留了一个主题。于是,在实际卜筮时便有可能遇到这样的情况:卜筮之人卜问的是关于战争的吉凶,但卜筮的结果是以婚姻为主题的《归妹》卦(䷵)。遇到这种情况,卜筮之人便不能直接由所得之卦来判断卜问之事的吉凶。于是,若要卜筮得到的卦用于卜问之事便需要一个转换的过程,即将所得之卦的主题转换为卜问之事。显然,这个转换的过程是用《易经》卜筮的关键。

那么,转换又是如何进行的呢?对于这个问题的回答,我们还需要回到卦的起源中寻找答案。

我们在前文中已经说明,卦在本质上是"类"思维凝结的结果,一个卦便是一组由相似事物组成的类。类的核心是相似,婚姻和战争虽然分属于两个不同的主题,但是在具体事务上是可以找到相似之处的。例如,婚姻之中会有冲突,战争是冲突的一种表现。因而,通过婚姻与战争之间的相似之处,便可以将《归妹》卦(䷵)转换为战争的问题了。所以,《周易》中有言:"引而伸之,触类而长之,天下之能事毕矣。"①可见,用《易经》来占问吉凶的关键还在于"类"思维的运用。

例如,我们前文提到"穆姜筮往东宫"的筮例。穆姜在重新解释完"元亨利贞"后继续说明:"今我妇人而与于乱,固在下位而有不仁,不可谓元;不靖国家,不可谓亨;作而害身,不可谓利;弃位而姣,不可谓贞。有四德者,'随'而无咎。我皆无之,岂'随'也哉?我则取恶,能无咎乎?必死于此,弗得出矣!"②由此可

---

① 杨天才、张善文:《周易》,中华书局 2011 年版,第 583 页。
② 陈戍国:《春秋左传》,岳麓书社 2019 年版,第 537 页。

知,穆姜是用"类"思维来解释卦的。如果穆姜的行为与"四德"有相似之处,便具有《随》卦(䷐)中说的"无咎";如果与"四德"没有相似之处,便不具有《随》卦(䷐)中说的"无咎"。简而言之,穆姜的解释就是以"四德"为标准看她的行为是否可以归入《随》卦(䷐)的类中。

再如,在"鲁南蒯筮叛季氏"的筮例中,南蒯虽然在占筮中得到了《坤》卦(䷁)的六五爻,即"黄裳元吉"。但是子服惠伯却指出南蒯欲行反叛之事不属于《易经》中的卦的类,即"且夫《易》,不可以占险"①。所以,由于类不同,"黄裳元吉"便不能用于表示南蒯反叛之事的吉凶。

因而,我们看到,用《易经》来卜筮,其结果究竟是吉是凶,一方面要看卜筮所得之卦是什么,另一方面所得之卦如何用"类"思维来解释。而用"类"思维来解释卦的过程,其实就是将卜问之事归类的过程。只要能够找到卜问之事与占得之卦的相似(或不相似)之处,便可以将《易经》中的卦转换到不同主题的事务上。所以,卜问之事的吉凶并不在于占得之卦,而在于如何归类。

既然卜问吉凶的核心在于如何归类,但归类的过程并不需要卜筮,这便意味着卜问吉凶其实可以脱离卜筮而单独进行。或者说,当人们掌握了用"类"思维分析问题的方式后,卜筮这一行为就已经名存实亡了。

例如,《左传》便记载了一则未经卜筮而直接用"类"思维解释卦的筮例:"郑公子曼、满与王子伯廖语:欲为卿。伯廖告人曰:'无德而贪,其在《周易》'丰䷶'之'离(䷝)[䷝]',弗过之矣。'间一岁,郑人杀之。"②在这则"郑伯廖以《丰》卦筮曼满必败"的筮例中,伯廖依据《丰》(䷶)之《离》(䷝)来判断曼满的吉凶。但是,伯廖并没有做出卜筮这一行为。因而《丰》(䷶)之《离》(䷝)并不是卜筮的结果,而是伯廖直接援引《周易》作为他判断的依据。伯廖之所以援引《丰》(䷶)之《离》(䷝)是因为他认为曼满"无德而贪"的行为就像是盖好了大屋子却没有人住一样,"丰其屋,蔀其家,窥其户,阒其无人,三岁不觌,凶"③。即,曼满的行为可以归入《丰》(䷶)之《离》(䷝)的类中。所以,伯廖虽然未经卜筮,但他用"类"思维做出判断的方式与经卜筮做出判断的思维方式是一样的。这也说明,只要掌握了"类"思维分析问题的方式,即使不经卜筮仍然可以做出

---

① 陈成国:《春秋左传》,岳麓书社 2019 年版,第 890 页。
② 陈成国:《春秋左传》,岳麓书社 2019 年版,第 350~351 页。
③ 杨天才、张善文:《周易》,中华书局 2011 年版,第 484 页。

判断。

事实上,"郑伯廖以《丰》卦筮曼满必败"是目前文献记载的最早的一则不经卜筮而直接援引《周易》来做判断的筮例。在伯廖之后,不经卜筮而直接援引《周易》来做判断的筮例越来越多。在《左传》和《国语》记载的 22 则筮例中,在鲁宣公时期发生了两例不经卜筮而直接援引《周易》的筮例,在鲁襄公时期发生了一例不经卜筮而直接援引《周易》的筮例,在鲁昭公时期发生了三例不经卜筮而直接援引《周易》的筮例。虽然,从整体上来说,不经卜筮而直接援引《周易》的筮例占比不足总数的三分之一。但是,若按照时间顺序来看,春秋后期发生的不经卜筮而直接援引《周易》的筮例明显多于春秋前期。而且,鲁昭公时期发生的"医和论《蛊》""史墨论《乾》"和"史墨论《大壮》"三则筮例更是直接援引《周易》来论述道理,而非简单地判断吉凶。由此可见,在先秦时期,人们便已经逐渐地放弃了"我用卜筮"的做法,转而采用"卜筮为我所用"的做法来直接分析问题。

未经卜筮而直接援引《周易》的做法表明,卜筮已经由"我用卜筮"转变为了"卜筮为我所用"。而卜筮之所以可以为"我"所用,其根本原因在于人们掌握了用"类"思维分析问题的方式。随着人们越来越熟练地掌握了"类"思维,卜筮的作用将会越来越小,人们也便越来越多地直接援引《周易》来做出判断。进而,《周易》的价值也不再局限于卜筮之用,《周易》成为一部关于"类"以及如何归类的作品。所以,解释《周易》其实也是在解释"类",学习《周易》其实也是在学习归类。

最后,回到马王堆出土的帛书《要》中,孔子对子贡说他是在《易经》中寻求德义("我观其德义耳")。可是,《易经》原本只是一本卜筮手册,孔子要如何从一本卜筮手册中寻求德义呢?孔子说他与巫史同途而殊归,即孔子看重的并不是卜筮的结果,而是对卜筮结果的解读。这也就是我们前文提到的卦的主题如何转换的问题。孔子是将卦转换为对德义的解读。所以,孔子从《易经》中寻求德义,正是"类"思维的体现。

事实上,孔子在谈到学习方法时曾说过:"举一隅不以三隅反,则不复也。"[①]孔子的"举一反三"的说法实际上和《周易》中"引而伸之,触类而长之"

---

① 陈晓芬、徐儒宗:《论语·大学·中庸》,中华书局 2011 年版,第 77 页。

的说法是一致的,都是"类"思维的体现。所以,不难想象,孔子读《周易》韦编三绝,并不是因为卜筮的方法太过复杂,而是孔子要对《周易》中的卦举一反三。或者说,孔子作《易传》真正揭示的是《易经》中凝聚的"类"思维。

综上所述,人们也只有在掌握了用"类"思维分析问题的方式之后,才能说"天下之能事毕矣"。当然,人们在掌握了用"类"思维分析问题的方式之后,卜筮这一行为本身便没有存在的必要了。人们只要学会如何运用"类"思维做到举一反三,即便不经卜筮也可以直接援引《周易》做出判断。这也正是荀子所说的,"善为《易》者不占"①。

故而,《周易》从龟卜到占筮、从《易经》到《易传》、从卜筮手册到"善为《易》者不占",这三个阶段的发展使得其最终彻底地舍弃了迷信成分,进而又以《周易》为起点,发展出了广博的"易学"和"《周易》哲学"。

---

① 方勇、李波:《荀子》,中华书局2011年版,第457页。

# 第二章 《周易》的话语体系

《周易》在中国传承了几千年的时间,被誉为"群经之首"。历朝历代都有许多学者投身到《周易》的研究当中,人们对《周易》的研究也逐步形成了一门专门的学问,称为"易学"。易学能够成为一门专门的学问,其标志之一便是形成了自己的话语体系,《周易》中很多概念都有专用术语表述。时至今日,人们在研读《周易》时,很多情况下仍然沿用这一套话语体系来表述《周易》中的概念。因此,研读《周易》必须了解《周易》的话语体系。

## 第一节 与爻有关的话语

### 一、爻

"爻"是构成卦的基本符号。

由数字卦到符号卦的发展过程中,爻一共可分为两种:一是奇数精简后得到的爻;二是偶数精简后得到的爻。由奇数精简后得到的爻称为阳爻,在《易经》中也称为"九";由偶数精简后得到的爻称为阴爻,在《易经》中也称为"六"。

关于爻的意义,《说文解字》中有言:"爻,交也。"[①]其中"交"是指阴阳相交。阴阳相交便会产生变化,例如清晨和黄昏是生活中最常见的阴阳相交现象,也是昼夜变化之时。所以,爻在《周易》中表示变化。正如《系辞》对爻的释义,

---

① 许慎:《说文解字》,蔡梦麒校释,岳麓书社 2021 年版,第 136 页。

"爻者,言乎变者也"①;"爻也者,效天下之动者也"②。

## 二、爻画

"爻画"是用来表示爻的符号。

爻有两种,即阳爻和阴爻。那么用来表示爻的爻画自然也有两种,一种用来表示阳爻,另一种用来表示阴爻。通常,人们将符号"—"作为阳爻的爻画,将符号"– –"作为阴爻的爻画。

关于爻画为什么是"—"和"– –",历来说法不一,其中主要观点有以下几种:

其一,郭沫若认为"—"和"– –"是生殖崇拜时期的产物,"—"和"– –"分别是男根和女阴的象征。③ 例如,《系辞》中有"乾道成男,坤道成女"④,"天地细缊,万物化醇;男女构精,万物化生"⑤。可见,《周易》已经注意到了男女之别与卦的关系。同时,《系辞》中将八卦的由来解释为伏羲"近取诸身,远取诸物"⑥的结果。那么,人们最容易注意到"诸身"的特征也是男女之别。所以,郭沫若的观点有一定的合理性。另外,章太炎也认同郭沫若提出的爻画象征男根和女阴的观点,并在此基础上进一步提出阴阳的观念实际上就来自男女之分。⑦

其二,刘师培认为爻画起源于上古时期的结绳记事。⑧ 中有言,"上古结绳而治,后世圣人易之以书契"⑨,唐代李鼎祚引述《九家易》的解释说:古者无文字,其有约誓之事,事大大其绳,事小小其绳,结之多少,随物众寡,各执以相考,亦足以相治也。由此可见,在上古时期,结绳作为一种记录方式很有可能启发古人制定爻画。其中,阳爻爻画"—"表示绳子上没有打结,阴爻爻画"– –"表示绳子上打有绳结。

---

① 杨天才、张善文:《周易》,中华书局 2011 年版,第 567 页。
② 杨天才、张善文:《周易》,中华书局 2011 年版,第 615 页。
③ 朱伯崑、李申、王德有:《周易知识通览》,中央编译出版社 2018 年版,第 30 页。
④ 杨天才、张善文:《周易》,中华书局 2011 年版,第 561 页。
⑤ 杨天才、张善文:《周易》,中华书局 2011 年版,第 625 页。
⑥ 杨天才、张善文:《周易》,中华书局 2011 年版,第 607 页。
⑦ 朱伯崑、李申、王德有:《周易知识通览》,中央编译出版社 2018 年版,第 30 页。
⑧ 朱伯崑、李申、王德有:《周易知识通览》,中央编译出版社 2018 年版,第 31 页。
⑨ 杨天才、张善文:《周易》,中华书局 2011 年版,第 610 页。

其三,张政烺根据近年来的考古发现提出,爻画来自数字卦中的奇字。我们已经知道,符号卦源于数字卦的精简。数字卦在精简之后只保留了"一"和"六"这两个数字用于记录卜筮的结果。其中,数字"一"在上古时期写作"—",数字"六"在上古时期写作"∧"。数字"—"和数字"∧"后来便逐渐演化为符号"—"和符号"– –"了。

除以上三种主要观点外,有关爻画的来历,还有龟兆说、蓍草说、圭表日晷说等,这些说法都各有其依据。但是,由于爻画诞生的时间过于久远,甚至爻画诞生时还没有文字记载,所以,我们现在并没有确凿的证据说明爻画真正的来历。不过,张政烺的观点有考古发现佐证,似可以认为较其他说法更加可靠一些。

## 三、爻象

"爻象"是爻画所象征的事物。

一般来讲,阳爻"—"象征着阳性的事物,阴爻"– –"象征着阴性的事物。例如,阳爻"—"象征着男性,阴爻"– –"象征着女性。再如,阳爻"—"象征着刚健,阴爻"– –"象征着柔顺。

## 四、爻位

"爻位"是指爻在一个卦中的位置。因为卦有经卦和别卦之分,所以爻位也分为经卦中的爻位和别卦中的爻位。

一个经卦是由三个爻构成的,这三个爻对应的爻位依次是初爻、二爻和上爻。卦画中的爻画是自下而上排列的,因而在经卦的卦画中最下边的爻位为初爻,向上依次是二爻和上爻。

一个别卦是由六个爻构成的,这六个爻对应的爻位依次是初爻、二爻、三爻、四爻、五爻和上爻。和经卦一样,别卦卦画中的爻画也是自下而上排列的,因而,别卦的初爻也位于卦画的最下边,向上依次是二爻至上爻等。

关于爻位,除了上述称谓外,根据不同的划分标准还可以有不同的称谓。

例如,可以根据上中下三个方向来划分爻位。经卦中的初爻为下位,二爻为中位,上爻为上位;别卦中的初爻为下位,二爻和五爻为中位,上爻为上位。一般来讲,在《周易》的各个卦中,中位是最重要的爻位,中位的爻辞通常更为吉利。

再如,可以根据天人地三才来划分爻位。在经卦中,初爻为地位,二爻为人位,上爻为天位;在别卦中,初爻和二爻为地位,三爻和四爻为人位,五爻和上爻为天位。《周易》很重视人的作用,所以在一个卦中位于人位的爻往往是很重要的爻。

又如,可以根据阴阳来划分爻位。阳位和阴位的划分只针对别卦。在别卦中,位于奇数位的初爻、三爻和五爻称为阳位,位于偶数位的二爻、四爻和上爻称为阴位。

## 五、爻题

"爻题"是对卦中的爻的具体称谓,即一个爻在卦中所处的爻位及该爻的性质。

在称谓爻题的时候,我们需要注意两点:一是当一个爻位于初爻或上爻时,我们先表明爻位,再表明爻的性质;当一个爻不位于初爻和上爻时,我们先表明爻的性质,再表明爻位。二是在表明爻的性质时,我们用"九"来表示阳爻,用"六"来表示阴爻。

例如,如果一个爻在别卦中位于初爻,并且该爻的性质为阳爻,那么我们便以"初九"来称谓此爻;如果一个爻在别卦中位于五爻,且该爻的性质为阴爻,那么我们便以"六五"来称谓此爻。

一般而言,一个别卦有六个爻位,每个爻位上又可以有阳爻和阴爻两种情况。因而,别卦有 12 个爻题,即初九、初六、九二、六二、九三、六三、九四、六四、九五、六五和上九、上六。特殊情况是,《乾》卦(☰)有"用九",《坤》卦(☷)有"用六"。

## 六、同位

"同位"是指在一个别卦中,初爻和四爻、二爻和五爻、三爻和上爻分别为三对同位的爻。

## 七、当位

"当位"是指阳爻位于阳位上,或者阴爻位于阴位上。当位又称为"正"。反之,阳爻位于阴位上或阴爻位于阳位上,这两种情况都称为"不当位"或"失位"。

因为别卦中的初爻、三爻和五爻是阳位,所以初九、九三和九五都属于当位,反之,初六、六三和六五都属于不当位。同理,因为别卦中的二爻、四爻和六爻是阴位,所以六二、六四和上六属于当位,九二、九四和上九属于不当位。

一般而言,当位代表着遵循正道,不当位代表着背离正道。因而,当位的爻辞大多是"吉"或"无咎",不当位的爻辞大多是"凶"或"悔"。

例如,《既济》卦(䷾)中的六个爻都是当位,所以《既济》卦(䷾)象征着大功告成;相反,《未济》卦(䷿)中的六个爻都不当位,所以《未济》卦(䷿)象征着事情尚未成功。

## 八、得

"得"是指一个爻在卦中当位或者居于中位。

例如,在《讼》卦(䷅)中,九二爻为阳爻,其爻象为刚,且位于二位,二位为中位。因而,《彖》传中有"刚来而得中"[1]之言。

再如,在《同人》卦(䷌)中,六二爻为阴爻,其爻象为柔,且位于二位,二位既是阴位又是中位。因而,六二既是当位又居于中位。于是,《彖》传中有言,"柔得位得中"[2]。

又如,《离》卦(䷝)的六二爻的《象》传有言:"得中道也。"[3]此即指六二居于中位,其中,中位又称中道。

---

[1] 杨天才、张善文:《周易》,中华书局 2011 年版,第 72 页。
[2] 杨天才、张善文:《周易》,中华书局 2011 年版,第 134 页。
[3] 杨天才、张善文:《周易》,中华书局 2011 年版,第 178 页。

## 九、乘

"乘"有凌驾之义,即凌驾于其上。

在相邻的两个爻中,如果阴爻位于阳爻之上,那么位于上边的阴爻对位于下边的阳爻的关系便是"乘"。

例如,在《屯》卦(䷂)中,六二爻位于初九爻之上,六二对初九的关系就是乘。因而,《象》传中有言:"六二之难,乘刚也。"①在《豫》卦(䷏)中,六五爻位于九四爻之上,六五对九四的关系也是乘。因而,《象》传中也有"'六五贞疾',乘刚也"②的说法。

## 十、承

"承"与"乘"相对,有承载之义。

在相邻的两个爻中,如果阴爻位于阳爻之下,那么位于下边的阴爻对位于上边的阳爻的关系便是"承"。

例如,在《节》卦(䷻)中,六四爻位于九五爻之下,六四对九五的关系就是承。同样,《象》传中对此也有说明:"'安节之亨',承上道也。"③

## 十一、比

"比"是指相邻的两个爻具有阴阳相对的关系。即在相邻两个爻中,其中之一为阳爻,另一个为阴爻。

显然,相邻两个爻若是阴阳相对,那么,或者阴爻位于阳爻之上,或者阴爻位于阳爻之下。阴爻位于阳爻之上,则为乘;阴爻位于阳爻之下,则为承。因而,乘和承的关系也都是比。

---

① 杨天才、张善文:《周易》,中华书局 2011 年版,第 48 页。
② 杨天才、张善文:《周易》,中华书局 2011 年版,第 164 页。
③ 杨天才、张善文:《周易》,中华书局 2011 年版,第 522 页。

例如，在《比》卦(䷇)中，六四的爻辞是"外比之，贞吉"①。其中，"外比"是指由下向上的比，即由六四向上与九五的比。由于六四对九五是承的关系，因而，"外比"即指承。

此外，《比》卦(䷇)的六四的爻辞"贞吉"中说明，"外比"的关系是吉。一般而言，如果是阴爻承阳爻，那么此阴爻的爻辞大多为吉。相反，如果是阴爻乘阳爻，那么此阴爻的爻辞大多为不吉。简而言之，在比的关系中，通常以阴爻在下而阳爻在上为宜。

## 十二、顺

"顺"是指相邻的两个爻中位于下边的爻对位于上边的爻的关系。

例如，在《旅》卦(䷷)中，六五爻对上九爻的关系便是"顺"。因而，《彖》传中有言，"柔得中乎外，而顺乎刚"②。其中，"柔"是六五爻的爻象，"刚"是上九爻的爻象。因为六五对上九是顺的关系，所以才有"柔顺乎刚"的说法。

一般而言，阴爻位于阳爻之下(即柔顺刚)大多为吉。如《旅》卦(䷷)的卦辞便有"小亨，旅贞吉"之辞。

## 十三、应

"应"是指同位的两个爻具有阴阳相对的关系。即在同位的两个爻中，其中一个为阳爻，另一个为阴爻。如果同位的两个爻均为阳爻或者阴爻，那么称这两个爻为"不应"或"敌应"。

例如，在《恒》卦(䷟)中，初六与九四、六二与九五、九三与上六，这三对同位的爻都是阴阳相对的关系。因而，《恒》卦(䷟)中三对同位的爻均为应的关系。再如，在《同人》卦(䷌)中，只有六二与九五这一对同位的爻是应的关系，其他两对同位的爻(初九与九四、九三与上九)都是敌应的关系。

一般而言，如果同位的两个爻相应，代表这两个爻之间阴阳互有感应，那么

① 杨天才、张善文：《周易》，中华书局2011年版，第94页。
② 杨天才、张善文：《周易》，中华书局2011年版，第486页。

这两个相应的爻大多为吉。相反,如果同位的两个爻不应,代表这两个爻之间阴阳无感,那么这两个不应的爻大多都为不吉。此外,应与比不同,在应的关系中,阳爻在下而阴爻在上通常较阴爻在下而阳爻在上为宜。

## 十四、据

"据"是指阳爻位于阴爻之上。

阳爻位于阴爻之上又可以分为两种情况:其一,若一个阳爻位于一个阴爻之上,则此阳爻对此阴爻的关系是"据";其二,若一个卦中只有一个阳爻,且此阳爻的爻位比较靠上,如四爻、五爻或上爻,则此阳爻对其他五个阴爻的关系也是"据"。

例如,在《未济》卦(䷿)中,九二爻位于初六爻之上,因而可以说九二据初六。再如,《豫》卦(䷏)中只有九四爻这一个阳爻,因而也可以说九四据其他五爻。

## 十五、时

"时"是指爻所处的时机。

《周易》非常强调对"时"的把握。虽然六爻的吉凶有一般的判断方法,如得中得正通常都是为吉,但也不是固定不变的。同样都是得中的爻,并非都为吉,其原因便是所处之时不同。《文言》和《象》传中多次提到"与时偕行",强调"时止则止,时行则行,动静不失其时"[1]。因而,《周易》认为,六爻的吉凶与该爻所处的时机有关,顺时而行才能吉,失时而为便是凶。

例如,《节》卦(䷻)的九二爻和九五爻都处于中位,但是吉凶却相反。九五爻的爻辞是"甘节,吉,往有尚",九二爻的爻辞却是"不出门庭,凶"。对于九二为凶的原因,《象》传中的解释是"失时极也"[2]。即,九二虽然得中,但却失位。如若得位,"不出门庭"便是吉;但若在失位之时仍然"不出门庭",那便是"失时极也",因此为凶。

---

① 杨天才、张善文:《周易》,中华书局 2011 年版,第 454 页。
② 杨天才、张善文:《周易》,中华书局 2011 年版,第 520 页。

# 第二节　与卦有关的话语

## 一、卦

"卦"是指占筮的结果。《说文解字》中言:"卦,筮也。"①《周易》中的每一个卦又包括卦名、卦画和卦辞三个部分。对于这一点,我们在第一章中已经做了说明。

有关卦画的来历,和爻画一样说法不一。不过,有关卦画来历的说法和有关爻画的说法大体上是可以对应的,也有生殖器说、结绳记事说、古文字说等观点。一般认为,卦画和爻画是同一时期产生的。因为爻画是用来记录卦画的,卦画也需要爻画来表示,所以,卦画和爻画应该是同源的。当然,同爻画一样,目前有关卦画来历的各种观点还都只是推测,虽然这些推测都具有一定程度的合理性,但是并没有任何一种推测得到学术界的广泛认可。

## 二、经卦

"经卦"即三爻卦,是由三个爻由下而上叠加在一起构成的卦。

例如,三个阳爻(—)由下而上叠加在一起便构成了乾卦(☰);再如,三个阴爻(− −)由下而上叠加在一起便构成了坤卦(☷)。由于爻只有阴阳两种,因而经卦一共有八个,分别是乾卦(☰)、坤卦(☷)、震卦(☳)、巽卦(☴)、坎卦(☵)、离卦(☲)、艮卦(☶)和兑卦(☱)。我们常说的"八卦"指的就是这八个经卦。

## 三、阳卦和阴卦

"阳卦"是指爻画的笔画数目为奇数的经卦,"阴卦"是指爻画的笔画数目

---

①　许慎:《说文解字》,蔡梦麒校释,岳麓书社 2021 年版,第 135 页。

为偶数的经卦。

例如,乾卦(☰)的爻画笔画数目为 3,所以,乾卦(☰)是阳卦。同理,震卦(☳)、坎卦(☵)和艮卦(☶)的爻画笔画数目都是 5,所以,震卦(☳)、坎卦(☵)和艮卦(☶)也都是阳卦。

再如,坤卦(☷)的爻画笔画数目为 6,所以,坤卦(☷)是阴卦。同理,巽卦(☴)、离卦(☲)和兑卦(☱)的爻画笔画数目都是 4,所以,巽卦(☴)、离卦(☲)和兑卦(☱)也都是阴卦。

因而,八个经卦之中有四个阳卦和四个阴卦。经过观察不难看出,在四个阳卦中,除了乾卦(☰)以外,其余三个阳卦都是由一个阳爻和两个阴爻构成的;在四个阴卦中,除了坤卦(☷)以外,其余三个阴卦都是由一个阴爻和两个阳爻构成的。因而,《系辞》中有言:"阳卦多阴,阴卦多阳,其故何也?阳卦奇,阴卦耦。"①

此外,如果阳爻的爻象为"君",阴爻的爻象为"臣",那么阳卦则象征着一君二民,阴卦则象征着二君一民。因而,《系辞》中又言道:"阳一君而二民,君子之道也。阴二君而一民,小人之道也。"②

## 四、别卦

"别卦"是由两个经卦由下而上叠加在一起构成的卦。因为别卦是由两个经卦重叠而成的,所以"别卦"又称"重卦"。又因为经卦是三爻卦,所以别卦是六爻卦。

例如,一个乾卦(☰)和一个坤卦(☷)由下而上叠加在一起便构成了《泰》卦(䷊);再如,一个坤卦(☷)和一个乾卦(☰)由下而上叠加在一起便构成了《否》卦(䷋)。

由于经卦有八个,因而重叠而成的别卦一共有六十四个。我们常说的"八八六十四卦"指的就是这六十四个别卦。

---

① 杨天才、张善文:《周易》,中华书局 2011 年版,第 616 页。
② 杨天才、张善文:《周易》,中华书局 2011 年版,第 616 页。

## 五、上卦和下卦

由于每一个别卦都是由两个经卦由下而上叠加在一起构成的,于是,我们将别卦中位于上边的经卦称为"上卦",位于下边的经卦称为"下卦"。

我们在阐述爻位的时候曾提及,别卦的二位和五位是中位。那么为什么别卦的中位是二爻和五爻,而不是三爻和四爻呢? 其中原因便是,二爻和五爻分别位于下卦和上卦的中位。

例如,《泰》卦(䷊)和《否》卦(䷋)都是由乾卦(☰)和坤卦(☷)叠加而成的。但是,在《泰》卦(䷊)中,乾卦(☰)是下卦,坤卦(☷)是上卦;《否》卦(䷋)则相反,乾卦(☰)是上卦,坤卦(☷)是下卦。

## 六、内卦和外卦

"内卦"和"外卦"是别卦中的上卦和下卦的另一种称谓。下卦也称为"内卦",上卦也称为"外卦"。

例如,《泰》卦(䷊)的内卦是乾卦(☰),外卦是坤卦(☷);《否》卦(䷋)的内卦是坤卦(☷),外卦是乾卦(☰)。因而,《否》卦(䷋)又有"内阴而外阳,内柔而外刚,内小人而外君子"①之说。

再如,我们前文提到,《旅》卦(䷷)的《象》传中有"柔得中乎外"的说法。其中,"得中"是指居于中位,而"外"便指外卦。所以,"柔得中乎外"是指位于外卦中位的阴爻,也即六五爻。

## 七、同卦和异卦

"同卦"是指一个别卦的上卦和下卦是同一个经卦,"异卦"是指一个别卦的上卦和下卦是不同的经卦。

因为经卦有且只有八个,所以同卦也只有八个,分别是《乾》卦(☰)、《坤》

---

① 杨天才、张善文:《周易》,中华书局 2011 年版,第 126 页。

卦(☷)、《震》卦(☳)、《巽》卦(☴)、《坎》卦(☵)、《离》卦(☲)、《艮》卦(☶)和《兑》卦(☱)。其余五十六个别卦都是异卦。

## 八、卦象

"卦象"是卦画所象征的事物。

例如,乾卦(☰)象征着天,坤卦(☷)象征着地,震卦(☳)象征着雷,巽卦(☴)象征着风,坎卦(☵)象征着水,离卦(☲)象征着火,艮卦(☶)象征着山,兑卦(☱)象征着泽。

一般而言,别卦的卦象与构成此别卦的经卦有关。例如,《需》卦(䷄)的上卦是坎卦(☵),下卦是乾卦(☰);坎卦(☵)的卦象是水,乾卦(☰)的卦象是天。因而,《需》卦(䷄)的卦象便是水在天上,即"云上于天"[1]。

特别的,如《噬嗑》卦(䷔)的卦象是口中有物。《彖》传中有"颐中有物曰噬嗑"[2]之言。其中,《颐》卦(䷚)按其卦画外实中虚而象征着张开的口。因而,《噬嗑》卦(䷔)便是口中有物之象。

有关卦象的问题,我们在第四章中将详细论述。

## 九、卦位

别卦的卦象通常与构成此别卦的两个经卦的卦象有关,但是经卦的卦象在其构成的别卦的卦象中的位置关系是不同的。"卦位"便是指两个经卦的卦象在其构成的别卦的卦象中的位置关系。

有如,《蒙》卦(䷃)的上卦是艮卦(☶),下卦是坎卦(☵);艮卦(☶)象征着山,坎卦(☵)象征着水。《蒙》卦(䷃)的《象》传中有言,"山下出泉"[3]。因而,艮卦(☶)的象和坎卦(☵)的象在《蒙》卦(䷃)的象中的位置关系是山在上而水在下。进而,《蒙》卦(䷃)的卦位是上下位。

例如,《明夷》卦(䷣)的上卦是坤卦(☷),下卦是离卦(☲);坤卦(☷)象征

---

① 杨天才、张善文:《周易》,中华书局 2011 年版,第 64 页。
② 杨天才、张善文:《周易》,中华书局 2011 年版,第 199 页。
③ 杨天才、张善文:《周易》,中华书局 2011 年版,第 55 页。

着地,为柔顺,离卦(☲)象征着火,为文明。《明夷》卦(䷣)的《象》传中有言,"内文明而外柔顺"①。因而,坤卦(☷)的象和离卦(☲)的象在《明夷》卦(䷣)的象中的位置关系是文明在内而柔顺在外。进而,《明夷》卦(䷣)的卦位是内外位。

再如,《需》卦(䷄)除了象征着水在天上外,还可以象征着"险在前也,刚健而不陷"②。在《需》卦(䷄)的这个象征意义下,上卦坎卦(☵)象征着危险,下卦乾卦(☰)象征着刚健。因而,坎卦(☵)的象和乾卦(☰)的象在《需》卦(䷄)的象中的位置关系是危险在前而刚健在后。进而,《需》卦(䷄)的卦位是前后位。

又如,《屯》卦(䷂)的上卦是坎卦(☵),下卦是震卦(☳);坎卦(☵)象征着水,震卦(☳)象征着雷。《屯》卦(䷂)的《彖》传中有言,"雷雨之动满盈"③;《象》传中有言,"云雷"。因而,坎卦(☵)的象和震卦(☳)的象在《屯》卦(䷂)的象中的位置关系是水雷并列。进而,《屯》卦(䷂)的卦位是并列位。

此外,因为同卦的上卦和下卦是相同的,所以同卦的卦位不做详细区分。

## 十、本卦和之卦

"本卦"是指在占筮中直接得到的卦。"之卦"是指根据变爻的规则改变本卦的一部分或全部的爻的性质之后得到的卦。"本卦"也称为"正卦","之卦"也称为"变卦"。

例如,在"齐崔杼筮娶棠姜"的筮例中,根据文献记载:"武子筮之,遇'困䷮'之'大过䷛'。"④所谓《困》䷮之《大过》䷛便是指占筮得到的本卦是《困》卦(䷮),而之卦是《大过》卦(䷛)。其中,之卦《大过》卦(䷛)是改变本卦《困》卦(䷮)的第三爻的性质后而得到的。

---

① 杨天才、张善文:《周易》,中华书局 2011 年版,第 323 页。
② 杨天才、张善文:《周易》,中华书局 2011 年版,第 63 页。
③ 杨天才、张善文:《周易》,中华书局 2011 年版,第 45 页。
④ 陈戍国:《春秋左传》,岳麓书社 2019 年版,第 641 页。

## 十一、贞卦和悔卦

历史上,人们曾分别在别卦和占筮这两种意义上使用过"贞卦"和"悔卦"的说法。

第一,在别卦的意义上,贞卦是指别卦的下卦(或内卦),悔卦是指别卦的上卦(或外卦)。

例如,据《左传》记载:"卜徒父筮之:'吉!涉河,侯车败。'诘之,对曰:'乃大吉也。三败,必获晋君!其卦遇"蛊(☶☴)[☴☶]",曰:'千乘三去。三去之余,获其雄狐。'夫'狐蛊',必其君也。'蛊'之贞,风也;其悔,山也。"①其中,"'蛊'之贞"是指《蛊》卦(☶☴)的下卦。因为《蛊》卦(☶☴)的下卦是巽卦(☴),而巽卦(☴)象征着风,所以有"'蛊'之贞,风也"的说法。同理,"其悔"是指《蛊》卦(☶☴)的上卦。因为《蛊》卦(☶☴)的上卦是艮卦(☶),而艮卦(☶)象征着山,所以又有"其悔,山也"的说法。

第二,在占筮的意义上,贞卦是指占筮中直接获得的本卦,悔卦是指本卦经过变爻后得到的之卦。

例如,据《国语》记载:"公子亲筮之,曰:'尚有晋国。'得贞《屯》、悔《豫》,皆八也。"②其中,"得贞《屯》、悔《豫》"是指在占筮中直接获得的本卦是《屯》卦(☵☳),而《屯》卦(☵☳)的初爻、四爻和五爻经过爻变后得到的之卦是《豫》卦(☳☷)。

## 十二、卦主

"卦主"有两层含义:其一是指成卦之主,其二是指意义之主。

所谓"成卦之主"是指,如果一个别卦是由于另一个别卦的某一个爻发生爻变而得到的,那么这个发生爻变的爻便是这个别卦的成卦之主。

例如,《乾》卦(☰☰)的初爻发生爻变得到的卦是《姤》卦(☰☴),因此初六爻便是此《姤》卦(☰☴)的卦主。再如,《大过》卦(☱☴)的上六爻发生了爻变得到的卦

---

① 陈戍国:《春秋左传》,岳麓书社 2019 年版,第 184 页。
② 李维琦:《国语·战国策》,岳麓书社 2006 年版,第 83 页。

也是《姤》卦(䷫),但此时《姤》卦(䷫)的卦主就是上九爻了。此外,对于《乾》卦(䷀)和《坤》卦(䷁)来讲,如果没有发生爻变,那么用九爻和用六爻便分别是《乾》卦(䷀)和《坤》卦(䷁)的卦主。

所谓"意义之主"是指,能够影响到整个别卦的意义的那个爻。一般而言,二爻和五爻大多情况下是一个别卦的意义之主。总体来讲,卦主的意义与该别卦的《象》传的意义是相符合的,且卦主对应的爻辞多数情况下为吉。

## 十三、卦德

"卦德"是指八经卦的象征性意义的本质特征。八经卦象征的所有事物都具备该经卦的卦德。或者说,八经卦象征的所有事物都与其卦德有关。

例如,乾卦(☰)的卦德是"刚健",因而,乾卦(☰)象征的事物都与"刚健"有关。再如,坤卦(☷)的卦德是"柔顺",因而,坤卦(☷)象征的事物都与"柔顺"有关。

卦德是理解经卦象征性意义的基础,同时,也是理解别卦象征性意义的基础。因为每一个别卦的象征性意义都是在构成该别卦的两个经卦的象征性意义的基础上构造出来的。另外,卦的象征性意义也是卦可以"引而伸之,触类而长之"的基础,因而,卦德也是"善为《易》者不占"的基础。

## 十四、错卦

"错卦"是指两个经卦或者两个别卦之间的关系。对于两个经卦或者两个别卦,如果所有处于同一爻位上的爻的性质都相反,那么称这两个经卦或者这两个别卦互为"错卦"。"错卦"又称"伏卦""反对卦"或"旁通卦"。

例如,在经卦中,乾卦(☰)和坤卦(☷)互为错卦,震卦(☳)和巽卦(☴)互为错卦,坎卦(☵)和离卦(☲)互为错卦,艮卦(☶)和兑卦(☱)互为错卦。因为在这四对经卦中所有处于同一爻位上的两个爻都是一阴一阳。因而,《说卦》有言:"八卦相错。"①

---

① 杨天才、张善文:《周易》,中华书局 2011 年版,第 648 页。

再如,在别卦中,《乾》卦(☰)和《坤》卦(☷)互为错卦,《泰》卦(䷊)和《否》卦(䷋)也互为错卦。显然,每一个别卦都有另一个别卦与之相错。所以,64 个别卦一共有 32 对互为错卦。

## 十五、综卦

"综卦"是指两个别卦之间的关系。对于两个别卦,如果这两个别卦的六个爻的排列顺序恰好相反,即其中一个别卦的初爻至上爻恰好是另一个别卦的上爻至初爻,那么称这两个别卦互为"综卦"。"综卦"又称"反卦"或"覆卦"。

例如,《屯》卦(䷂)的初爻至上爻恰好是《蒙》卦(䷃)的上爻至初爻,因而,《屯》卦(䷂)和《蒙》卦(䷃)互为综卦。其实,我们从卦画中也能看出来,将《屯》卦(䷂)的卦画上下颠倒后得到的便是《蒙》卦(䷃)的卦画。所以,综卦也可以看作是将一个别卦的卦画上下颠倒得到的卦。

需要说明的是,在《周易》的 64 个别卦中,《乾》卦(☰)、《坤》卦(☷)、《颐》卦(䷚)、《大过》卦(䷛)、《坎》卦(䷜)、《离》卦(䷝)、《中孚》卦(䷼)和《小过》卦(䷽),这 8 个别卦的卦画上下颠倒之后仍然是自身,没有变化。所以,这 8 个别卦没有综卦,其余 56 个别卦一共有 28 对互为综卦。

# 第三节 其他话语

## 一、周

关于《周易》的"周"字,历来有两种解释:其一是将"周"解释为"周匝""周知"之义;其二是将"周"解释为朝代名,即周代。

将"周"解释为"周匝""周知"的观点在汉代时已经出现。东汉郑玄曾经说明:《周易》以纯《乾》为首,《乾》为天,天能周匝于四时,故名《易》为周也。其实,《系辞》对"周"的"周匝"和"周知"之义也有暗示,"《易》与天地准,故能弥纶天地之道……知周乎万物,而道济天下,故不过"①。

但是,唐代孔颖达对郑玄的观点提出了批评:《周易》者,言易道周普,无所不备。郑玄虽有此释,更无所据之文。先儒因此遂为文质之义,皆烦而无用,今所不取。②

孔颖达认为,《周易》中的"周"字是指朝代名,夏代的易法称为《连山》,殷代的易法称为《归藏》,周代的易法称为《周易》。

其实,将"周"解释为周代的说法在汉代时也已经出现了。孔颖达曾专门对三代易名做出过辨析:神农一曰连山氏,亦曰列山氏;黄帝一曰归藏氏。既连山、归藏并是代号,则《周易》称周,取岐阳地名,《毛诗》云"周原膴膴"是也。又文王作《易》之时,正在羑里,周德未兴,犹是殷世也,故题周,别于殷。以此文王所演,故谓之《周易》,其犹《周书》《周礼》,题"周"以别余代。待到宋代,程颐、朱熹等人也都将"周"解释为朝代名,即《周易》是周代使用的易法。

我们已经知道,《周易》虽然不是周文王一人所作,但也是在西周初年编纂而成的。因而,《周易》以朝代命名的观点并非难以解释。此外,《周礼》中也提到,大卜需要掌握三易之法。假若《周易》是周知万物的易法,那么大卜又何须掌握《连山》和《归藏》呢?如果将"周"解释为朝代名,那么周代的大卜掌握《周易》就只不过是在掌握了前代的两种易法之后再掌握一种当下最新的易法而已。

## 二、易

关于《周易》的"易"字,《说文解字》中释义说:"易,蜥易,蝘蜓,守宫也。象形。"③其中,"蜥易""蝘蜓""守宫"所指都是小蜥蜴或者壁虎等爬行动物。"易"字便是取这一类爬行动物的形象而创造的。而这一类爬行动物具有一个特点:它们的身体颜色会随光照、温度等因素的改变而产生变化。所以,"易"又引申为"变易"之义。

当然,"易"可以引申为"变易"之"易",也并非只有"蜥易"这一个原因。许

---

① 杨天才、张善文:《周易》,中华书局2011年版,第569页。
② 王弼、韩康伯、陆德明、孔颖达:《周易注疏》,中央编译出版社2012年版,第10页。
③ 许慎:《说文解字》,蔡梦麒校释,岳麓书社2021年版,第429页。

慎在以"蜥易"解释"易"以后,又援引《秘书》说,"日月为易,象阴阳也"①。所谓日月交替、阴阳变换,因而,"易"也可以作"变易"之解。

总之,无论是蜥易之"易",还是日月之"易",其强调的都是变易、变化的含义。在"变易"这一释义上,无论将"易"字做哪种解释都不存在分歧。正如孔颖达所言,"夫'易'者,变化之总名,改换之殊称"②。

等到汉代,汉儒们在"变易"的基础上对《周易》之"易"的含义又有所丰富,提出"易"除了"变易"之义外,还具有"简易""不易"两层含义。

例如,《易乾凿度》曰:"易者,易也,变易也,不易也。"③

待到清代,学者们进一步发展了"易"的含义,将"变易""简易""不易"这三层含义发展为"变易""交易""反易""对易""移易"等五层含义。

因此,我们不难看出,《周易》之"易",无论是三层含义,还是五层含义,其基本含义都是变易、变化。也正因为"变易"之义,《周易》一书被广泛认可的英文译名为"*The Book of Changes*"。

## 三、太极

"太极"一词出自《系辞》:"是故《易》有太极,是生两仪。两仪生四象。四象生八卦。八卦定吉凶,吉凶生大业。"④

然而,在先秦文献中,"太极"一词却并不常见。除《周易》外,"太极"仅见于《庄子》一书,"在太极之先而不为高,在六极之下而不为深"⑤。但是,庄子所说"太极"实际上是指在空间上高到了极致。

在先秦文献中,与"太极"的词义最相近的是"太一"。例如,《吕氏春秋》中有:"音乐之所由来者远矣。生于度量,本于太一。太一出两仪,两仪出阴阳。阴阳变化,一上一下,合而成章。浑浑沌沌,离则复合,合则复离,是谓天常。"⑥不难看出,《吕氏春秋》中的"太一出两仪"的说法与《周易》中的"太极生两仪"

---

① 许慎:《说文解字》,蔡梦麒校释,岳麓书社 2021 年版,第 429 页。
② 王弼、韩康伯、陆德明、孔颖达:《周易注疏》,中央编译出版社 2012 年版,第 7 页。
③ 黄奭:《易纬·诗纬·礼纬·乐纬》,上海古籍出版社 1993 年版,第 5 页。
④ 杨天才、张善文:《周易》,中华书局 2011 年版,第 595 页。
⑤ 方勇:《庄子》,中华书局 2010 年版,第 102 页。
⑥ 陆玖:《吕氏春秋》,中华书局 2011 年版,第 132 页。

如出一辙。

具体而言,关于"太极"的解释,历来有四种观点:

其一,"太极"出自筮法。

无论是经卦还是别卦,其实质都是上古时期人们占筮的结果。根据《系辞》中记载的大衍筮法来看:"大衍之数五十,其用四十有九。分而为二以象两,挂一以象三,揲之以四以象四时,归奇于扐以象闰;五岁再闰,故再扐而后挂。"①其中,由"大衍之数"到"分而为二"再到"揲之以四"的筮法操作,恰好与由"太极"到"两仪"再到"四象"的过程相对应。

对于具体的筮法操作,古人以蓍草作为占筮的工具。在占筮之初,所有蓍草是没有区别,混在一起的。而后,人们按照筮法操作蓍草,将这些蓍草不断地区分开,从而产生了阳爻或阴爻。因而,不做区分、混在一起的蓍草就代表着"太极"在阴阳未分之时的具体形象。所以,"太极"即指筮法。

不过,对于"太极"指筮法一说,"太极"究竟是指"大衍之数五十",还是指"其用四十有九",历来说法不一,尚未定论。

其二,"太极"是指元气。

"太极"即元气的观点,最早见于东汉班固的《汉书》。班固在《汉书》中提出:"太极中央元气……经元一以统始,《易》太极之首也。"②

唐代孔颖达接受了班固的说法,并且进一步补充说道:"太极谓天地未分之前,元气混而为一,即是太初、太一也。"③从孔颖达的补充说明中,我们其实可以粗略地将"太极"理解为创世神话中天地未分之前的那一团"混沌"。进而,我们可以将"太极生两仪"理解成开天辟地后清气上升、浊气下降的状态。

其三,"太极"是指无。

"太极"为无的观点始于魏晋玄学。王弼在为《周易》做注时,显然受到了老子的"无名,万物之始;有名,万物之母"④观点的影响,将"太极生两仪"解释为"夫有必始于无,故太极生两仪也。太极者,无称之称,不可得而名,取有之所极,况之太极者也"⑤。

① 杨天才、张善文:《周易》,中华书局 2011 年版,第 583 页。
② 班固:《汉书》,中华书局 1962 年版,第 981 页。
③ 王弼、韩康伯、陆德明、孔颖达:《周易注疏》,中央编译出版社 2012 年版,第 370 页。
④ 汤漳平、王朝华:《老子》,中华书局 2014 年版,第 2 页。
⑤ 王弼、韩康伯、陆德明、孔颖达:《周易注疏》,中央编译出版社 2012 年版,第 369 页。

其四,"太极"是指理。

"太极"是理的观点是宋代理学的说法。朱熹提出:"此太极却是为画卦说。当未画卦前,太极只是一个浑沦底道理,里面包含阴阳、刚柔、奇耦,无所不有。"①

但是,当有人问到"太极"是不是天地未分之前的那一团"混沌"时,朱熹对"太极"做出了进一步的解释:"太极只是天地万物之理。在天地言,则天地中有太极;在万物言,则万物中各有太极。未有天地之先,毕竟是先有此理。动而生阳,亦只是理;静而生阴,亦只是理。"②

因此,在朱熹看来,《周易》中说的"太极"其实就是他的理学中所讲的"理"。

## 四、两仪

"两仪"一词和"太极"一样,同出自《系辞》,所谓"是故《易》有太极,是生两仪"③。关于"两仪"的解释,历来也有不同的观点。

其一,"两仪"是指奇偶。

"两仪"为奇偶的说法源于筮法。根据《系辞》中记载的大衍筮法,爻是由操作蓍草的数量的奇偶性来确定的。我们如果把"太极"理解为筮法中的"大衍之数五十"(或"其用四十有九"),那么由筮法中得出的实际上就是数字的奇偶性。因而,"两仪"是指奇数和偶数。

其二,"两仪"是指天地。

"两仪"为天地的说法源于汉代。《易纬·乾凿度》曰:《易》始于太极,太极分而为二,故生天地。唐代孔颖达对"两仪"为天地的说法做了进一步说明:"又谓混元既分,即有天地,故曰'太极生两仪',即《老子》云:'一生二'也。不言天地而言两仪者,指其物体,下与四象相对,故曰两仪,谓两体容仪也。"④

---

① 黎靖德:《朱子语类》,王星贤点校,中华书局1985年版,第1929页。
② 黎靖德:《朱子语类》,王星贤点校,中华书局1985年版,第1页。
③ 杨天才、张善文:《周易》,中华书局2011年版,第595页。
④ 王弼、韩康伯、陆德明、孔颖达:《周易注疏》,中央编译出版社2012年版,第370页。

其三，"两仪"是指阴阳。

"两仪"即阴阳的说法在《吕氏春秋》中便已出现："太一出两仪，两仪出阴阳。阴阳变化，一上一下，合而成章。"①北宋周敦颐在《太极图说》中进一步解释说："太极动而生阳，动极而静；静而生阴，静极复动。一动一静，互为其根；分阴分阳，两仪立焉。"②而后，越来越多的人接纳了"两仪"即阴阳的观点。

不过，"两仪"是一种抽象的说法，"阴"和"阳"也是一对抽象的概念。事实上我们用"阴阳"来解释"两仪"时，并没有更加清晰地说明"两仪"究竟是什么。

## 五、四象

"四象"一词同样出自《系辞》，所谓"两仪生四象"③。同时，关于"四象"的解释，历来同样有着不同的观点。

其一，"四象"源于"两仪"的阴阳释义。这是目前最常见的观点。按照"两仪"分别是阳和阴的说法，"四象"则是将阳和阴继续划分，即将阳划分为老阳和少阳，将阴划分为老阴和少阴。因而，"四象"便是指老阳、少阳、老阴和少阴。

其二，"四象"是指四时。《系辞》中有"揲之以四以象四时"④之言。因而，有些学者认为，"四象"其实是指春、夏、秋、冬四时。

其三，按照"太极"和"两仪"都来自筮法的观点，"四象"也来自筮法。根据大衍筮法，占筮过程中由蓍草计算得出的数字只会是九、六、七、八这四个数字之一。因而，有些学者提出，"四象"便是九、六、七、八这四个数字。

其四，还有一些学者用八经卦来解释"四象"。其中，一些人认为，后天八卦中的四正卦坎（☵）、离（☲）、震（☳）、兑（☱）为"四象"；另一些人认为，"四象"分别是乾（☰）、坤（☷）、震（☳）坎（☵）艮（☶）、巽（☴）离（☲）兑（☱）。

其五，《周易》和五行学说结合以后，一些学者便用五行来解释"四象"，提出"四象"是指金、木、水、火。

---

① 陆玖：《吕氏春秋》，中华书局 2011 年版，第 132 页。
② 周敦颐：《周敦颐集》，梁绍辉、徐苏铭等校点，岳麓书社 2007 年版，第 5 页。
③ 杨天才、张善文：《周易》，中华书局 2011 年版，第 595 页。
④ 杨天才、张善文：《周易》，中华书局 2011 年版，第 583 页。

## 六、三才

《系辞》中有言："《易》之为书也,广大悉备。有天道焉,有人道焉,有地道焉。兼三才而两之,故六。六者非它也,三才之道也。"①其中,"三才"便是指天道、人道、地道,通常也简称为天、人、地。

## 七、阴阳

"阴"和"阳"最初是指能否直接受到太阳光的照射。背向太阳,处于太阳光无法直接照射的阴影中,即为"阴";面向太阳,直接受太阳光的照射,即为"阳"。

例如,由于我国地处北半球,太阳光都是从南向照射过来,因而山的南麓可以直接受到太阳光的照射,但是水的南侧却处于南岸的阴影中。故而,古人通过观察得出了山北水南为阴、山南水北为阳的结论。

而后,阴和阳逐渐抽象为一对相互对立的范畴。《易传》中便大量地使用了阴和阳对立范畴来解释《易经》。例如,"一阴一阳之谓道"②、"立天之道曰阴与阳"③等。

## 八、刚柔

"刚"和"柔"是《周易》中一对相互对立的范畴。《系辞》中有言:"刚柔者,昼夜之象也。"④其中,昼之象便指阳,夜之象便指阴。所以,刚也即阳,柔也即阴。

《说卦》中也有"立天之道曰阴与阳,立地之道曰柔与刚"⑤之言。因而,人们也常常将"阳"与"刚"和"阴"与"柔"连用,即"阳刚"或"阴柔"。

---

① 杨天才、张善文:《周易》,中华书局2011年版,第638页。
② 杨天才、张善文:《周易》,中华书局2011年版,第571页。
③ 杨天才、张善文:《周易》,中华书局2011年版,第648页。
④ 杨天才、张善文:《周易》,中华书局2011年版,第565页。
⑤ 杨天才、张善文:《周易》,中华书局2011年版,第648页。

## 九、贵贱

"贵"和"贱"也是《周易》中一对相互对立的范畴。《系辞》中有言："天尊地卑,乾坤定矣。卑高以陈,贵贱位矣。"[1]这即说,天在上,地在下,因为有了上下之别,故天地分出了尊卑。而贵贱是以尊卑来定位的,即尊为贵,卑为贱。因此,从《系辞》的说法中,我们可以看出,贵贱之分在本质上是上下之别。

既然贵贱的本质是上下,而每个别卦的六个爻又是由下而上排列的,那么一个卦中的六个爻也是有贵贱之分的。例如,《系辞》中有言："三与五同功而异位,三多凶,五多功,贵贱之等也。"[2]这便是说,三爻和五爻虽然都处于阳位,但是三爻的爻位却居于五爻的爻位之下。于是,三爻为贱而五爻为贵。因而,三爻的爻辞大多为凶,而五爻的爻辞大多为吉。

## 十、中行

"中行"即守持中道。《周易》十分推崇中道,如果能够守持中道,那么遇到事情大多为吉,即使有凶险往往也会逢凶化吉。

正是因为《周易》崇尚"中行",因而,中位在一个卦中往往是最为重要的爻位,同时中位的爻辞往往也最为吉利。

## 十一、吉凶

"吉"和"凶"是《周易》中的一对断定辞。"吉"即"善",表示将有所得;"凶"即"恶",表示将有所失。正如《系辞》所言,"吉凶者,失得之象也"[3],"吉凶者,言乎其失得也"[4]。朱熹也曾有"得则吉,失则凶"之言。

不过,在《周易》中,"吉"和"凶"并不是两个单一的断定辞。吉利和凶险都

---

① 杨天才、张善文:《周易》,中华书局 2011 年版,第 561 页。
② 杨天才、张善文:《周易》,中华书局 2011 年版,第 635 页。
③ 杨天才、张善文:《周易》,中华书局 2011 年版,第 565 页。
④ 杨天才、张善文:《周易》,中华书局 2011 年版,第 567 页。

是有程度之分的。

例如,同样断定为吉利,具体地还可以分为"元吉""吉无不利""大吉""吉""贞吉""小事吉""小贞吉"。其中,吉利程度最高的是"元吉",其次是"吉无不利"。"大吉"的吉利程度都高于"吉"。"贞吉"是指守持中道而不自乱则为吉,如《象》传中有言:"'不终日贞吉',以中正也。"①"小事吉"是指满足了一定的条件便为吉。

同理,断定为凶险,除了"凶"以外,还有"贞凶"和"征凶"之别。其中,"贞凶"是指失位不正导致的凶险,"征凶"是指如若前行便有凶险。如《颐》卦(䷚)的六二爻和六三爻的爻辞分别为"颠颐,拂经于丘颐,征凶"和"拂颐,贞凶"。

此外,"凶"在《周易》中虽然是最不好的断定辞,但并不意味着事情就全无好转的可能。《周易》十分重视"吉"和"凶"之间的转化。例如,《革》卦(䷰)的上六爻的爻辞便是"君子豹变,小人革面,征凶,居贞吉"。

## 十二、悔吝

"悔"和"吝"也是《周易》中的一对断定辞。"悔"有悔恨、困厄之义;"吝"有艰难、恨惜之义。因而,"悔"和"吝"是介于"吉"和"凶"之间的,代表着会存在一些小问题,虽然不吉利,但也不至于凶险。正如《系辞》所言,"悔吝者,忧虞之象也"②,"悔吝者,言乎其小疵也"③。

朱熹对"悔"和"吝"代表的小问题的严重程度做了进一步的说明:"悔吝便是吉凶底交互处,悔是吉之渐,吝是凶之端。"④"'忧虞'虽未至凶,然已足以致悔而取羞矣。盖'吉凶'相对,而'悔吝'居其中间,悔自凶而趋吉,吝自吉而向凶也。"⑤从朱熹的说明中,可以看出,"悔"倾向于可以转化为"吉","吝"偏向于可能转变成"凶"。

此外,《周易》中与"悔"相关的断定辞还有"无悔""悔亡"等。"无悔"和"悔亡"都代表着没有悔恨。不过,"无悔"强调的是似乎有悔恨但实际上没有。

---

① 杨天才、张善文:《周易》,中华书局 2011 年版,第 160 页。
② 杨天才、张善文:《周易》,中华书局 2011 年版,第 565 页。
③ 杨天才、张善文:《周易》,中华书局 2011 年版,第 567 页。
④ 黎靖德:《朱子语类》,王星贤点校,中华书局 1985 年版,第 1877 页。
⑤ 朱熹:《周易本义》,廖名春点校,中华书局 2009 年版,第 224 页。

例如,《同人》卦(☲)的上九爻的爻辞是"同人于郊,无悔"。"悔亡"强调的是曾经有悔恨而以后没有。例如,《恒》卦(☳)的九二爻的爻辞是"悔亡"。

## 十三、咎

"咎"也是《周易》中的断定辞。《说文解字》中将"咎"解释为"灾也"①,即"咎"有灾难、灾祸之义。因而,从吉凶的程度来讲,"咎"比"吝"更加凶险。

不过,在与"咎"相关的断定辞中,《周易》使用最多的其实是"无咎"。例如,《乾》卦(☰)的九三爻的爻辞是"君子终日乾乾,夕惕若厉。无咎"②,九四爻的爻辞是"或跃在渊,无咎"③。再如,《坤》卦(☷)的六四爻的爻辞是"括囊,无咎无誉"④。所谓"无咎",按朱熹的解释:"本是有咎,善补过则为无咎。"⑤因而,"无咎"是需要积极地做出补救才能转危为安的。

## 十四、厉

"厉"同样是《周易》中的断定辞。"厉"就是有危险的意思。

对于"厉",《周易》中最常出现的用语是"厉吉"或"厉无咎"。例如,《颐》卦(☶)的上九爻的爻辞是"由颐,厉吉。利涉大川"⑥;《复》卦(☷)的六三爻的爻辞是"厉,无咎"。这意味着,虽然有危险,但是并不一定会导致灾祸发生。因而,《乾》卦(☰)的九三爻的爻辞才会说,君子只要每天勤勉精进,在夜深人静之时仍然像遇到危险一样保持警惕,便不会有灾祸了。

---

① 许慎:《说文解字》,蔡梦麒校释,岳麓书社 2021 年版,第 357 页。
② 杨天才、张善文:《周易》,中华书局 2011 年版,第 3 页。
③ 杨天才、张善文:《周易》,中华书局 2011 年版,第 4 页。
④ 杨天才、张善文:《周易》,中华书局 2011 年版,第 34 页。
⑤ 黎靖德:《朱子语类》,王星贤点校,中华书局 1985 年版,第 1889 页。
⑥ 杨天才、张善文:《周易》,中华书局 2011 年版,第 256 页。

# 第三章 《周易》中的卦

《系辞》中有言:"圣人设卦观象,系辞焉而明吉凶,刚柔相推而生变化。"[①]由此可见,理解卦是理解《周易》的核心。事实上,《周易》一书的内容也都是围绕卦而展开的。因此,若要深入地了解《周易》,首先应当从卦着手。

## 第一节 卦的生成

关于卦的第一个问题便是:"卦是怎么产生的?"当然,我们在这里提出这个问题并不是要探究考古学意义上的卦的起源。其实,我们在第一章中已经简要地论述过数字卦到符号卦的历史发展过程。我们在这里所要探讨的是卦在思维认知上的生成过程。

根据《系辞》中的解释,卦是由太极逐步生成的,即:"是故《易》有太极,是生两仪。两仪生四象。四象生八卦。八卦定吉凶,吉凶生大业。"[②]以此解释,卦的生成是一个由一而二、由二而四、由四而八的等比增加的过程。考虑到 64 个别卦是由 8 个经卦两两叠加而得到的,所以从"太极"到"八卦"的过程也应该是逐步叠加而得到的。

其实,北宋邵雍曾对"太极"生成"八卦"的过程有过详细的论述:

太极既分,两仪立矣。阳下交于阴,阴上交于阳,四象生矣。阳交于阴、阴交于阳而生天之四象;刚交于柔、柔交于刚而生地之四象,于是八卦

---

① 杨天才、张善文:《周易》,中华书局 2011 年版,第 565 页。
② 杨天才、张善文:《周易》,中华书局 2011 年版,第 595 页。

成矣。八卦相错然后万物生焉。是故一分为二,二分为四,四分为八,八分为十六,十六分为三十二,三十二分为六十四。故曰:分阴分阳,迭用柔刚,易六位而成章也。十分为百,百分为千,千分为万,犹根之有干,干之有枝,枝之有叶,愈大则愈少,愈细则愈繁。合之斯为一,衍之斯为万。是故乾以分之,坤以翕之,震以长之,巽以消之。长则分,分则消,消则翕也。①

南宋朱熹在邵雍的基础上更加直接地说明了由“太极”生成“八卦”的过程:

> 伏羲当时画卦,只如掷珓相似,无容心。《易》只是阴一阳一,其始一阴一阳而已。有阳中阳,阳中阴,有阴中阳,阴中阴。阳中阳⚌,看上面所得如何,再得阳,即是☰,故《乾》一;或得阴,即是☱,故《兑》二。阳中阴⚎,亦看上所得如何,或是阳,即是☲,所以《离》三;或得阴,即是☳,所以《震》四。阴中阳⚍,看上面所得如何,或得阳,即是☴,所以《巽》五;或得阴,即是☵,所以《坎》六。阴中阴⚏,看上所得如何,若得阳,即是☶,所以《艮》七;再得阴,即是☷,所以《坤》八。看他当时画卦之意,妙不可言。②

按照邵雍和朱熹二人的论述,我们可以总结出由“太极”生成“八卦”的思维认知的过程:

首先,由“太极”生成一个阳和一个阴,即“两仪”,这是起始。由“太极”生成的阳,用符号“—”表示;由“太极”生成的阴,用符号“– –”表示。

其次,将阳(—)与阴(– –)进行排列组合,从而产生4种结果。这便是由“两仪”生成“四象”。

具体而言,以阳(—)和阴(– –)为基础,在阳(—)或阴(– –)之上分别再叠加一个阳(—)或一个阴(– –)。即,在阳(—)之上叠加一个阳(—)为阳中阳(⚌);在阳(—)之上叠加一个阴(– –)为阳中阴(⚎);在阴(– –)之上叠加一个阳(—)为阴中阳(⚍);在阴(– –)之上叠加一个阴(– –)为阴中阴(⚏)。

---

① 邵雍:《康节先生文集1》,闰兆才编校,华龄出版社2020年版,第892页。
② 黎靖德:《朱子语类》,王星贤点校,中华书局1985年版,第1612~1613页。

有时,我们也会称"阳中阳"为"老阳"或"太阳",称"阴中阳"为"少阳",称"阴中阴"为"老阴"或"太阴",称"阳中阴"为"少阴"。

再次,将阳中阳(⚌)、阳中阴(⚏)、阴中阳(⚎)、阴中阴(⚏)与阳(—)和阴(- -)进行排列组合,进而产生 8 种结果。这便是由"四象"生成"八卦"。

具体而言,在阳中阳(⚌)之上再叠加一个阳(—),得到乾(☰);在阳中阳(⚌)之上再叠加一个阴(- -),得到兑(☱);在阳中阴(⚏)之上再叠加一个阳(—),得到离(☲);在阳中阴(⚏)之上再叠加一个阴(- -),得到震(☳);在阴中阳(⚎)之上再叠加一个阳(—),得到巽(☴);在阴中阳(⚎)之上再叠加一个阴(- -),得到坎(☵);在阴中阴(⚏)之上再叠加一个阳(—),得到艮(☶);在阴中阴(⚏)之上再叠加一个阴(- -),得到坤(☷)。

最后,在朱熹的论述中,由此方法生成的八卦是有排列次序的,即乾一、兑二、离三、震四、巽五、坎六、艮七、坤八。

以上四个步骤便是从"太极"到"八卦"的生成过程。我们也可以用图 3-1 来简单地表示上述生成过程。

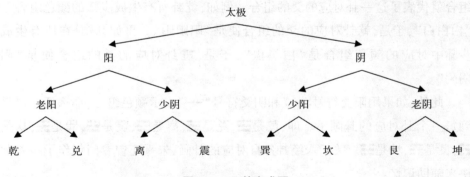

图 3-1 八卦生成图

事实上,图 3-1 就是邵雍给出的《经世衍易图》①。只不过,邵雍使用的各部分名称和图 3-1 中不一样。在《经世衍易图》中,由"太极"分化出的"两仪"分别是"动"和"静"(或"天"和"地")。由"动"生成"阳"和"阴",由"静"生成"刚"和"柔",因此,"四象"对应的是"阳""阴"和"刚""柔"。"阳"和"阴"相

---

① 古人阅读的习惯是从右向左,现代人阅读的习惯是从左向右。为了更方便现代人阅读,本书中将古人绘制的图例都做了左右镜像变换。

交,生成"太阳""太阴""少阳""少阴",这便是"天之四象";"刚"和"柔"相交,生成"少刚""少柔""太刚""太柔",这便是"地之四象"。"天之四象"和"地之四象"加起来就是"八卦"了。

朱熹其实也曾绘制过一张八卦生成图,与邵雍的《经世衍易图》相比,朱熹绘制的八卦生成图更加简洁。

图 3-2　朱熹绘八卦生成图

朱熹绘制的八卦生成图其实就是每一步都直接在上一步的爻上叠加另一个爻,因此,每一个卦在朱熹绘制的八卦生成图中包含了所有的生成步骤。如果我们用白色表示阳爻,用黑色表示阴爻,那么每一个卦所有生成步骤的颜色组合就代表了这一卦对应的爻的组合。例如,乾卦所有生成步骤的颜色组合是"白白白",于是,乾卦对应的爻的组合便是"阳阳阳"。再如,震卦在所有生成步骤中对应的颜色组合是"白黑黑",于是,震卦对应的爻的组合便是"阳阴阴"。

此外,如果用阳爻符号"—"和阴爻符号"– –"表示颜色组合,那么便可以得到每一个卦对应的卦画了。即,乾是☰,兑是☱,离是☲,震是☳,巽是☴,坎是☵,艮是☶,坤是☷。关于八经卦各自对应的卦画,朱熹还曾专门创作了一首歌诀来辅助记忆:

乾三连☰,坤六断☷,

震仰盂☳,艮覆碗☶,

离中虚☲,坎中满☵,

兑上缺☱,巽下断☴。①

---

① 姚际隆:《卜筮全书》,闵兆才编校,华龄出版社 2019 年版,第 2 页。

需要说明的是,从八卦的生成过程来看,邵雍和朱熹的做法实质上就是现代组合数学中常用的枚举法,即逐步依次枚举每一个爻。所以,朱熹在论述"太极"生成"八卦"的时候才会特别指出,8个经卦是有排列次序的。不过,在朱熹创作的辅助记忆的歌诀中,八经卦并不是按照八卦生成图中的顺序排列的。

以上便是八经卦在思维认知上的生成过程。按照八经卦的生成方法,我们可以继续生成六十四别卦。例如,朱熹就在他的八卦生成图的基础上继续逐次叠加阳爻和阴爻,于是,得到了六十四卦的生成图,如图3-3所示:

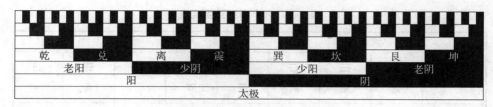

**图3-3 六十四卦生成图**

朱熹绘制的六十四别卦的生成图和八经卦的生成图结构一样,每一个别卦对应的卦画都是生成该别卦所有步骤的颜色组合。例如,生成《兑》卦的所有步骤的颜色组合是"白白黑白白黑",所以《兑》卦对应的卦画是☱。

从六十四别卦的生成图中,我们还可以看出,每一个经卦都对应了八个别卦。如果以经卦为基础继续"一分为二"地生成别卦,那么在该经卦基础上生成的别卦生成图与八经卦生成图是完全相同的。不妨以乾卦(☰)为基础,在乾卦(☰)的基础上继续"一分为二"地生成8个别卦,其生成图如图3-4左所示,而八卦生成图如图3-4右所示。通过对比不难看出,图3-4左右两边的图是完全相同的。

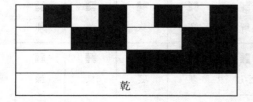
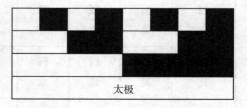

**图3-4 生成图对比**

图3-4中的左右对比说明,六十四别卦其实是可以分成8组的,每一组都

是在一个经卦之上继续叠加乾、兑、离、震、巽、坎、艮、坤这 8 个经卦。也就是说在每一个经卦之上分别叠加 8 个经卦，就得到了六十四别卦。同时，根据六十四别卦的生成方法可知，64 个别卦也是有相应的排列次序的。这也从思维认知上说明了六十四别卦是由八经卦两两重叠而生成的。

为了更加清晰地表示八经卦两两重叠生成六十四别卦的过程，我们可以用表 3-1 列出八经卦和六十四别卦之间的关系：

**表 3-1　六十四别卦生成表**

| 下卦 | 上卦 | | | | | | | |
|---|---|---|---|---|---|---|---|---|
| | 乾 | 兑 | 离 | 震 | 巽 | 坎 | 艮 | 坤 |
| 乾 | 乾 | 夬 | 大有 | 大壮 | 小畜 | 需 | 大畜 | 泰 |
| 兑 | 履 | 兑 | 睽 | 归妹 | 中孚 | 节 | 损 | 临 |
| 离 | 同人 | 革 | 离 | 丰 | 家人 | 既济 | 贲 | 明夷 |
| 震 | 无妄 | 随 | 噬嗑 | 震 | 益 | 屯 | 颐 | 复 |
| 巽 | 姤 | 大过 | 鼎 | 恒 | 巽 | 井 | 蛊 | 升 |
| 坎 | 讼 | 困 | 未济 | 解 | 涣 | 坎 | 蒙 | 师 |
| 艮 | 遁 | 咸 | 旅 | 小过 | 渐 | 蹇 | 艮 | 谦 |
| 坤 | 否 | 萃 | 晋 | 豫 | 观 | 比 | 剥 | 坤 |

表 3-1 详细地枚举出了每一个别卦以及该别卦的生成方法。例如,从表 3-1 中,我们可以清晰地看出,《丰》卦(䷶)是由上卦震卦(☳)和下卦离卦(☲)生成的;以艮卦(☶)为上卦且以兑卦(☱)为下卦生成的卦是《损》卦(䷨)。

朱熹也曾专门为六十四别卦的卦名创作了一首歌诀来辅助记忆:

乾坤屯蒙需讼师,

比小畜兮履泰否;

同人大有谦豫随,

蛊临观兮噬嗑贲;

剥复无妄大畜颐,

大过坎离三十备。

咸恒遁兮及大壮,

晋与明夷家人睽;

蹇解损益夬姤萃,

升困井革鼎震继;

艮渐归妹丰旅巽,

兑涣节兮中孚至;

小过既济兼未济,

是为下经三十四。[①]

和八经卦的歌诀类似,朱熹创作的歌诀中,六十四别卦也不是按其生成次序排列的,而是按照《易经》文本中的六十四别卦次序来排列的。

事实上,通过简单的计算,我们可以知道,由阳和阴两个爻构成的三爻卦有且只有 8 个,构成的六爻卦有且只有 64 个。因此,邵雍和朱熹的方法实际上已经穷尽了所有可能的三爻卦和六爻卦。所以,八经卦和六十四别卦在任何卦的体系中都是一样的,不同的卦的体系只表现为八经卦和六十四别卦的排列次序不同。

---

① 朱熹:《周易本义》,廖名春点校,中华书局 2009 年版,第 8~9 页。

# 第二节 "先天八卦"和"后天八卦"

不同的卦的体系只表现为八经卦和六十四别卦的排列次序不同,这一说法其实有两层含义:

其一,据《周礼》记载,《连山》《归藏》《周易》中的经卦都是 8 个,别卦都是 64 个。所以《连山》《归藏》《周易》这三种不同的易使用的卦都是一样的。之所以称为"三易之法",最显著的区别就是它们之中各卦的排列次序不同。然而,从已知文献中,我们只知道《连山》是以《艮》卦(☶)起始,《归藏》是以《坤》卦(☷)起始。其他的卦是如何排序的,我们并不知晓。

其二,邵雍和朱熹虽然是以《周易》为基础展开论述的,但实际上按照邵雍或朱熹的方法得到的卦的排列次序和《周易》中的卦的排列次序也是不一样的。所以,按照邵雍或朱熹的方法得到的卦的体系和《周易》中的卦的体系是不同的。邵雍将他得出的卦的体系称为"先天卦",将《周易》中的卦的体系称为"后天卦"。

其中,所谓"先天"和"后天",是指思维认知上的先后,即人们对卦的排列次序的认知先于对卦的意义,还是后于对卦的意义。例如,我们如果要枚举出由数字 1 和 2 组成的所有两位数的排列,那么通常有两种枚举方法:一种方法是直接枚举,即首先固定其中一个数字,然后依次枚举第二个数字;另一种方法是首先考虑两位数的可能情况,然后分情况枚举所有的两位数。于是,我们可能得出两种不同的数字排列方式:第一种是 11、12、21、22,第二种是 11、22、12、21。第一种是直接枚举出来的结果,第二种是分情况枚举出来的结果。不过,我们需要注意,直接枚举的方法不依赖于人们对数字的认识,即使是一般的符号,人们依然可以直接进行枚举;但是分情况枚举的方法依赖人们对数字的认识,人们对数字做出的区分并不一定适用于其他符号。在这个意义上,直接枚举出来的排列次序就是"先天"的,分情况枚举出来的排列次序便是"后天"的。

## 一、"先天八卦"

回到八经卦排列次序的问题中,我们若要枚举出 8 个卦的排列次序,也可以有两种方法：其一，直接枚举法；其二，分情况枚举法。

按照直接枚举法，我们并不需要提前知晓卦的意义，只需要逐次枚举每一个爻便可，也不需要考虑爻的意义。逐次枚举的方法就是依次列出"—"和"– –"，于是便可以得到"— — —""— — – –""— – – —""— – – – –""– – — —""– – – – –""– – – – —""– – – – – –"。我们把这8个符号由下向上排列便是8个经卦了。

前文中我们已经给出了邵雍和朱熹采用的生成卦的方法。本质上，邵雍和朱熹的方法与直接枚举法是一致的，即每一步都是依次枚举"—"和"– –"。因而，邵雍和朱熹可以不考虑卦和爻的意义而直接给出8个经卦的排列次序。这大概也是邵雍认为他给出的卦的排序是自然产生的原因吧！所以，邵雍认为，他给出的八经卦的排序是"先天八卦"。同时，邵雍可能认为圣人伏羲应该也会采用这种自然而简洁的方法来生成八经卦，所以，邵雍又将"先天八卦"称为"伏羲八卦"。

需要补充说明的是，有些人提出上述八经卦的排序也可以用二进制解释。但是，我们不能据此得出二进制起源于《周易》或"先天八卦"的结论。因为邵雍推演"先天八卦"的目的在于描述历法。"可以说，先天图的创作目的及其本来内容，和二进制无丝毫关联。邵雍的思维器官中，可说没有一个二进制的细胞。"[1]"即使莱布尼茨是看了先天图之后才发明的二进制，光荣也仍然不能归于邵雍，因为邵雍创造的只是先天图，而莱布尼茨创造的才是二进制。发明飞机螺旋桨的或许是受了风车的启发，但发明风车的决不是螺旋桨的发明者。"[2]所以，可以用某个理论诠释某个人的思想，但不能说这个人的思想中已经具有了这个理论或这个理论的萌芽。我们将在第六章中详细地讨论这个问题。

回到"先天八卦"的问题中，"先天八卦"是否真如邵雍所说是由伏羲创造的，现在已经无从考据了。连伏羲是否考虑过八经卦的排序问题，也不得而知。但是，从文献记载来看，"先天八卦"可能真的不是邵雍创造的，邵雍只是发挥了"先天八卦"而已。

---

① 朱伯崑、李申、王德有：《周易知识通览》，中央编译出版社2018年版，第474页。
② 朱伯崑、李申、王德有：《周易知识通览》，中央编译出版社2018年版，第475页。

　　和邵伯温同时代的朱震提出:"陈抟以《先天图》传种放,放传穆修,穆修传李之才,之才传邵雍。"①朱熹也认为邵雍的"先天八卦"传自陈抟。不过,朱熹进一步补充,陈抟的"先天八卦"其实源自《周易参同契》:"《先天图》传自希夷,希夷又自有所传。盖方士技术用以修炼,《参同契》所言是也。"②

　　然而,按照朱熹的说法,邵雍所学只是陈抟所传的一部分内容:"康节数学源流于陈希夷。康节天资极高,其学只是术数学。"③根据《宋史》记载,陈抟所传的图式中,除《先天图》外,还有河图洛书和《太极图》。其中:放以河图洛书传李溉,溉传许坚,许坚传范谔昌,谔昌传刘牧。穆修以《太极图》传周敦颐,敦颐传程颢、程颐。④ 只是《先天图》经种放、穆修和李之才传给了邵雍,所以,邵雍的"先天八卦"中有多少内容来自陈抟,又有多少内容为自创,这一问题似乎连邵伯温也说不清楚。

　　那么邵雍的"先天八卦"又有何微妙变通之处呢? 按照上文所述,陈抟传授的易学可分为三部分内容,分别是河图洛书、《太极图》《先天图》。然而,《周易》中却只提到了河图洛书,即"河出图,洛出书,圣人则之"⑤。《太极图》和《先天图》在《周易》中并无记载,因而,《太极图》和《先天图》应该为后人所创。又根据宋代王称在《东都事略·儒学传》中的说法,陈抟在传授易学时,"以数学传授穆修""以象学传授种放"。其中,"数学"是指卦中的阴阳、奇偶的变化,"象学"是指卦中的爻象、卦象的变化。陈抟将数学和象学分开传授,说明在陈抟之时数学和象学是两门可以分开的学问。

　　按王称所言,邵雍所学应该是数学部分,正如朱熹所说,"其学只是术数学"。因而,邵雍的"先天八卦"也应该是属于数学的内容。事实上,我们确实可以从"先天八卦"的生成过程中清晰地看出阴阳和奇偶的构造。不过,邵雍提出,他的"先天八卦"其实在《说卦》中早有记载,只是人们不理解而已。邵雍认为:"天地定位,山泽通气,雷风相薄,水火不相射,八卦相错。"⑥这便是对"先天

　　① 脱脱等:《宋史》,中华书局 1977 年版,第 12908 页。
　　② 黎靖德:《朱子语类》,王星贤点校,中华书局 1985 年版,第 2552 页。
　　③ 黎靖德:《朱子语类》,王星贤点校,中华书局 1985 年版,第 2554 页。
　　④ 脱脱等:《宋史》,中华书局 1977 年版,第 12908 页。
　　⑤ 杨天才、张善文:《周易》,中华书局 2011 年版,第 596 页。
　　⑥ 杨天才、张善文:《周易》,中华书局 2011 年版,第 648 页。

八卦"的描述。

按照邵雍的观点,"天地定位"是指乾卦(☰)在南、坤卦(☷)在北;"山泽通气"是指艮卦(☶)在西北、兑卦(☱)在东南;"雷风相薄"是指震卦(☳)在东北、巽卦(☴)在西南;"水火不相射"是指坎卦(☵)在西、离卦(☲)在东。如图3-5所示①。

图 3-5　先天八卦图

图 3-5 便是邵雍所说的《先天图》。在《先天图》中,乾卦(☰)、兑卦(☱)、离卦(☲)和震卦(☳)(即"天之四象")是逆时针排列的,巽卦(☴)、坎卦(☵)、艮卦(☶)、坤卦(☷)(即"地之四象")是顺时针排列的。因而,在《先天图》中,"天之四象"和"地之四象"都是按照阳爻渐少、阴爻渐多的规律排列的。按邵雍的解释,这便是"数往者顺,知来者逆"②的意思。所以,在邵雍的解释中,"先天八卦"和《先天图》是相互对应的关系。

但是,邵雍的解释是否合理呢?"天地定位"尚可解释为乾卦(☰)在上(南)而坤卦(☷)在下(北),可是"水火不相射"为什么是坎卦(☵)在西而离卦

---

① 古人绘图的方位是以上为南,与现代人绘图的方位恰好相反。

② 杨天才、张善文:《周易》,中华书局 2011 年版,第 648 页。

(三)在东呢？其实，"这些话都没有说明卦象究竟要安放在哪里。邵雍援引它们，不过是一种借口罢了"①。但无论如何，后世都将邵雍绘制的图认定为《先天图》。因此，邵雍便通过"先天八卦"和《先天图》将数学和象学结合起来了，即由"数"可以生"象"，由"象"又可以生"数"。

除邵雍外，朱熹也绘制过八卦生成图（图3-2）。我们也可以把朱熹绘制的八卦生成图按照《先天图》的方式排列，如图3-6所示：

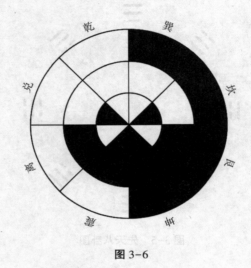

图3-6

和图3-2一样，在图3-6所示的《先天图》中，黑色代表阴爻，白色代表阳爻。接下来，我们用平滑的曲线分别将"天之四象"和"地之四象"的阴爻连接起来，于是便形成了图3-7到图3-9的过渡图式：

① 朱伯崑、李申、王德有：《周易知识通览》，中央编译出版社2018年版，第469页。

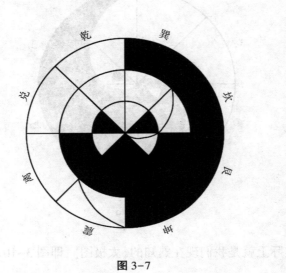

图 3-7

图 3-8

图 3-9

图 3-9 实际上就是我们现在熟知的《太极图》,即图 3-10。

图 3-10  太极图

从图 3-6 到图 3-10,我们已经看出,《太极图》和《先天图》在形式上是同结构的。这表明,从邵雍的《先天图》,我们也可以得出《太极图》。所以,在邵雍的易学之中,不仅数学和象学可以结合起来,《先天图》和《太极图》也可以互相沟通。也正是因为图 3-10 所示的《太极图》是由《先天图》演化而来的,图 3-10 所示的《太极图》又称为"先天太极图",俗称"阴阳鱼太极图"。然而,需要说明的是,历史上出现过的《太极图》并非先天太极图一种。先天太极图的图式最初记载于明代初期赵撝谦所著的《六书本义》中,不过,据清代胡渭考据,先天太极图在宋末元初便已经出现了。

由上,我们看到,邵雍将数学与易学相结合,详细地论述了"先天八卦"和《先天图》。也正因为邵雍在"先天八卦"和《先天图》中融入了数学的内容,清代学者不再将邵雍的理论看作是儒家的学说。先天八卦的排列次序和《先天图》中的八经卦定位与《说卦》中的内容根本是不相干的。例如,清代黄宗羲评论说:"邵尧夫引'天地定位'一章,造为《先天八卦方位图》……直是无可差排,勉强塞责,竟无义理可寻。"①因此,清代学者认为,邵雍提出的"先天八卦"既非源自《周易》,也非伏羲所传,只是宋代人自己的创造。故而,清代学者在编纂《四库全书》时把邵雍所著的《皇极经世书》归属于术数类,而非易学。

## 二、"后天八卦"

虽然"先天八卦"是宋代人的创造,但是在宋以前,八经卦也是有排列次序的,这个排列次序便是"乾坤生六子"。《说卦》中有言:

> 乾,天也,故称乎父;坤,地也,故称乎母;震一索而得男,故谓之长男;巽一索而得女,故谓之长女;坎再索而得男,故谓之中男;离再索而得女,故谓之中女;艮三索而得男,故谓之少男;兑三索而得女,故谓之少女。②

在八经卦中,乾卦(☰)的三个爻都是阳爻,坤卦(☷)的三个爻都是阴爻。除乾卦(☰)和坤卦(☷)外,其他6个经卦都是由阳爻和阴爻相交而成的。因此,乾卦(☰)和坤卦(☷)便代表父母,其他6个经卦分别代表乾坤"交合"而生育的子女。

具体而言:其一,只有一个阳爻的卦代表"子",只有一个阴爻的卦代表"女";其二,"子"卦中唯一的阳爻和"女"卦中唯一的阴爻,若位于初位则为

---

① 黄宗羲:《黄宗羲全集 第三册》,浙江古籍出版社2012年版,第491~493页。
② 杨天才、张善文:《周易》,中华书局2011年版,第657~658页。

"长",若位于二位则为"中",若位于上位时则为"少"。

即,震卦(☳)、坎卦(☵)和艮卦(☶)中都只有一个阳爻,因此,震卦(☳)、坎卦(☵)和艮卦(☶)代表"子"。其中,震卦(☳)的阳爻位于初位,因而,震卦(☳)代表"长子(长男)";坎卦(☵)的阳爻位于二位,因此,坎卦(☵)代表"中子(中男)";艮卦(☶)的阳爻位于上位,因此,艮卦(☶)代表"少子(少男)"。同理,巽卦(☴)、离卦(☲)和兑卦(☱)中都只有一个阴爻,因此,巽卦(☴)、离卦(☲)和兑卦(☱)代表"女"。其中,巽卦(☴)的阴爻位于初位,因而,巽卦(☴)代表"长女";离卦(☲)的阴爻位于二位,因此,离卦(☲)代表"中女";兑卦(☱)的阴爻位于上位,因此,兑卦(☱)代表"少女"。

"乾坤生六子"的次序,我们也可以如图 3-11 表示:

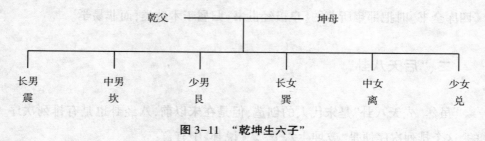

图 3-11 "乾坤生六子"

"乾坤生六子"的排列次序显然是根据人伦关系而制定的。即根据父母和子女的长幼顺序,并结合八经卦的爻的性质,制定出"乾坤生六子"的排列次序。

邵雍认为,"乾坤生六子"的排列次序依赖于人对爻和卦的认识,属于经验的总结。因而,"乾坤生六子"已落入"后天"的范畴之中,应该是周文王在推演《周易》时重新做出的排序。所以,邵雍将"乾坤生六子"的排列次序称为"后天八卦"或"文王八卦"。事实上,我们也可能看出,"后天八卦"的排列次序相当于是分情况枚举出来的,即先分出"父母"和"子女",再枚举。

与"先天八卦"有先天太极图相对应一样,"后天八卦"也有后天太极图与之相对应。后天太极图最早见于南宋杨甲的《六经图》中,而后又详见于元代张理所著的《大易象数钩深图》中。

然而,张理对后天太极图的解读,有许多地方都与周敦颐的《太极图说》有相通之处。例如,张理在解读后天太极图时说:"太极未有象数,惟一气耳。一气既分,轻清者上为天,重浊者下为地,太极生两仪也。两仪既分,则金、木、水、火四方之位列,两仪生四象也。"①张理的这个解读与周敦颐所讲的"一动一静,互为其根,分阴分阳,两仪立焉。阳变阴合,而生水、火、木、金、土,五气顺布,四时行焉。五行一阴阳也,阴阳一太极也,太极本无极也"②的说法其实是一致的。因此,有学者认为,后天太极图实则就是将周敦颐的太极图以圆形的图样加以修正而已。那么,根据《宋史》的记载,周敦颐的太极图是受穆修传授,而穆修又师从于陈抟。因此,也有少数学者提出,陈抟所传的太极图应该是后天太极图。

不过,目前普遍接受的观点是,"后天八卦"的圆形排列方位图并非来自周敦颐或张理以五行匹配阴阳的学说,而是源自《说卦》的论述:

帝出乎震,齐乎巽,相见乎离,致役乎坤,说言乎兑,战乎乾,劳乎坎,成言乎艮。万物出乎震,震东方也。齐乎巽,巽东南也;齐也者,言万物之絜齐也。离也者,明也,万物皆相见,南方之卦也,圣人南面而听天下,向明而治,盖取诸此也。坤也者,地也,万物皆致养焉,故曰:"致役乎坤"。兑,正秋也,万物之所说也,故曰:"说言乎兑"。战乎乾,乾西北之卦也,言阴阳相薄也。坎者水也,正北方之卦也,劳卦也,万物之所归也,故曰:劳乎坎。艮,东北之卦也。万物之所成终而成始也,故曰:"成言乎艮"。③

根据《说卦》的这段论述,我们可以得知,震卦(☳)位于正东方,巽卦(☴)位于东南方,离卦(☲)位于正南方,坤卦(☷)位于西南方,兑卦(☱)位于正西方,乾卦(☰)位于西北方,坎卦(☵)位于正北方,艮卦(☶)位于东北方。所以,按照《说卦》的这段论述,我们可以绘制出"后天八卦"的圆形排列方位图,如图3-12所示。

在后天八卦图中,我们可以看到,震卦(☳)、离卦(☲)、兑卦(☱)、坎卦(☵)分别位于正东、正南、正西、正北四个方位,因此,人们也称这四个卦为"四正卦"。相应地,巽卦(☴)、坤卦(☷)、乾卦(☰)、艮卦(☶)分别位于东南、西南、西北、东北四个方位,因此,人们也称这四个卦为"四隅卦"。

① 刘牧、张理:《易数钩隐图·大易象数钩深图》,郑同整理,九州出版社2020年版,第95页。
② 脱脱等:《宋史》,中华书局1977年版,第12712页。
③ 杨天才、张善文:《周易》,中华书局2011年版,第650页。

图 3-12　后天八卦图

### 三、六十四别卦排序

由于六十四别卦是在八经卦的基础上生成的,因此,八经卦的排列次序问题同样也存在于六十四别卦中。并且,八经卦的排列次序既然有"先天"和"后天"之分,六十四别卦的排列次序同样也有"先天"和"后天"之分。

所谓"先天六十四卦",其实就是在"先天八卦"的基础上继续按照邵雍或朱熹的方法生成六十四别卦。"先天六十四卦"的排列次序正如图 3-3 所示。

例如,在"先天八卦"中,乾卦(☰)排在第 1 位。按图 3-4 所示,在乾卦(☰)的基础上可以继续生成乾一、兑二、离三、震四、巽五、坎六、艮七、坤八。因而,在乾卦(☰)之上叠加乾一生成的《乾》卦(䷀)就排在第 1 位。同理,在乾卦(☰)之上叠加兑二生成的《夬》卦(䷪)便排列在第 2 位。继而,在乾卦(☰)之上分别叠加离三、震四、巽五、坎六、艮七、坤八生成的《大有》卦(䷍)、《大壮》卦(䷡)、《小畜》卦(䷈)、《需》卦(䷄)、《大畜》卦(䷙)、《泰》卦(䷊)分别排在第 3 位至第 8 位。类似地,在兑卦(☱)之上叠加乾一至坤八而生成的卦将分别排在第 9 位至第 16 位,在离卦(☲)之上叠加乾一至坤八而生成的卦分别排在第 17 位至第 24 位,依次叠加后,我们便得到了"先天六十四卦"从第 1 位到第 64 位的排列次序。事实上,这个排列次序和表 3-1 中的六十四别卦的排列次序是完全对应的。

根据"先天六十四卦"的排列次序,我们也可以将六十四别卦排列成圆形,从而得到一幅"先天六十四卦方位图"。具体方法是:在"先天八卦"的方位图中,每一个经卦都对应了圆周的八分之一,即45°;每一个经卦又继续生成8个别卦,因而,每一个别卦对应了圆周的六十四分之一,即5.625°。所以,先天六十四卦的方位图是以《乾》卦(☰)为正南方位,按次序逆时针排列在乾卦(☰)、兑卦(☱)、离卦(☲)和震卦(☳)基础上生成的各个别卦,每两个别卦之间相差5.625°;再以《姤》卦(☴)为西偏南84.375°方位,按次序顺时针排列在巽卦(☴)、坎卦(☵)、艮卦(☶)和坤卦(☷)基础上生成的各个别卦,每两个别卦之间相差5.625°。由此得到的先天六十四卦方位图如图3-13所示:

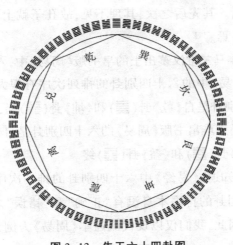

图3-13 先天六十四卦图

"后天六十四卦"的排序方法和"先天六十四卦"不同。"先天六十四卦"与卦和爻的意义无关,完全可以按照直接枚举法得出六十四别卦的卦序。因而,"先天六十四卦"的排序仅具有计算上的意义。从古至今,无论人们的经验世界如何改变,其排列次序都是一致的。

然而,"后天六十四卦"的排序属于经验范畴,与人的经验有关。因而,"后天六十四卦"的排列次序反映的是人对世界的认知。或者说,从"后天六十四卦"的排序中我们可以了解到当时人们关于世界的经验。"后天六十四卦"的排列次序,其实就是《易经》中六十四别卦的排列次序。因而,卦序问题在《周易》中是一个重要的问题。

# 第三节 卦序

如前所述,六十四别卦的排列次序是《周易》《连山》《归藏》三者之间最显著的区别之一①。例如,郑玄认为:"夏曰《连山》,殷曰《归藏》,周曰《周易》。"②又解释道:"《连山》者,象山之出云,连连不绝;《归藏》者,万物莫不归藏于其中;《周易》者,言易道周普,无所不备。"③因此,《易传》中单列《序卦》一篇来解释《易经》中六十四别卦的排列次序问题。正如孔颖达注疏说:"文王既繇六十四卦,分为上下二篇。其先后之次,其理不见,故孔子就上下二经,各序其相次之义,故谓之《序卦》焉。"④

然而,在1973年马王堆汉墓出土的帛书版《周易》中,六十四别卦的排列次序与现代流通本《周易》中的六十四别卦的排列次序有很大区别。现代流通本《周易》中的六十四别卦是自《乾》卦(☰)和《坤》卦(☷)起,至《既济》卦(䷾)和《未济》卦(䷿)终;马王堆帛书版《周易》的六十四别卦是自《乾》卦(☰)和《否》卦(䷋)起,至《家人》卦(䷤)和《益》卦(䷩)终。

不过,我们已经知道,《易经》中六十四别卦的排列次序是"后天"的,是经验的。所以六十四别卦的排序本身没有"正确"和"错误"之分,只是古人关于世界的经验不同。因此,我们仅以现代流通本《周易》为例,介绍卦序中蕴含的古人对世界的经验。

《易经》分为上下两篇,上篇是从《乾》卦(☰)开始,至《离》卦(☲)结束;下篇是从《咸》卦(䷞)开始,至《未济》卦(䷿)结束。《易经》上篇的卦序主要反映了古人对社会的经验,《易经》下篇的卦序主要反映了古人对人生的经验。

---

① 另一个可能的关键区别是占筮时的变爻。贾公彦注疏言:"《连山》、《归藏》占七八,《周易》占九六,是占异也。"(《周礼疏》)

② 王弼、韩康伯、陆德明、孔颖达:《周易注疏》,中央编译出版社2012年版,第10页。

③ 王弼、韩康伯、陆德明、孔颖达:《周易注疏》,中央编译出版社2012年版,第10页。

④ 王弼、韩康伯、陆德明、孔颖达:《周易注疏》,中央编译出版社2012年版,第420页。

### 一、《易经》上篇中的卦序

《序卦》①开篇有言:"有天地,然后万物生焉。"②此处虽然说的是"天"和"地",但实际上是指"乾"和"坤"。这里用"天"和"地"更加突出了六十四别卦的排序基础,即六十四别卦代表万事万物都在天地之间生成。

其实《序卦》这种"天地生万物"的观点,与"后天八卦"的"乾坤生六子"的观点非常相似。只不过"后天八卦"的"乾坤生六子"仅仅描述了人伦关系;而《周易》中的"天地生万物"则要通过六十四别卦描述更广泛的社会、人生的生成和发展过程,即"天下之能事毕矣"③。

"天地生万物",首先要经过由无到有、破土而出的过程,这个过程便是"屯"。《说文解字》中有:"屯,难也。象草木之初生。屯然而难。"④所谓"难也",是指破土而出之"破"是一个十分艰难的过程,正如《彖》传所言:"刚柔始交而难生。"⑤因此,"屯"实际上是指社会发展初期的艰难,即"生于忧患"。但也正因为"生于忧患",社会才需要动力不断地发展进步,正所谓是"多难兴邦"。

那么社会发展之初,必然是幼小蒙稚的状态,正所谓"蒙者,蒙也,物之稚也"⑥,社会处于"蒙"的状态,自然不利于社会的发展进步。因此,人们需要给社会以滋养,才能让社会从幼小蒙稚中壮大起来。正如《礼记》所言:"玉不琢,不成器。人不学,不知道。是故古之王者建国君民,教学为先。"⑦滋养社会即为"需"。"需"即"饮食之道",正如《象》传所言:"云上于天,需。君子以饮食宴乐。"⑧

民间谚语有言,"民以食为天"。由此可见,饮食自古以来就是人们最关心的问题之一。然而,在生产力低下的古代,饮食并不能满足社会的需求。例如,

① 本节引用内容若无特别注释,均引自《周易·序卦》。
② 杨天才、张善文:《周易》,中华书局2011年版,第671页。
③ 杨天才、张善文:《周易》,中华书局2011年版,第583页。
④ 许慎:《说文解字》,蔡梦麒校释,岳麓书社2021年版,第17页。
⑤ 杨天才、张善文:《周易》,中华书局2011年版,第45页。
⑥ 杨天才、张善文:《周易》,中华书局2011年版,第671页。
⑦ 陈戍国:《周礼·仪礼·礼记》,岳麓书社2006年版,第359页。
⑧ 杨天才、张善文:《周易》,中华书局2011年版,第64页。

孟子在见梁惠王时曾说:"七十者衣帛食肉,黎民不饥不寒,然而不王者,未之有也。"①因而,当饮食不足以满足社会的需求时,人与人之间便会发生争执,这便是"饮食必有讼,故受之以《讼》"②。

社会上出现了争执便会阻碍社会的发展,因而人们需要停止争执。然而,人们不可能通过争执来阻止争执,即使在争执中短暂地获得利益,最终的结果也仍然是凶险的,因为产生争执的根源并不在争执本身。所以,才有"中吉,终凶"③,"讼不可成也"④之辞。因此,解决争执的方法在于将民众组织起来以阻止争执。这即"讼必有众起,故受之以《师》"⑤。其中,"师者,众也"。不过,并非一群民众便可以称为"师"。在一个师中的民众,人与人之间应当要和谐共处。正如荀子所说:"六马不和,则造父不能以致远;士民不亲附,则汤、武不能以必胜也。"⑥人人和谐、上下皆亲的状态就是"比"。《彖》传有言:"比,辅也,下顺从也。"⑦聚众成师、人人亲比,由此国家便诞生了。正如《周易》所言:"能以众正,可以王矣。"⑧"先王以建万国,亲诸侯。"⑨

国家诞生以后,君民相亲、人人相比,社会便进入了一个组织有序的发展阶段。社会有序发展是人们生活水平不断提高的保障,不仅可以解决饮食供给不足的问题,还会有所积蓄。当然,国家建立之初,社会发展程度毕竟有限,生产力还没有得到极大的提升。因而,即便有所积蓄也只是小有积蓄。这便是"比必有所畜,故受之以《小畜》"⑩。

国家小有积蓄以后,人们便需要审定名分和制定礼仪。正如管仲所言,"仓廪实则知礼节"⑪,所谓"名分"和"礼仪",《彖》传中有言:"君子以辩上下,定民志。"⑫即,君臣父子要分辨清楚上下的名分,才能端正心志。正如孔子所说:

---

① 方勇:《孟子》,中华书局 2010 年版,第 5 页。
② 杨天才、张善文:《周易》,中华书局 2011 年版,第 671 页。
③ 杨天才、张善文:《周易》,中华书局 2011 年版,第 71 页。
④ 杨天才、张善文:《周易》,中华书局 2011 年版,第 72 页。
⑤ 杨天才、张善文:《周易》,中华书局 2011 年版,第 671 页。
⑥ 方勇、李波:《荀子》,中华书局 2011 年版,第 227 页。
⑦ 杨天才、张善文:《周易》,中华书局 2011 年版,第 90 页。
⑧ 杨天才、张善文:《周易》,中华书局 2011 年版,第 81 页。
⑨ 杨天才、张善文:《周易》,中华书局 2011 年版,第 91 页。
⑩ 杨天才、张善文:《周易》,中华书局 2011 年版,第 671 页。
⑪ 黎翔凤:《管子校注》,梁运华整理,中华书局 2004 年版,第 2 页。
⑫ 杨天才、张善文:《周易》,中华书局 2011 年版,第 108 页。

"君君,臣臣,父父,子子。"①《礼记》中有也言道:"夫礼者,所以定亲疏、决嫌疑、别同异、明是非也。"②荀子也曾有言,"礼者,贵贱有等,长幼有差,贫富轻重皆有称者也"③。因此,通俗地讲,"名分"和"礼仪"就是君王履行君王的职责,臣民履行臣民的职责。

同样,《说文解字》中有言:"礼,履也。所以事神致福也。"④《彖》传中有言:"履帝位而不疚,光明也。"⑤可见,制定礼仪便是要求人们来履行的。这便是"物畜然后有礼,故受之以《履》。履者,礼也"。

如若人人都遵守礼仪、履行各自的职责,那么社会便会有良好的秩序。正如尹文子所言:"君不可与臣业,臣不可侵君事,上下不相侵与,谓之名正,名正而法顺也。"⑥社会有了良好的秩序,人们的生活才会事事顺通,于是得享安泰。这又是"履而泰然后安,故受之以《泰》。泰者,通也"⑦。

然而,人们的生活不会永远一帆风顺,君子也有遇到困厄的时候。当君子困厄、小人行志之时,社会的发展便会受到阻滞。故而,《序卦》中说:"物不可以终通,故受之以《否》。"⑧

社会的发展受到阻滞,其原因在于小人行志。所谓"小人行志",是指小人言行不一,阻碍了人与人之间的交流。正如《彖》传所言:"天地不交而万物不通也,上下不交而天下无邦也;内阴而外阳,内柔而外刚,内小人而外君子,小人道长,君子道消也。"⑨但是人们的生活也不可能永远停滞不前,人们会同心同行,共同突破社会的阻滞。这就是,"物不可以终否,故受之以《同人》"。

能够同心同行的人一定是君子,"君子以遏恶扬善,顺天休命"⑩。因此,君子与民众同心同行,必然会赢得民众的拥戴和归附。有了民众的拥戴和归附,国家便会强大且富有。这便是"与人同者,物必归焉,故受之以《大有》"。⑪

① 陈晓芬、徐儒宗:《论语·大学·中庸》,中华书局2011年版,第143页。
② 陈戍国:《周礼·仪礼·礼记》,岳麓书社2006年版,第239页。
③ 方勇、李波:《荀子》,中华书局2011年版,第141页。
④ 许慎:《说文解字》,蔡梦麒校释,岳麓书社2021年版,第2页。
⑤ 杨天才、张善文:《周易》,中华书局2011年版,第107页。
⑥ 陈高佣:《公孙龙子·邓析子·尹文子今解》,商务印书馆2017年版,第181页。
⑦ 杨天才、张善文:《周易》,中华书局2011年版,第671页。
⑧ 杨天才、张善文:《周易》,中华书局2011年版,第671页。
⑨ 杨天才、张善文:《周易》,中华书局2011年版,第126页。
⑩ 杨天才、张善文:《周易》,中华书局2011年版,第143页。
⑪ 杨天才、张善文:《周易》,中华书局2011年版,第671页。

君子受民众拥附、大有所得，但是君子若要有完美的结果，则需要保持谦逊。正如《象》传所言："谦，尊而光，卑而不可逾，君子之终也。"①《尚书》中也有言，"满招损，谦受益"②。因而，"有大者，不可以盈，故受之以《谦》"，谦谦君子大有所得，必将可以与人愉快相处。人们也愿意追随君子的脚步。有人追随君子的脚步，君子也应当以博大的胸怀来包容、保护和教化追随者。于是，"君子以振民育德"③，进而，"君子以教思无穷，容保民无疆"④，这就是由《谦》而《豫》、由《豫》而《随》、由《随》而《蛊》、由《蛊》而《临》的过程。

"临者，大也"，是指君王的统治，即"君临天下"。君临天下便会举行盛大的祭祀仪式。《左传》中曾言，"祀，国之大事也"⑤，百姓们经历了隆重的祭祀仪式，内心对君王的崇敬之情便会油然而生。于是，"观天之神道，而四时不忒，圣人以神道设教，而天下服矣"⑥，"先王以省方观民设教"⑦。因此，"物大然后可观，故受之以《观》"。

在国家的治理中，观民设教以使百姓心中产生对君王的崇敬，只是君王统治的一个方面。另一方面，也要使百姓对国家心存敬畏。心存敬畏，即要法治严明。"法治严明"的重点在于"明"而不在于"严"。就好像吃东西时，牙齿要恰好咬合在一起才是最好。这便是《象》传所言："先王以明罚敕法。"⑧于是，"可观而后有所合，故受之以《噬嗑》"⑨。相反，如若刑罚不明，那么国家便将如孔子所言："丹漆不文，白玉不雕，宝珠不饰，何也？质有余者，不受饰也。"这也是"物不可以苟合而已，故受之以《贲》"⑩。

既然过于文饰会使国家的治理偏离黑白之正色，那么好的君王便要将过度的文饰逐一剥落。即"致饰然后亨则尽矣，故受之以《剥》"⑪。当然，所谓剥落文饰，并不是去除全部的装饰之物，只是剥落过度的装饰，使事物恢复到原来的

---

① 杨天才、张善文：《周易》，中华书局 2011 年版，第 149 页。
② 陈戍国：《尚书》，岳麓书社 2019 年版，第 17 页。
③ 杨天才、张善文：《周易》，中华书局 2011 年版，第 175 页。
④ 杨天才、张善文：《周易》，中华书局 2011 年版，第 183 页。
⑤ 陈戍国：《春秋左传》，岳麓书社 2019 年版，第 268 页。
⑥ 杨天才、张善文：《周易》，中华书局 2011 年版，第 190 页。
⑦ 杨天才、张善文：《周易》，中华书局 2011 年版，第 191 页。
⑧ 杨天才、张善文：《周易》，中华书局 2011 年版，第 200 页。
⑨ 杨天才、张善文：《周易》，中华书局 2011 年版，第 671 页。
⑩ 杨天才、张善文：《周易》，中华书局 2011 年版，第 671 页。
⑪ 杨天才、张善文：《周易》，中华书局 2011 年版，第 671 页。

样子。这便是《易经》中所言的"反覆其道"①,"复,其见天地之心乎"②,也是"物不可以终尽剥,穷上反下,故受之以《复》"③。

国家的治理回到正道,君王和百姓便不敢妄为。君王和百姓不妄为,国家便可以持续发展、积蓄养贤。而且,国家发展到这一阶段,早已满足了饮食的需求。因此,此时的积蓄不再是小有积蓄,而是"大有积蓄",即"有无妄,物然后可畜,故受之以《大畜》"。

国家大有积蓄,便颐养百姓。正如《彖》传有言:"天地养万物,圣人养贤以及万民,颐之时大矣哉!"④百姓如果得不到颐养,国家也不会强大,因为只有强大的人才能战胜大难,即"'大过',大者过也"⑤。

当然,并非所有的困难都可以顺利解决,人们难免遇到一些阻碍。这便是"物不可以终过,故受之以《坎》。坎者,陷也"。人若陷入危险之中,就应该依附他人以获得他人的援助,即"陷必有所丽,故受之以《离》"⑥。

其实,人与人之间相互帮助也正是一个社会得以发展和一个国家能够强大的基础保障。国家生于《屯》卦的忧患之中,若能如《离》卦一般人人互相施以援手,即使"多难"也依然能够"兴邦",未来一定是光明和美好的。

## 二、《易经》下篇中的卦序

《易经》下篇中的卦序仍然是从"天地生万物"开始的,即"有天地,然后万物生焉"。继而,"有万物然后有男女,有男女然后有夫妇"⑦。男女之间阴阳相感,即"二气感应以相与"⑧,于是有了夫妻相亲。这个过程便是"咸",正如《彖》传所说:"咸,感也。"⑨

夫妻关系是人类得以延续的保障,即"有夫妇然后有父子";有了父子关系

---

① 杨天才、张善文:《周易》,中华书局 2011 年版,第 224 页。
② 杨天才、张善文:《周易》,中华书局 2011 年版,第 225 页。
③ 杨天才、张善文:《周易》,中华书局 2011 年版,第 671 页。
④ 杨天才、张善文:《周易》,中华书局 2011 年版,第 249 页。
⑤ 杨天才、张善文:《周易》,中华书局 2011 年版,第 257 页。
⑥ 杨天才、张善文:《周易》,中华书局 2011 年版,第 671 页。
⑦ 杨天才、张善文:《周易》,中华书局 2011 年版,第 675 页。
⑧ 杨天才、张善文:《周易》,中华书局 2011 年版,第 282 页。
⑨ 杨天才、张善文:《周易》,中华书局 2011 年版,第 282 页。

才会有君臣关系,即"有父子然后有君臣"。父子关系和君臣关系都是以夫妻关系为基础的。"君君,臣臣,父父,子子"正是孔子所强调的礼。因而,夫妻关系必须是永恒持久的。这便是"夫妇之道不可以不久也,故受之以《恒》"①。

然而,正如国家和社会泰极否来、否极泰来,夫妻关系也不会一直保持不变。夫妻之间发生变故时,应当学会躲避风险。然而,也不能一直逃避,还需堂堂正正地面对问题、解决问题。正如《彖》传所言:"正大而天地之情可见矣!"②这便是"遁"和"大壮"的过程。

那么,人要怎样才能"大者壮也""大者正也"呢?人必须像初升的太阳一样积极进取,才能冉冉升起。正如《彖》传所言:"明出地上,《晋》。君子以自昭明德。"③但是,人的进取之心又不能太强,就像升起的太阳一样,当太阳升到顶点之后便会下降。人的进取之心如果太强,便难免受到伤害。这就是,"物不可以终壮,故受之以《晋》。晋者,进也。进必有所伤,故受之以《明夷》。夷者,伤也"④。

人如若在外受到了伤害,便需要返回家中。因为家庭是人的立身之本。如《大学》所言,修身、齐家、治国、平天下。又如《彖》传所说:"正家而天下定矣。"⑤于是,"伤于外者必反于家,故受之以《家人》"⑥。

但是,我们要注意,"天下定"的前提是"正家"。何谓"正家",《彖》传中有言:"男女正,天地之大义也。家人有严君焉,父母之谓也。父父,子子,兄兄,弟弟,夫夫,妇妇,而家道正。"⑦相反,如果家道不正便会衰落,衰落之后难免做出背离之事。这便是"家道穷必乖,故受之以《睽》"⑧。

俗语讲,"贫贱夫妻百事哀"。家道衰落以后,人在做许多事情的时候都会比家道兴旺时困难。因而,"乖必有难,故受之以《蹇》。蹇者,难也"⑨。但是,正如《屯》卦中的多难兴邦一样,人也往往于艰难中奋起。所以,人在遇到困难

---

① 杨天才、张善文:《周易》,中华书局 2011 年版,第 675 页。
② 杨天才、张善文:《周易》,中华书局 2011 年版,第 307 页。
③ 杨天才、张善文:《周易》,中华书局 2011 年版,第 315 页。
④ 杨天才、张善文:《周易》,中华书局 2011 年版,第 675 页。
⑤ 杨天才、张善文:《周易》,中华书局 2011 年版,第 331 页。
⑥ 杨天才、张善文:《周易》,中华书局 2011 年版,第 675 页。
⑦ 杨天才、张善文:《周易》,中华书局 2011 年版,第 331 页。
⑧ 杨天才、张善文:《周易》,中华书局 2011 年版,第 675 页。
⑨ 杨天才、张善文:《周易》,中华书局 2011 年版,第 675 页。

时不应该气馁,而应当"反身修德"①。从而,人们便可以在困难中"动而免乎险"②。即"物不可以终难,故受之以《解》。解者,缓也"③。同时,人处于困难之时,必然会遭受损失。正所谓"缓必有所失,故受之以《损》"④。但是,如果从"反身修德"的角度来看,人在困难之中也未必没有收获。这便是"损而不已必益,故受之以《益》"⑤。

但是,人在困难中究竟是损是益,还是要看人对时机的把握。正如《彖》所言:"损益盈虚,与时偕行。"⑥具体而言,人在遭受损失时,应当"君子以惩忿窒欲"⑦;人在有所收获时,应当"君子以见善则迁,有过则改"⑧。因而,损益的关键在于"时"。如果遇事犹豫不决、错过时机,那么益也可能会变为损。这也是"益而不已必决,故受之以《夬》。夬者,决也"⑨。

人能把握住时机,做事决断,便会有不期而遇的收获。因此,有所喜遇的基础也是对时机的把握,即"姤之时义大矣哉"⑩。有所喜遇,人们便会相聚在一起。人们相聚便可以做更多的事情以谋求更好的发展,所谓"积小以高大"⑪。于是,人的事业也便进入了上升期。这个过程就是"决必有遇,故受之以《姤》","物相遇而后聚,故受之以《萃》","聚而上者谓之升,故受之以《升》"⑫。

不过,人的事业同样不会一帆风顺,即使事业正处于上升期也会存在诸多困难。事业遇到困难,人便不应该再继续追求事业的上升,而是应该由下返上,从底层开始革新以求再次把握时机。即"顺乎天而应乎人。革之时大矣哉"⑬。这个过程也是"升而不已必困,故受之以《困》","困乎上者必反下,故受之以《井》","井道不可不革,故受之以《革》"⑭。

---

① 杨天才、张善文:《周易》,中华书局 2011 年版,第 349 页。
② 杨天才、张善文:《周易》,中华书局 2011 年版,第 356 页。
③ 杨天才、张善文:《周易》,中华书局 2011 年版,第 675 页。
④ 杨天才、张善文:《周易》,中华书局 2011 年版,第 675 页。
⑤ 杨天才、张善文:《周易》,中华书局 2011 年版,第 675 页。
⑥ 杨天才、张善文:《周易》,中华书局 2011 年版,第 364 页。
⑦ 杨天才、张善文:《周易》,中华书局 2011 年版,第 365 页。
⑧ 杨天才、张善文:《周易》,中华书局 2011 年版,第 373 页。
⑨ 杨天才、张善文:《周易》,中华书局 2011 年版,第 675 页。
⑩ 杨天才、张善文:《周易》,中华书局 2011 年版,第 388 页。
⑪ 杨天才、张善文:《周易》,中华书局 2011 年版,第 405 页。
⑫ 杨天才、张善文:《周易》,中华书局 2011 年版,第 675 页。
⑬ 杨天才、张善文:《周易》,中华书局 2011 年版,第 429 页。
⑭ 杨天才、张善文:《周易》,中华书局 2011 年版,第 675 页。

所谓"革新",一方面是去除旧事物,另一方面是引进新事物。正如《杂卦》所言:"《革》,去故也。《鼎》,取新也。"①因则,"革物者莫若鼎,故受之以《鼎》"②。

"鼎"一方面象征着引进新事物,另一方面也象征着一种烹饪器具。为什么《鼎》卦(☲)象征着烹饪器具呢?因为《鼎》卦(☲)的下卦是巽卦(☴)、上卦是离卦(☲),巽卦(☴)象征着木,离卦(☲)象征着火,所以,《鼎》卦(☲)是木上有火之象,即烹饪。当然,《鼎》卦(☲)取烹饪器具之义,实属六十四别卦中的特例。唐代李鼎祚曾引虞翻之言提出过此问题:"六十四卦,皆观象系辞,而独于鼎言象,何也?象事知器,故独言象也。"③

正是由于《鼎》卦(☲)取器具之义,故而才有"主器者莫若长子,故受之以《震》"④之辞。因为最初作为烹饪器具的鼎在古代宗法世袭制度的社会中逐渐演变为一种礼器,而"礼器"在原则上是由长子继承。按照"后天八卦"的说法,长子即为《震》卦(☳)。

不过,《序卦》中并非只将《震》卦(☳)诠释为长子,还将《震》卦(☳)解释为震动,即"震者,动也"。但是,震动也不会持久,终有静止的时候。于是,"物不可以终动,止之,故受之以《艮》"⑤。同样,人也不会一直保持不动,"物不可以终止,故受之以《渐》"⑥。所谓"渐",其实就是循序渐进,或者说按部就班。于是,长子迎来嫁妹的时刻。所谓,"归妹,天地之大义也","归妹,人之终始也"。⑦

兄嫁妹当然是盛大的场面,但这也意味着盛大之后少女便要离开家门。即"得其所归者必大,故受之以《丰》","穷大者必失其居,故受之以《旅》"。⑧女子到了夫家自当"恭顺而入",而夫家娶女自然也是愉悦之事。愉悦之后,亲朋离散。新的生活不仅是愉悦之后离散,也应当有所节制。

---

① 杨天才、张善文:《周易》,中华书局 2011 年版,第 682 页。
② 杨天才、张善文:《周易》,中华书局 2011 年版,第 675 页。
③ 李鼎祚:《周易集解》,中央编译出版社 2011 年版,第 181 页。
④ 杨天才、张善文:《周易》,中华书局 2011 年版,第 675 页。
⑤ 杨天才、张善文:《周易》,中华书局 2011 年版,第 675 页。
⑥ 杨天才、张善文:《周易》,中华书局 2011 年版,第 675 页。
⑦ 杨天才、张善文:《周易》,中华书局 2011 年版,第 470 页。
⑧ 杨天才、张善文:《周易》,中华书局 2011 年版,第 676 页。

所谓"节制"，是需要以诚信为根基的。正如"信及豚鱼也"①。既然心中秉持诚信，再做起事来就会小有过越。小有过越，事业便有可能成功。但是，事物的发展不能穷尽所有的可能，任何事情都有可能的成功。这便是"物不可穷也，故受之以《未济》，终焉"②。

从《易经》上篇和下篇的卦序中，我们可以看出，"后天六十四卦"的卦序主要是依据时间的先后排列的。这种卦序虽然不是按照卦与卦之间"飞伏互反"的关系排列，但大体上符合人们认知事物发展的内在联系。因而，这种六十四别卦的排列次序被称为"后天六十四卦"。

但是，正因为"后天六十四卦"是依据人的认知经验排列的，所以《序卦》中的排列次序并非处处都十分合理，例如前文提到的《鼎》卦（䷱）的位置。而且，依据人的认知对六十四别卦做出的排列也不是只有《序卦》一种，例如《杂卦》中的卦序与《序卦》就不完全相同。正如《周易正义》所言："《序卦》依文王上下而次序之，此《杂卦》孔子更以意错杂而对辨其次第，不与《序卦》同。"③

因此，卦的排列次序更多的是古人对卦和世界的一种简单化的认识。所以，卦序也只是我们了解古人的世界观和价值观的方式。若要更深入地了解古人眼中的《周易》，我们则需要具体地研究每一个卦的使用。

---

① 杨天才、张善文：《周易》，中华书局2011年版，第525页。
② 杨天才、张善文：《周易》，中华书局2011年版，第676页。
③ 王弼、韩康伯、陆德明、孔颖达：《周易注疏》，中央编译出版社2012年版，第424页。

# 第四章 《周易》中的"象"

我们在第三章中论述了《周易》中的卦和卦的排列次序。《周易》中的卦有64个,即使按照邵雍或朱熹的方法再生成十二个爻的卦,也不过4096个卦。然而,世上的事物何止千万,且随着社会的发展,又不断产生新的事物。那么,《周易》又是如何通过有限的卦来"知周乎万物"的呢?

《系辞》中有云:"古者包牺氏之王天下也,仰则观象于天,俯则观法于地,观鸟兽之文,与地之宜,近取诸身,远取诸物,于是始作八卦,以通神明之德,以类万物之情。"[①]从中可见,《周易》用于"周知万物"的方法并不是简单地以卦爻辞为据,而是以"类"来周知万物的,即"近取诸身"和"远取诸物"。

那么,《周易》又是如何用"类"来周知万物的呢? 我们在第三章的卦序部分曾经提出,《周易》中有六十三个别卦都是以系辞为据做出的排序,唯有《鼎》卦(䷱)取其卦象。《周易》以下巽(☴)上离(☲)象征着火在木上,进而将《鼎》卦(䷱)引申为烹饪。这种由卦象引申出含义的方法便是以"类"来周知万物。所以,《系辞》中有言,"圣人设卦观象"[②],如何"观象",便是本章的主要内容。

## 第一节 "象"的含义

我们在第二章中曾对卦象做出说明:卦象就是卦画所象征的事物。例如,在八经卦中,乾卦(☰)象征着天,坤卦(☷)象征着地,震卦(☳)象征着雷,巽卦

---

① 杨天才、张善文:《周易》,中华书局2011年版,第607页。
② 杨天才、张善文:《周易》,中华书局2011年版,第565页。

（☴）象征着风，坎卦（☵）象征着水，离卦（☲）象征着火，艮卦（☶）象征着山，兑卦（☱）象征着泽。再如，在六十四别卦中，《需》卦（䷄）象征着有所期待，《鼎》卦（䷱）象征着烹饪。

事实上，《易传》中的《象》传就是专门用于解释卦象的。例如，《需》卦（䷄）的《象》是，"云上于天，需。君子以饮食宴乐"①，即《需》卦就是云浮在天空中的景象。这个时候，君子应当在家饮食宴乐以期待天晴。再如，《鼎》卦（䷱）的《象》是，"木上有火，鼎。君子以正位凝命"②，即《鼎》卦就是火焰在木头上燃烧的景象。君子因其居于正位而成就"大烹以养贤"的使命。因此，似可以这样说，卦的含义是通过卦象来引申的。这个由"象"引申出含义的过程也称为"取象"。

既然"象"是卦与卦的含义之间的桥梁，那么我们便有必要先来详细探讨一下"象"的含义。

"象"字的本义是一种动物。《说文解字》中有言："象，长鼻牙，南越大兽，三年一乳，象耳牙四足之形。"③而后又引申为"想象"之义。关于这个引申的过程，韩非子曾解释说："人希见生象也，而得死象之骨，案其图以想其生也，故诸人之所以意想者皆谓之'象'也。今道虽不可得闻见，圣人执其见功以处见其形。故曰：'无状之状，无物之象。'"④按照韩非子的观点，"象"是无状无物、存在于人的意想之中的，是由死象之骨到生象之形的想象。

在《周易》中，"象"首先是指《易传》中的《象》传。我们在第一章中已经说明，《象》传是用于解释六十四别卦的卦画和爻画。《系辞》中将"象"解释为"象也者，像此者也"⑤。由此可见，《象》传中的"象"有象形之义。

《周易》除了对"象"做出专门解释外，还有许多地方都提到了"象"。例如，"天尊地卑，乾坤定矣……在天成象，在地成形，变化见矣"⑥，再如，"八卦成列，

---

① 杨天才、张善文：《周易》，中华书局2011年版，第64页。
② 杨天才、张善文：《周易》，中华书局2011年版，第438页。
③ 许慎：《说文解字》，蔡梦麒校释，岳麓书社2021年版，第430页。
④ 高华平、王齐洲、张三夕：《韩非子》，中华书局2010年版，第209页。
⑤ 杨天才、张善文：《周易》，中华书局2011年版，第605页。
⑥ 杨天才、张善文：《周易》，中华书局2011年版，第561页。

象在其中矣"①,由此可见,《周易》中的"象"还有形象之义。

又如,《周易》中还有"吉凶者,失得之象也;悔吝者,忧虞之象也;变化者,进退之象也;刚柔者,昼夜之象也"②,"圣人有以见天下之赜,而拟诸其形容,像其物宜,是故谓之象"③,从中可以看出,"象"又有迹象、象征之义。

因此,我们看到,在《周易》中,"象"主要的含义有象形、形象、迹象和象征等。事实上,"象"的这些含义都是在想象的基础上发展出来的,而且从象形到象征,也包含了一个思维发展的过程。

回到《周易》有关"象"的论述中,我们看到,"象"其实在伏羲始创八卦的时候就已经存在了。正如《系辞》中所言,"仰则观象于天,俯则观法于地,观鸟兽之文,与地之宜,近取诸身,远取诸物,于是始作八卦"④,暂且不论伏羲始作八卦的传说是否属实,但是《系辞》中所说的这种模拟自然界的思维方式的确符合上古时期人们的认知特点。

人类认知世界通常都是从观察世界开始的,而且是从观察身边最熟悉的世界开始的。例如,我们发现,几乎所有古老的文明都有对太阳和月亮的观察记录。这是因为太阳和月亮是最引人注意的自然现象。同样,地面上的高山、大河也是古人最容易观察到的自然事物。因为太阳、月亮和高山、大河都会切实地影响古人的生存状况。因此,古人仰观天文、俯察地理是非常切合实际需求的认知行为。

类似地,除天地以外,鸟兽也是古人在实际生活中需要观察的事物。因为出于狩猎和安全的需要,人们要了解身边的鸟兽,于是便有了"观鸟兽之文,与地之宜"。同理,除了外在事物,人们也会观察自己的身体以便更好地生存,即"近取诸身,远取诸物"。

不过,古人最初的观察往往都是经验的和直观的,即古人观察到的只是现象。对于观察物的属性,在古人看来并没有本质上的区别。换言之,古人只看

---

① 杨天才、张善文:《周易》,中华书局 2011 年版,第 604 页。
② 杨天才、张善文:《周易》,中华书局 2011 年版,第 565 页。
③ 杨天才、张善文:《周易》,中华书局 2011 年版,第 576 页。
④ 杨天才、张善文:《周易》,中华书局 2011 年版,第 607 页。

到了天和地,而不是将观察物概括为"天"和"地"。这种观察是自然而然的,也是最直接的。因此,古人最初对世界的认知是象形的。

随着生活越来越复杂,人们便需要更加深入地观察世界,以了解不同事物之间的联系。因而,人们的观察由象形逐渐发展为形象。即,通过形象来了解被观察的事物,正如韩非子所言,人们可以通过死象之骨来了解生象之形。

当然,形象是一个拟态的过程,通过模拟被观察物的形态来产生形象。拟态的过程是在直接观察的基础上进一步概括和抽象而得到的。从逻辑方法上讲"概括和抽象",是由种概念过渡到属概念的过程;就方法的特点而言,是从被观察物的形态中减少一些细节特征,从而使得形象更具普遍性意义。所以,概括和抽象实质上就是减少被观察物的细节、特征和属性。

例如,人们若是观察鸟,可以观察到具体的鸟的大小、羽毛的颜色、喙的形状和脚的样子等具体特征。但是,人们在想象鸟的形象时,很多具体的特征往往会被忽略掉。通俗地讲,鸟的形象已经与人们观察到的具体的鸟不一样了。因为鸟的形象只是对具体的鸟的拟态,在拟态的过程中已经概括和抽象掉了鸟的细节特征。从这个意义上可以说,鸟的形象已经不再是鸟了。

事实上,从逻辑学种属概念的反变关系来看概括和抽象,也可以印证上述结论。根据反变关系,属概念的内涵要少于种概念的内涵,但是属概念的外延却大于种概念的外延。这即指,在我们将具体的鸟概括并抽象成鸟的概念时,我们其实是获得了一个与"鸟"有关的类。这个类中包含的细节特征要少于任何具体的鸟,但是这个与"鸟"有关的类却可以涵盖更多的具体的鸟。这个与"鸟"有关的类其实就是鸟的形象。因此,形象在实质上就是由象形简化而来的一个指代。

从形象到迹象、象征的发展,是象形到形象在逻辑上的自然推广。既然形象可以是象形的一个指代,那么在形象的基础上便可以进一步简化而形成迹象、象征指代形象。只不过,形象是在象形的基础上去掉一些细节和特征,而迹象或象征是在形象的基础上只保留一些特征或性质。例如,在进一步简化鸟的形象时,人们只需要保留鸟的翅膀这一特征便可以指代鸟的形象了。或者说,鸟的翅膀是鸟飞翔的迹象。

而且,当人们看到鸟的翅膀时,可以联想到鸟展开翅膀的形象,进而,脑海浮现出具体的鸟在空中飞翔的样子。从逻辑方法上,这其实又是一个从属概念过渡到种概念的过程。在这一过程中,我们实际上是将鸟的翅膀看作鸟的象征。

需要说明的是,鸟的象征并不是对鸟的拟态,只是用鸟的翅膀这一特征来指代某个与"鸟"有关的类。所以,象征其实是一种符号式的表达,这种表达相较于形象而言更加简洁,也更加抽象。

以上从象形到象征的思维发展过程,其实就是《周易》的思维方式。或者说,易学思维就其本质上而言,是思维从象形到象征的延伸。当然,这个延伸的过程是指逻辑上的发展,而不是时间上的发展。事实上,从历史上看,象形、形象、迹象和象征之间的发展是反复且相互关联的。

在"象"的思维发展的过程中,"象"所能表达的意义越来越丰富。我们在说到"象"的时候,既可以是象形和形象之义,又可以是迹象和象征之义。因而,孔子才说,"圣人立象以尽意"①。

## 第二节　如何"取象"

理论上,"象"的思维方式从象形发展为象征,人们便可以借助"象"的象征意义来表达思想了。那么,在具体的思维过程中,人们又是如何借助"象"的象征意义来表达思想的呢?这就涉及"取象"的问题了。

所谓"取象",其实就是《系辞》中所说的"近取诸身,远取诸物"。简单地讲,就是通过选取一些事物来象征自己所要表达的含义。《周易》的取象,其实就是为每一个卦选取一个事物,从而来象征这一卦的含义。《说卦》篇讨论的主要问题便是卦应当如何取象。

例如,我们在第三章中提到的邵雍援引《说卦》中的文字为自己的"先天八卦"正名。邵雍所引的文字是"天地定位,山泽通气,雷风相薄,水火不相射"②,

---

① 杨天才、张善文:《周易》,中华书局 2011 年版,第 599 页。
② 杨天才、张善文:《周易》,中华书局 2011 年版,第 648 页。

其中"天""地""山""泽""雷""风""水""火"都是八经卦的取象。具体来说，即"乾为天""坤为地""艮为山""兑为泽""震为雷""巽为风""坎为水""离为火"。因此，邵雍才会说这段文字代表着八经卦的方位排列。

八经卦所取的"天""地""山""泽""雷""风""水""火"这八个"象"其实是自然界中对古人的生活影响最大的八种事物。古人之所以要选取这八种事物作为八经卦的"象"，也是希望通过对卦的研究来更好地指导生活吧。

另外，高亨曾提到一种臆说，大意是说：八经卦曾是伏羲时代的八个官职的标志。其中，天官的标志是☰，因而乾卦（☰）取象为天；地官的标志是☷，因而坤卦（☷）取象为地；山官的标志是☶，因而艮卦（☶）取象为山；泽官的标志是☱，因而兑卦（☱）取象为泽；雷官的标志是☳，因而震卦（☳）取象为雷；风官的标志是☴，因而巽卦（☴）取象为风；水官的标志是☵，因而坎卦（☵）取象为水；火官的标志是☲，因而离卦（☲）取象为火。不过，高亨也指出，这种说法并没有得到印证。

无论古人出于何种原因将八经卦取象为以上八种事物，至少在他们看来，这八种事物是各个卦所选取的最基本的"象"。所谓"基本"是指，其他所有的"象"都与这八种基本的"象"有所关联。那么，关联的方法便是这八种基本"象"所具有的性质。

《周易》对八经卦对应的基本"象"的性质也有所论述："乾，健也；坤，顺也；震，动也；巽，入也；坎，陷也；离，丽也；艮，止也；兑，说也。"①其中，天道刚健，因而乾（☰）为健；地道顺承天道，因而坤（☷）为顺；雷能震动万物，因而震（☳）为动；风吹万物而无孔不入，因而巽（☴）为入；水会流向低洼之地，因而坎（☵）为陷；火是附着在燃烧的物体表面的光华，因而离（☲）为丽；山是静止不动的，因而艮（☶）为止；泽会使万物欣悦其中，因而兑（☱）为说。

我们可以看到，八经卦所象征的性质都是古人通过观察八种基本"象"而总结出来的。进而，根据这八种性质，古人又将各种事物不断地归类到各个基本"象"中。例如，天位于天地万物的最上面，而人的头部也位于人的身体的最上

① 杨天才、张善文：《周易》，中华书局 2011 年版，第 655 页。

面,因而象征着天的乾卦(☰)也象征着首。还有,人的双眼是人体上最具有神采的部位,正所谓"目光炯炯",因而象征着附丽光华的离卦(☲)也象征着目。这就是《系辞》中所说的"近取诸身"。再如,在古人常见的动物中,马最为矫健,因而象征着健的乾卦(☰)又象征着马。还有,雉的全身都附着鲜艳的羽毛、光彩照人,因而象征着丽的离卦(☲)又象征着雉。这就是《系辞》中所说的"远取诸物"。同样,除了乾卦(☰)和离卦(☲)外,其他六个经卦也都可以分别取象于人的身体部位或者常见动物。如"乾为首,坤为腹,震为足,巽为股,坎为耳,离为目,艮为手,兑为口"①,又如"乾为马,坤为牛,震为龙,巽为鸡,坎为豕,离为雉,艮为狗,兑为羊"②。

事实上,任何一个经卦都可以参照类似的方式继续取象以扩展"象"的范围。我们不妨以离卦(☲)为例,具体说明八经卦是如何取象并扩展"象"的范围的。

《说卦》有言:"离为火,为日,为电,为中女,为甲胄,为戈兵。其于人也,为大腹。为干卦。为鳖,为蟹,为赢,为蚌,为龟。其于木也,为科上槁。"③离卦(☲)所取的这一系列的"象",有一些看起来似乎没有关联,例如日和龟、电和槁。但其实各个"象"之间还是有内在关联的。

从离(☲)卦的基本象来看,"离为火"。进而,所有与火相类似的事物便可以自然地归入离卦(☲)的"象"中。火最显著的两个特征是光和热。从常识上判断,古人在认识火的时候应该也是先感受到了火的光和热。因而,凡是有光和热的事物都可以看作是火的类似物,如太阳。太阳既发光又发热,因而说离卦(☲)"为日"。同样,电也是发光和发热的,汉代许慎便将"电"解释为"阴阳激耀也"。自然界中也不乏因被闪电击中而着火的现象发生,因而也说离卦(☲)"为电"。此外,光和热的结果是干燥,因而又说离卦(☲)"为干卦"。

从离卦(☲)的卦画来看,离卦的卦画是☲,即两个阳爻中间夹一个阴爻。因为阳爻的取象为刚,阴爻的取象为柔,所以离卦(☲)又可以象征外刚内柔的

---

① 杨天才、张善文:《周易》,中华书局 2011 年版,第 656 页。
② 杨天才、张善文:《周易》,中华书局 2011 年版,第 655~656 页。
③ 杨天才、张善文:《周易》,中华书局 2011 年版,第 666 页。

事物,例如,"甲胄"和"戈兵"都是坚硬的铠甲包裹着柔弱的躯体,因而离卦(☲)"为甲胄""为戈兵"。同样,鳖、蟹、蠃、蚌、龟等动物也都是坚硬的外壳包裹着柔软的肉体,因而也都可以归类到离卦(☲)的"象"中。类似地,人的腹部是柔软的,可是腹部之上的胸部和之下的胯部都有坚硬的骨骼保护,故而人的腹部也是刚中有柔之"象",因而离卦(☲)可以说"其于人也,为大腹"。此外,树木的空心现象也可以看作是外刚内柔之"象",因而离卦(☲)又可以"其于木也,为科上槁"。

所以,我们看到,虽然电和槁之间的关联并不紧密,但的确可以共同归属于离卦(☲)的"象"。

《周易》不仅仅是八经卦的取象。虽然《说卦》篇只详细地列举了各个经卦的"象",但是《周易》的每一个别卦其实都有其象征的一系列事物。例如,《蒙》卦(䷃)可以取象为"山下出泉"[①]。从"山下出泉"这个"象"中,我们也可以看出,别卦的取象是以经卦的取象为基础的。

具体而言,别卦的"象"是经卦的"象"按其卦位组成的。例如,《需》卦(䷄)是由坎卦(☵)和乾卦(☰)构成的,其卦位可以是上下位也可以是前后位。如果以上下位来取象,即坎卦(☵)在上而乾卦(☰)在下,那么坎卦(☵)可以取象为水,而乾卦(☰)可以取象为天。因而,《需》卦(䷄)可以取象为"云上于天"[②],水在天上便为云。如果以前后位来取象,即坎卦(☵)在前而乾卦(☰)在后,那么坎卦(☵)可以取象为艰险,而乾卦(☰)可以取象为刚健。因而,《需》卦(䷄)又可以取象为"险在前也,刚健而不陷"[③]。

另外,两个别卦即使卦位相同,由于两个经卦的位置不同,两个别卦也可能取不同的"象"。例如,《既济》卦(䷾)和《未济》卦(䷿)这两个别卦都是由离卦(☲)和坎卦(☵)这两个经卦构成的。不过,《既济》卦(䷾)是坎卦(☵)在上而离卦(☲)在下,《未济》卦(䷿)则相反,是离卦(☲)在上而坎卦(☵)在下。根据八经卦的取象,离卦(☲)可以取象为火,坎卦(☵)可以取象为水。而火与水

---

① 杨天才、张善文:《周易》,中华书局 2011 年版,第 55 页。
② 杨天才、张善文:《周易》,中华书局 2011 年版,第 64 页。
③ 杨天才、张善文:《周易》,中华书局 2011 年版,第 63 页。

的组成则既可以象征着用火烧水,又可以象征着以水灭火。《既济》卦(☲☵)的"象"是水在火上,如若用火烧水,则火可以将水烧开,如若以水灭火,则水可以将火浇灭。《未济》卦(☵☲)的"象"是火在水上,如若用火烧水,则火无法把水烧开,如若以水灭火,则水不能将火浇灭。因而,虽然《既济》卦(☲☵)的"象"和《未济》卦(☵☲)的"象"都是由火和水组成的,但是由于火和水的位置不同,《既济》卦(☲☵)的"象"和《未济》卦(☵☲)的"象"是完全不同的,《既济》卦(☲☵)象征着大功告成,而《未济》卦(☵☲)则象征着事业未成。故而,"水在火上,既济"①;"火在水上,未济"②。

　　不过,从《周易》文本来看,有许多经卦的"象"仅仅出现在《说卦》之中,在具体解释《周易》的各卦的含义时并没有用到所有的"象"。另外,《彖》传和《象》传在具体解释各卦含义时也用到了一些《说卦》中没有列举的"象"。例如雨、云等,表4-1列举了《彖》传和《象》传在具体解释各卦含义时所选取的"象"。

**表4-1　《彖》和《象》中的八经卦取象③**

| 八经卦 | 所取之象 | 取象出处 |
|---|---|---|
| 乾卦(☰) | 天 | 《彖》传见于《乾》《履》《泰》《否》<br>《象》传见于《乾》《泰》《无妄》 |
| | 天(指朝廷) | 《彖》传见于《大畜》<br>《象》传见于《需》《小畜》《大畜》《遁》《大壮》《夬》 |
| | 天(指其他) | 《象》传见于《讼》 |
| | 君 | 《彖》传见于《泰》《否》<br>《象》传见于《履》《否》《同人》《大有》《姤》 |
| | 君子 | 《彖》传见于《泰》《否》 |
| | 阳气 | 《彖》传见于《泰》《否》 |
| | 刚健 | 《彖》传见于《需》《讼》《小畜》《泰》《否》《同人》《大有》《无妄》《大畜》《大壮》《夬》 |

① 杨天才、张善文:《周易》,中华书局2011年版,第544页。
② 杨天才、张善文:《周易》,中华书局2011年版,第553页。
③ 高亨:《周易大传今注》,齐鲁书社1979年版,第25～30页。

**续表**

| 八经卦 | 所取之象 | 取象出处 |
|---|---|---|
| 坤卦(☷) | 地 | 《彖》传见于《坤》《泰》《否》《晋》《明夷》<br>《象》传见于《师》《比》《泰》《豫》《临》《观》《复》《晋》《明夷》《萃》 |
| | 地(指人) | 《象》传见于《升》 |
| | 民或臣民 | 《彖》传见于《泰》《否》<br>《象》传见于《否》《谦》《剥》 |
| | 小人 | 《象》传见于《泰》《否》 |
| | 阴气 | 《彖》传见于《泰》《否》 |
| | 柔顺 | 《彖》传见于《师》《泰》《否》《豫》《临》《观》《剥》《复》《晋》《明夷》《萃》《升》 |
| 震卦(☳) | 雷 | 《彖》传见于《屯》《噬嗑》《恒》《解》《震》<br>《象》传见于《豫》《随》《复》《无妄》《归妹》 |
| | 雷(指刑) | 《象》传见于《屯》《噬嗑》《颐》《恒》《大壮》《解》《益》《震》《丰》《小过》 |
| | 鹄 | 《象》传见于《小过》 |
| | 刚 | 《彖》传见于《随》《噬嗑》《恒》《益》 |
| | 动 | 《彖》传见于《屯》《豫》《随》《噬嗑》《复》《无妄》《恒》《大壮》《解》《益》《归妹》《丰》 |
| 巽卦(☴) | 风 | 《彖》传见于《恒》 |
| | 风(指教令) | 《彖》传见于《巽》<br>《象》传见于《小畜》《蛊》《观》《恒》《家人》《益》《姤》《巽》《涣》《中孚》 |
| | 木 | 《彖》传见于《井》《鼎》《涣》《中孚》<br>《象》传见于《井》《鼎》 |
| | 木(指其他) | 《象》传见于《大过》《升》《渐》 |
| | 柔 | 《彖》传见于《蛊》《恒》《益》 |
| | 巽(逊) | 《彖》传见于《小畜》《蛊》《观》《大过》《恒》《益》《鼎》《升》《渐》《中孚》 |
| | 入 | 《彖》传见于《蛊》《恒》 |

续表

| 八经卦 | 所取之象 | 取象出处 |
|---|---|---|
| 坎卦(☵) | 水 | 《彖》传见于《坎》《井》《涣》<br>《象》传见于《井》 |
| | 水(指民众) | 《象》传见于《师》《比》《涣》《节》 |
| | 水(指美德) | 《象》传见于《蒙》《坎》《蹇》 |
| | 水(指其他) | 《象》传见于《讼》《困》《既济》《未济》 |
| | 雨 | 《彖》传见于《屯》《解》 |
| | 雨(指恩赏) | 《象》传见于《解》 |
| | 云(指恩赏) | 《象》传见于《屯》《需》 |
| | 刚 | 《彖》传见于《节》 |
| | 险 | 《彖》传见于《屯》《蒙》《需》《讼》《师》《坎》《蹇》《解》《困》《节》 |
| 离卦(☲) | 火 | 《彖》传见于《睽》《革》<br>《象》传见于《睽》《革》《鼎》 |
| | 火(指明察) | 《彖》传见于《噬嗑》《离》《睽》《鼎》《丰》《旅》<br>《象》传见于《同人》《大有》《贲》《离》《家人》《丰》《旅》 |
| | 火(指其他) | 《象》传见于《既济》《未济》 |
| | 日(指明德) | 《彖》传见于《晋》《明夷》<br>《象》传见于《晋》《明夷》 |
| | 电(指明察) | 《彖》传见于《噬嗑》<br>《象》传见于《噬嗑》 |
| | 女 | 《彖》传见于《睽》《革》 |
| | 柔 | 《彖》传见于《噬嗑》《贲》 |
| | 文与文明 | 《彖》传见于《同人》《大有》《贲》《明夷》《革》 |
| | 丽 | 《彖》传见于《离》《晋》《睽》《旅》 |

续表

| 八经卦 | 所取之象 | 取象出处 |
|---|---|---|
| 艮卦(☶) | 山 | 《象》传见于《蒙》《小过》 |
| | 山(指贵族) | 《象》传见于《损》<br>《象》传见于《谦》《剥》《颐》 |
| | 山(指贤人) | 《象》传见于《大畜》<br>《象》传见于《蛊》《大畜》《咸》《遁》《蹇》《渐》《小过》 |
| | 山(指其他) | 《象》传见于《大畜》<br>《象》传见于《蒙》《贲》《损》《艮》《旅》 |
| | 男 | 《象》传见于《咸》 |
| | 阳气 | 《象》传见于《咸》 |
| | 刚 | 《象》传见于《蛊》《贲》《咸》 |
| | 止 | 《象》传见于《蒙》《蛊》《贲》《剥》《大畜》《咸》《蹇》《艮》《渐》《旅》 |
| 兑卦(☱) | 泽 | 《象》传见于《睽》《革》《中孚》<br>《象》传见于《随》《睽》《革》《归妹》 |
| | 泽(指民) | 《象》传见于《损》<br>《象》传见于《履》《临》《大过》《损》《夬》《萃》《中孚》 |
| | 泽(指其他) | 《象》传见于《咸》《困》《兑》《节》 |
| | 女 | 《象》传见于《咸》《睽》《革》 |
| | 阴气 | 《象》传见于《咸》 |
| | 柔 | 《象》传见于《随》《咸》《节》 |
| | 说(悦) | 《象》传见于《履》《随》《临》《大过》《咸》《睽》《夬》《萃》《困》《革》<br>《归妹》《兑》《节》《中孚》 |

从表4-1列举的各卦选取的"象"中,我们不难看出,不同卦的取象并非完全不同。例如,在《蛊》卦(☶)中,巽(☴)可以取象为柔,即"刚上而柔下";在《贲》卦(☶)中,离(☲)也可以取象为柔,即"柔来而文刚";在《咸》卦(☱)中,兑(☱)还可以取象为柔,即"柔上而刚下"。因此,一个卦并不是只能取一个"象",不同的卦也不必取不同的"象"。卦与"象"之间是"多对多"的关系。故而,有些人认为,《周易》的取象是混乱的。

其实,从离卦(☲)的取象中,我们已经可以看出,《周易》取象的实质就是归类,正如《系辞》所言:"方以类聚,物以群分,吉凶生矣。"①只不过,《周易》取象时的分类标准并不统一,因而给人一种混乱的感觉。例如,太阳和闪电、太阳和干燥就不是以统一的标准进行分类的。太阳和闪电会分为同一类是因为二者都具有光和热,但太阳和干燥会分为同一类是太阳会产生光和热而干燥是光和热的结果。因而,《周易》取象是以多重标准进行分类的,或者说,《周易》取象的分类标准本身也是一个类。所以,在《周易》取象时,所取之"象"并非要与其他所有"象"都有关联,只要与某一个"象"有关联即可。

因此,我们似可以这样总结《周易》取象的特点:对于一个卦所能选取的各"象",每个"象"都与某些"象"关联,但并不一定与所有"象"都关联。或者说,各"象"之间存在着各种各样的关联性,但具体的两个"象"未必一定存在关联。所以,从理论上来讲,并不存在一个统一的标准来约束《周易》取象。这意味着,人们没有办法从理论上划出一个严格的边界,从而将所有的"象"都封闭在其中。因此,《周易》取象在理论上是具有开放性的。不过,在实践中,人们也可以把卦的任意特点作为标准来取象。这也意味着,《周易》取象在理论上的开放性并不影响《周易》取象的实践。②《周易》取象具有现实的可操作性。一方面,因为取象标准没有限定的边界,所以每个卦可象征的事物的类是开放的和可发展的。这就保证了在现实的操作中,即使世界变化和发展了,我们仍然可以将新生事物归入相应的卦的"象"中。另一方面,虽然我们无法按照统一标准取遍某一个卦的所有的"象",但是这并不妨碍我们根据关联性将两个"象"归入同一个类中。从而,我们可以直接将卦的含义由一个"象"迁移到另一个"象"上,而不必再刻画某一标准。这导致的结果是,"意义"和"象"是直接关联的,而不必刻画其背后隐藏的规律。这种直接关联在现实中是具有可操作性的。同时,这种可操作性反映在思维方式上表现为意象型思维。

---

① 杨天才、张善文:《周易》,中华书局 2011 年版,第 561 页。
② 关于《周易》取象在理论上的开放性不会影响到实践这一点,并不是《周易》取象独有的特点。事实上,日常生活中广泛存在类似的现象。例如"游戏"这样的概念,我们也没有办法划出一个边界将其外延封闭其中,但是并不影响我们使用"游戏"这个概念。所以,游戏与游戏之间的相似性也是各种各样的。

## 第三节 意象型思维

《周易》的取象方式其实就是意象型思维的体现。所谓"意象型思维",通俗地讲,就是通过"象"来直接表达"意"。按照《系辞》中的说法,即"圣人立象以尽意"①。"意象"一词的基础实际上就是这种"立象以尽意"的意象型思维。

意象型思维在中华传统文化中有着非常深远的影响,可以说影响到了中华传统文化的方方面面。除《周易》的取象方式以外,意象型思维最突出的表现是我国文字的构造和文学的艺术表现手法。

### 一、汉字的构造

众所周知,我国的文字(汉字)是一种表意文字。简单地讲,表意文字是指我们可以通过文字的构造直接读出文字的含义。汉字即如此,我们可以直接从汉字的笔画和结构中读出汉字的字义。而我们之所以能够读出字义,正是因为我们掌握了意象型思维的思考方式。

若从意象型思维的角度讲,可以说汉字和《周易》是同源的。汉代许慎在《说文解字》中援引《系辞》分析了汉字起源和卦的起源之间的关系:

> 古者庖牺氏之王天下也,仰则观象于天,俯则观法于地,视鸟兽之文与地之宜,近取诸身,远取诸物,于是始作易八卦,以垂宪象。及神农氏结绳为治而统其事,庶业其繁,饰伪萌生。黄帝之史仓颉,见鸟兽蹄迒之迹,知分理之可相别异也,初造书契。百工以乂,万品以察,盖取诸"夬"。"夬,扬于王庭",言文者宣教明化于王者朝廷,君子所以施禄及下,居德则忌也。

> 仓颉之初作书,盖依类象形,故谓之文;其后形声相益,即谓之字。字者,言孳乳而浸多也。著于竹帛谓之书,书者,如也。以迄五帝三王之世,改易殊体,封于泰山者,七十有二代,靡有同焉。②

---

① 杨天才、张善文:《周易》,中华书局 2011 年版,第 599 页。
② 许慎:《说文解字》,蔡梦麒校释,岳麓书社 2021 年版,第 682 页。

由此可见,汉字中的"文"和卦象在思维方式上是完全一致的,而汉字的"字"则是在"文"的基础上兼顾字音和字义而发展的。因而,从意象型思维的角度看,汉字(文字)可以看作是卦象的延伸。事实上,在汉字的构造中,我们也可以清楚地看出汉字和卦象在思维方式上是一脉相承的。

许慎指出,汉字的构造方法一共有六种,即"六书":一曰指事,二曰象形,三曰形声,四曰会意,五曰转注,六曰假借。在这"六书"之中,除转注和假借外,其余四种造字方法都与意象型思维有着密不可分的联系。

象形字是"六书"之一,也是最直接的造字方法。所谓"象形者",即"画成其物,随体诘诎,日月是也"。简而言之,象形字就如同绘画一样,直接用笔画勾画出事物的外形特征。我们在理解字义时,就像看图画一样,根据笔画勾画出的图形来联想象形字的字义。

象形字的构造大体上可以分为三类,分别是整体摹写类、特征突出类和随形附丽类。① 整体摹写是指直接摹写出象形字所表达的字义的整体轮廓,例如,"日(○②)""月(♪③)"都是直接摹写了太阳和月亮的整体轮廓。再如,"鸟(𩾌④)"也是对鸟的整体轮廓进行直接摹写。对于一些整体轮廓较为复杂的事物,象形字在构造时很难对其做整体轮廓的摹写,便仅突出其典型特征以使人们理解字义。例如,"身(𦣹⑤)"勾画的便是怀孕这一特征,以怀孕突出身体来表达身体之意。还有一些典型特征不突出的事物,象形字则通过将该事物的形象附加在另一事物的形象之上来构造字形。例如,"眉(𥅻⑥)"字是将毛发的形象附加在眼睛上来表达眉毛之意。

从象形字的三类构造中,我们可以看到,整体摹写类、特征突出类和随形附丽类的抽象程度是依次增加的,但总体上仍然保持了"画成其物"的特点。所以,象形字所能表达的都是有形的事物,这也导致《说文解字》收录的9353个汉字中,象形字一共只有364个。

从意象型思维的角度看,象形字的"意"来自笔画直接勾画出的"象",是对

---

① 黄德宽:《古文字学》,上海古籍出版社2019年版,第38~48页。
② 李学勤:《字源》,天津古籍出版社2012年版,第599页。
③ 李学勤:《字源》,天津古籍出版社2012年版,第618页。
④ 李学勤:《字源》,天津古籍出版社2012年版,第324页。
⑤ 李学勤:《字源》,天津古籍出版社2012年版,第729页。
⑥ 李学勤:《字源》,天津古籍出版社2012年版,第287页。

字义的最直观的反映。所以,象形字的"意"和"象"之间的联系是最紧密的。正如荀子所言,"缘天官。凡同类、同情者,其天官之意物也同"①。

我们在随形附丽类的象形字中已经看出,在主体形象上增加一些附加形象是可以表达字义的。进而,对于一些附加形象不明显的字义,字形的构造可以以更加抽象的方式来表达字义。例如,"刃(ϟ②)"便是在主体形象"刀(ϟ③)"的刀刃位置增加了一笔。相较于"眉"是在眼睛上附加毛发而言,"刃"上的一点已经不具有任何象形的意味了,仅仅是一个指事性的符号。这种方法构造出的汉字便为指事字了。

指事字,按许慎的说法,即"视而可识,察而可见,上下是也"④。由此可见,指事字就是像"刃"这样使用一些带有指事性的笔画来构造的字。这些指事性的笔画就像用手指指着一处来解说其意义一样。

指事字也可以分为因形指事和刻画指事两类。如"刃"这类在象形的基础上增加指事性笔画的指事字便是因形指事。类似地,因形指事的字还有"本""末"等。《说文解字》中有"木下曰本"和"木上曰末"的说法。所以,"本"和"末"就像用手指指着树根或树梢来向人解说"本"或"末"的字义一样。

刻画指事是用纯粹抽象的笔画来做指示的字,如"上(═⑤)"和"下(═⑥)"就是用抽象的笔画来指示上和下的位置关系。除了"上"和"下"外,常见的刻画指事还有"一""二""三""四",这些数字也是直接用抽象的笔画来表示数量的。

《周易》的卦象中也有类似于指事字的构造,例如《噬嗑》卦(䷔)。《噬嗑》卦(䷔)的卦象主体是《颐》卦(䷚)。《颐》卦(䷚)的卦画呈现出"口"的形象,《噬嗑》卦(䷔)的卦画便相当于在《颐》卦(䷚)的卦画中增加一画,以指示口中有物。口中有物便是咀嚼之意,所以卦画"䷔"的卦名为"噬嗑",取象为"口中有物"。正如《彖》传所说,"颐中有物曰噬嗑"⑦。

---

① 方勇、李波:《荀子》,中华书局 2011 年版,第 457 页。
② 李学勤:《字源》,天津古籍出版社 2012 年版,第 383 页。
③ 李学勤:《字源》,天津古籍出版社 2012 年版,第 371 页。
④ 许慎:《说文解字》,蔡梦麒校释,岳麓书社 2021 年版,第 682 页。
⑤ 李学勤:《字源》,天津古籍出版社 2012 年版,第 2 页。
⑥ 李学勤:《字源》,天津古籍出版社 2012 年版,第 3 页。
⑦ 杨天才、张善文:《周易》,中华书局 2011 年版,第 199 页。

从意象型思维的角度看,指事字的"意"主要是由具有指事性的"象"来表达的。虽然具有指事性的"象"比象形的"象"更抽象,但是由于指事性这一要求,指事字的数量反而少于象形字。《说文解字》中仅收录了 129 个指事字。不过,由于指事的抽象程度并不高,人们在日常交流中也经常会用到以手势指事的方法来辅助表达。所以,指事字的"意"和"象"之间的联系也较为紧密和统一。

其实,从因形指事和刻画指事的特点对比中,我们也可以看出,刻画指事比因形指事更抽象。刻画指事的指事字中已经不再包含象形的结构了,而是通过纯粹抽象地刻画事物之间的关系来表达字的意义。更进一步,我们还可以将几个抽象结构结合起来创造新的文字,这种造字方法便是会意。

所谓"会意字"是指:"比类合谊,以见指挀,武信是也。"①对比刻画指事的指事字,会意字的各部分结构都是具有实质意义的,而不是简单的指事性符号。例如,"武(戈②)"的结构是上戈下止,其中,"止"是脚趾的意思,"武"将脚趾与战戈组合表示人扛着武器走路。

除了止戈为"武"这类建立在具象基础上的会意字外,会意字还可以建立在抽象的基础上。例如,按照许慎的说法,"人言"为"信",这便是抽象基础上做出的会意。类似地,还有"山石"为"岩","山高"为"嵩","小土"为"尘","小大"为"尖"等。

不过,无论是具象会意字还是抽象会意字,会意字的各部分结构都不再局限于指事性的符号。会意字是直接将两个或多个具有实质意义的结构结合在一起,因而,会意字的数量要明显多于指事字。《说文解字》中一共收录了 1267 个会意字。

从意象型思维的角度看,会意字的"象"更加抽象,"象"与"意"之间的关联不仅依赖于人们对"象"的直观认识,还依赖于人们对"象"各部分之间关系的理解,即人们对"比类"的认识。因此,会意字的"象"与"意"之间的关联不如指事字那么统一。例如,楚庄王将"武"字解释为"止戈为武"③,就是将脚趾的"止"解释为停止,从而把"武"关联到其他的意义上来。

① 许慎:《说文解字》,蔡梦麒校释,岳麓书社 2021 年版,第 682 页。
② 李学勤:《字源》,天津古籍出版社 2012 年版,第 1110 页。
③ 陈戍国:《春秋左传》,岳麓书社 2019 年版,第 380 页。

类似地,也有一些《周易》取象具有会意的结构。例如,《泰》卦(䷊)的上卦是坤(☷),下卦是乾(☰)。乾卦(☰)代表着天,天具有向上运动的趋势;坤卦(☷)代表着地,地具有向下运动的趋势。天在下却向上运动,而地在上却向下运动,运动的结果是天和地相交。于是,《泰》卦(䷊)的卦象具有"天地交"之意。同理,《否》卦(䷋)的下卦是坤(☷),上卦是乾(☰)。天在上并向上运动,而地在下并向下运动,天和地在运动中势必越来越远。于是,《否》卦(䷋)的卦象具有"天地不交"之意。

再如,《需》卦(䷄)具有期待之意。从卦画上看,《需》卦(䷄)的下卦是乾(☰),上卦是坎(☵)。乾卦(☰)代表着天,坎卦(☵)代表着水。所以,《需》卦(䷄)的卦画呈现出天上有水之"象",天上有水便是降雨的预兆。在农耕时代,风调雨顺是人们最期盼的事情。因而,《需》卦(䷄)之"意"便是期待。

根据许慎的观点,汉字和卦是同源的。从意象型思维的角度看,汉字以形表意的方法和卦由象表意的方法存在诸多共通之处。这也从侧面印证了许慎的说法,至少在思维方式的层面上,汉字和卦的确是同源的。

会意字进一步发展便是形声字了。"形声者,以事为名,取譬相成,江河是也"[1],形声字的特点是,每一个形声字都是由形旁和声旁两部分构成的。其中,形旁表示字义,声旁表示字音。例如,"江"和"河"的形旁是"氵",表示字义和水有关;声旁分别是"工"和"可",表示字音和"工""可"接近。目前,汉字中形声字的数量最多,占比超过80%。

从意象型思维的角度看,形声字的"意"主要来自其形旁体现的"象"。例如,化学元素周期表中每种元素单质在常温常压下的物理状态都体现在该元素中文名称的形旁中,如"氧""钠""硒""汞""溴"等。

形声字的声旁虽然与意象形思维的表意无关,却能弥补象形、指事、会意等方法无法表音的缺陷。汉字是用来承载汉语的,而读音也是汉语的一部分。所以,声旁的产生标志着汉字在思维方式上已经超过了《周易》取卦。例如,当发现了新的化学元素时,人们便可以根据形声字的构造方法来为新元素规定中文名称,即用形旁表示该元素单质在常温常压下的物理状态,用声旁模拟该元素外文名称的发音。如第 113 号元素"钦(nihonium)"、第 117 号元素"础(tenness-

---

① 许慎:《说文解字》,蔡梦麒校释,岳麓书社 2021 年版,第 682 页。

ine)"和第 118 号元素"鿫(oganesson)"的中文名称都是按照形声字的方法新创造的。

以上便是意象型思维在汉字的构造中的体现。当然,我们需要注意的是,所谓"六书"只是许慎从前人所造的汉字中总结出来的,应该说,古人并非先定出一个所谓"六书"原则再来造字。造字的过程其实是古人的意象型思维由卦象到汉字的自然延伸;同时,在延伸的过程中,古人对意象型思维的运用由自发到自觉,进而,汉字的构造也反过来促进了人们意象型思维的发展。例如,"人"原本是"象臂胫之形"①,但是在现代社会中,我们又可以将"人"的结构理解为相互依靠。这也是意象型思维在现代社会中的价值。

## 二、文学的艺术表现手法

意象型思维除了在汉字的构造中有所体现外,在文学的艺术表现手法中也有所体现,而且意象型思维在文学艺术表现手法中与在汉字构造中的体现有诸多相似之处。

例如,"伐"表示征伐之意,而"金戈铁马"也具有征伐之意。在"伐"中,"戈"是以具象的结构作为汉字的一部分,与"人"结合在一起才能表达一个完整的意义;在"金戈铁马"中,"戈"是以象形的汉字作为词语的一部分,自身便具有完整的意义。不过,从意象型思维的角度看,二者的意义都是在"戈"的基础上进行的意义延伸。只是,对于汉字"伐",我们称其为会意;对于词语"金戈铁马",我们称其为象征。

再如,《魏风·硕鼠》《豳风·鸱鸮》《周南·螽斯》是《诗经》中运用"比""兴"两种手法的最具代表性的篇目:

> 硕鼠硕鼠,无食我黍。三岁贯女,莫我肯顾。逝将去女,适彼乐土。乐土乐土,爰得我所!②
> 鸱鸮鸱鸮,既取我子,无毁我室。恩斯勤斯,鬻子之闵斯!③

---

① 许慎:《说文解字》,蔡梦麒校释,岳麓书社 2021 年版,第 344 页。
② 刘毓庆、李蹊:《诗经》,中华书局 2011 年版,第 276 页。
③ 刘毓庆、李蹊:《诗经》,中华书局 2011 年版,第 373~374 页。

螽斯羽,诜诜兮。宜尔子孙,振振兮。①

其中,在《硕鼠》篇中,诗人通过对大老鼠的描写,暗指剥削者的不劳而获和贪婪成性。在《鸱鸮》篇中,诗人通过母鸟的遭遇,反映统治者对下层人民的欺凌和压迫。在《螽斯》篇中,诗人通过对螽斯的描写,表达了对新婚夫妇多子多孙的祝福。

根据《毛诗注疏》的定义,《硕鼠》和《鸱鸮》两篇采用的艺术表现手法是"比",《螽斯》采用的艺术表现手法是"兴"。"比"和"兴"的区别只在于表达的情感,而它们在思维方式上是完全一致的。

通过《硕鼠》《鸱鸮》和《螽斯》的"比""兴",我们不难看出,这三篇的文字都是对"象"的描绘,分别描绘了硕鼠、鸱鸮和螽斯的形象。与构造汉字时的"象"或《周易》的"象"相比,"比""兴"中的"象"更加生动、形象,或者说,"比"和"兴"是用语言具体地描述一系列相互关联和变化的"象"。而且,汉字和《周易》更侧重于表现静态的"象",关联和变化是以多个"象"组合的方式来表现的。例如,《泰》卦(☷☰)的下卦乾(☰)和上卦坤(☷)分别取象为天和地,组合起来才有了"天地交"的变化之象。

因而,我们可以把"比"和"兴"这两种艺术表现手法看作是用语言直接描述一幅组合"象"。这幅组合"象",同《周易》取象类似,通过对类的区分可以表达相应的"意"。正如刘勰所言:"观夫'兴'之托谕,婉而成章,称名也小,取类也大。"②在这个意义上,正如朱熹的评述:"前辈也会说《易》之取象,似《诗》之比兴。如此却是虚说,恐不然。"③

进一步,由意象型思维在"比"和"兴"这两种艺术表现手法中的体现,我们可以推知,文学作品可以通过描写一系列的"象"及"象"的变化来表达隐藏的含义。寓言便是这样的文学作品。

"寓言"的"寓"是寄托之意。所谓"寓言",便是将晦涩、深奥的道理寄托于生动、直观的形象之中。因而,寓言的内容通常是一则具体的故事,这则故事描述了一些"形象"和情节。

---

① 刘毓庆、李蹊:《诗经》,中华书局2011年版,第14页。
② 王志彬:《文心雕龙》,中华书局2012年版,第413页。
③ 黎靖德:《朱子语类》,王星贤点校,中华书局1985年版,第1640页。

　　例如,庄子便十分擅长用寓言来讲述道理。《庄子·养生主》中便记载了一则"庖丁解牛"的寓言:庖丁是一位技艺高超的厨师,他解牛十九年只使用了一把刀。文惠君从庖丁解牛的技艺中悟出了养生的道理,即"善哉! 吾闻庖丁之言,得养生焉"。庄子通过讲述"庖丁解牛"的故事,将抽象的养生道理寄托于庖丁运刀的具体形象之中。这种艺术表现手法虽然较"比"和"兴"更为复杂,但是从思维方式上讲,它们仍然是一脉相承的。

　　事实上,这种意象型思维已经深深地融入了中华传统文化之中,我们中国人在日常生活中经常运用意象型思维来考虑问题,甚至,意象型思维也经常成为语文考试的考点。例如,2001 年高考语文全国卷以一则关于"诚信"的寓言作为作文材料来命题,2003 年高考语文全国卷以"智子疑邻"作为作文材料来命题,2021 年高考语文全国乙卷以扬雄的射箭比喻作为作文材料来命题,等等。高考语文作文之所以可以用寓言、比喻等材料命题,很大一部分原因就在于意象型思维可以将"意"和"象"联系起来,可以借由"象"来理解"意"。

　　综上所述,意象型思维不仅仅存在于《周易》取象、汉字构造和文学表现中,意象型思维已贯穿于中华传统文化之中。因而,了解和运用意象型思维也是用本土化的方式来理解和研究中国传统文化(《周易》)不可缺少的一个方面。

# 第五章 《周易》的筮法

正如朱熹所言:"《易》本为卜筮而作。"①所以,虽然我们可以从历史文化、思维方式、哲学艺术等多个方面挖掘和探讨《周易》的思想内涵和价值。但是,这些挖掘和探讨应该建立在对《周易》占筮的了解上。因为只有了解了《周易》成书的基础,我们才能更好地理解《周易》思想和易学发展。

其实,自古以来《周易》的占筮就是人们津津乐道的话题。现代很多人对《周易》的兴趣大多来源于对占筮的好奇。当然,古人也十分热衷于《周易》的占筮功能,并对《周易》占筮功能的发展做出了许多努力。《周易》自古以来便有两条发展路线:其一是易学的发展路线,其二是术数的发展路线。

因此,如果要全面地了解和评价《周易》的历史价值和思想内涵,那么占筮的问题是无论如何都不能也不应该避而不谈的。然而占筮的方法,从古至今层出不穷。从《易林》《灵棋经》到《火珠林》《梅花易数》,从大衍筮法到牙牌卦、金钱卦、签诗等,都是古人常用的占筮方法。有些方法是源于《周易》的记载,有些方法是脱胎于《周易》的记载,还有些方法则是借《周易》之名另起炉灶。

本章主要介绍历史上流传较广、谈论较多的三种占筮方法,即大衍筮法、金钱卦和梅花易数。并且,通过对这三种占筮方法的比较,厘清一些与占筮有关的问题,以便更加清晰地分析《周易》的历史文化价值。

需要说明的是,笔者在本书中介绍占筮的方法和相关问题,不代表笔者对占筮持有支持的立场和宣扬的态度。笔者是将占筮作为一种民俗现象、社会现象和历史文化现象加以分析,并希望借助这样的分析更加清晰地区分《周易》的文化价值和封建迷信内容。

---

① 黎靖德:《朱子语类》,王星贤点校,中华书局1985年版,第1620页。

# 第一节　大衍筮法

大衍筮法是唯一记载于《周易》的占筮方法,记载于《系辞上》第九章。《周礼》中记载上古时期有"三易之法",然而,"三易之法"究竟是指六十四别卦的三种不同的排列次序以及各自的卦爻辞,还是指三种不同的占筮方法? 到目前为止尚无考证。因而,在这个意义上,我们认为,大衍筮法是目前已知的占筮方法中最"正式"的一种。

所谓"大衍筮法",即用蓍草推演起卦的方法。根据郑玄的注释,"衍,演也",因而,"大衍筮法"即"大演筮法"。先秦时期,人们将用蓍草演算六十四别卦的操作称为"衍"。秦汉以后,人们才将"衍"改称为"演"。

据《周易·系辞上》记载,大衍筮法的操作方法如下:

> 大衍之数五十,其用四十有九。分而为二以象两,挂一以象三,揲之以四以象四时,归奇于扐以象闰;五岁再闰,故再扐而后挂。天数五,地数五。五位相得而各有合,天数二十有五,地数三十,凡天地之数五十有五,此所以成变化而行鬼神也。《乾》之策二百一十有六,《坤》之策百四十有四,凡三百有六十,当期之日。二篇之策,万有一千五百二十,当万物之数也。是故四营而成《易》,十有八变而成卦,八卦而小成。引而伸之,触类而长之,天下之能事毕矣。显道神德行,是故可与酬酢,可与佑神矣。[1]

我们可以清楚地看到,这段文字表述的大衍筮法过于简略,并且主要还是从义理阐释的角度来记录的。事实上,倘若仅根据《系辞上》的这段记述,我们很难还原大衍筮法的实际操作过程。好在南宋朱熹在《筮仪》中详细地解释了大衍筮法的操作过程,使得我们现在还可以全面地了解大衍筮法是如何操作的。

朱熹在《筮仪》中记载的大衍筮法涉及了多方面的内容,不仅仅是具体的占筮操作,还包括许多占筮前的准备工作。例如,朱熹讲到,占筮需要在一间洁净

---

[1]　杨天才、张善文:《周易》,中华书局2011年版,第583页。

的房间中进行,而且房间还需要朝向南方;占筮的房间中要摆放一张长五尺、宽三尺的工作台;占筮前还需要斋洁衣冠、盥手焚香,等等。朱熹甚至连用于装蓍草的竹筒的尺寸和颜色等细节都做了详细说明。我们现在也不好判断朱熹所补充的细节是否就是《系辞上》中省略的内容。当然,我们也很难确定《系辞上》的记载是否就是上古时期的占筮方法。然而,朱熹在《筮仪》中的记载却是目前对大衍筮法最详细的说明。因此,本章对大衍筮法的论述,主要以朱熹的《筮仪》为准。

大衍筮法是以蓍草起卦的,因而在起卦前筮者需要准备50根蓍草。在起卦时,筮者还需要从这50根蓍草中取出1根置于一旁不用,实际操作时只使用剩余的49根蓍草。这便是《系辞》中所讲的"大衍之数五十,其用四十有九"的含义。

有关"大衍之数五十"的说法,历来都有不同的见解。例如,唐代孔颖达在《周易正义》中援引姚信和董遇的观点提出,"大衍之数"应该是"五十有五",而非"五十"。《系辞》中所说的"五十"是文本在流传中脱落了"有五"二字。

对于"大衍之数五十有五"的观点,王弼认为,"大衍之数"其实就是"天地之数"。《系辞》中有"天一,地二;天三,地四;天五,地六;天七,地八;天九,地十"①。其中,五个"天数"相加的和为25,五个"地数"相加的和为30,"天地之数"一共是55。因而才有"五位相得而各有合。天数二十有五,地数三十,凡天地之数五十有五"②的说法。而且,《系辞》中又称"天地之数"为"此所以成变化而行鬼神也"③。由此可见,"天地之数"是可以推知变化的,那么将"大衍之数"理解为"天地之变"似乎也顺理成章了。

需要说明的是,关于"天一,地二;天三,地四;天五,地六;天七,地八;天九,地十"这一段文字,在现代通行的《周易》中被编纂在《系辞上》的第十一章。然而,在《汉书·律历志》所引用的《周易》章节中,这一段文字被编纂在介绍大衍筮法这一章。即:

天一地二,天三地四,天五地六,天七地八,天九地十。天数五,地数

---

① 杨天才、张善文:《周易》,中华书局2011年版,第592页。
② 班固:《汉书》,中华书局1962年版,第983页。
③ 杨天才、张善文:《周易》,中华书局2011年版,第583页。

五,五位相得而各有合。天数二十有五,地数三十,凡天地之数五十有五,此所以成变化而行鬼神也。①

当然,孔颖达在《周易兼义》中也引用了西汉京房的观点来解释"大衍之数五十"的说法,"五十者,谓十日、十二辰、二十八宿也",然而,京房对《周易》的研究已经开创了一个新的易学流派,京房所著的《京氏易传》与其说是对《周易》的注释,不如说是借《易传》之名创立了一个新的易学体系。所以,虽然京房对"大衍之数"有所解释,但人们通常只是将京房的解释看作是对京房易学的解释,而不是对《周易》的解释。目前,很多学者更倾向于"大衍之数"是"五十有五"的说法。

我们如果采用"大衍之数五十有五"的说法,那么在占筮之前就应该准备55根蓍草了。从55根蓍草中取出6根置于一旁不用,在实际操作中同样只使用剩余的49根蓍草。于是,这一步操作,我们不妨改称为"大衍之数五十有五,其用四十有九"。

那么,在实际操作中为什么使用49根蓍草呢?根据王弼的说法,因为一个别卦是由六个爻构成的,所以在占筮中便要从55根蓍草中取出6根蓍草来象征六爻,于是这6根象征六爻的蓍草就要置于一旁而不用了。当然,按照京房的观点,从50根蓍草中取出1根蓍草是象征"天之生气",留而不用是象征"以虚来实"。不过,无论55根蓍草中取出6根,还是50根蓍草中取出1根,在占筮中实际使用的都是49根。所以,无论根据王弼的说法,还是按照京房的观点,大衍筮法接下来的操作都是一样的。

大衍筮法的操作一共有四步,分别是"分而为二以象两""挂一以象三""揲之以四以象四时""归奇于扐以象闰"。关于这四步操作,每一步操作都称为"营"。四个"营"依次操作一次,称为"变"。三"变"之后,剩余的蓍草数目便可以确定一个爻,六个爻便可以得到一个卦。这便是大衍筮法的操作过程。正如《系辞》中所言:"是故四营而成《易》,十有八变而成卦,八卦而小成。"具体来讲:

第一营:占筮者从55(或50)根蓍草中取出6(或1)根蓍草后,将剩余的49

---

① 班固:《汉书》,中华书局1962年版,第983页。

根蓍草随机地分为两堆。其中一堆放在左手边,称为"左大刻";另一堆放在右手边,称为"右大刻"。这便是第一营的操作了,即"分而为二以象两"。

当然,在朱熹的描述中,第一营的操作还有许多需要注意的细节。例如,占筮者应该先用右手来取那6(或1)根不用的蓍草,然后再用左右两手将49根蓍草分成两堆。朱熹将第一营操作的含义具体诠释为"分而为二以象两"象征着"太极生两仪",占筮者随机分成的左右两大刻蓍草分别象征着"天"和"地"。

第二营:将蓍草分成左右两大刻以后,朱熹说道,占筮者需要用右手从右大刻中取出1根蓍草夹在左手的无名指和小指之间,这便是第二营的操作了,即"挂一以象三"。其中,"三"是指"三才"。挂在左手无名指和小指之间的这一根蓍草象征着"人",与象征"天"的左大刻和象征"地"的右大刻共同组成了"三才"。

第三营:完成了第二营的操作后,便是"揲之以四以象四时"。"揲"是"数"的意思,许慎解释说:"揲,阅持也。"① 因此,第三营的操作是,占筮者将左右两个大刻中蓍草以每4根为一组的方式依次数过。不过,由于蓍草分为左右两个大刻,因而数蓍草的时候也要把左右两个大刻分开来数。于是,第三营的操作又可以分为两"半"。按朱熹之言:"以右手四揲左手之策。此第三营之半……次以右手反过揲之策于左大刻,遂取右大刻之策执之,而以左手四揲之。"

在第三营中的操作中,需要注意的是左右两个大刻的蓍草不一定都能被4根一组地完全数尽。例如,左大刻被4根一组地数过后,可能恰好数尽,也可能剩余1根蓍草,还可能剩余2根或3根蓍草。同理,右大刻也是如此。

第四营:第四营的操作便是将第三营操作后的蓍草整理好,即"归奇于扐以象闰"。所谓"归奇于扐"便是将第三营操作后剩余的蓍草夹在手指间。具体来说,将左大刻剩余的蓍草夹在左手的中指和无名指之间,将右大刻剩余的蓍草夹在左手的食指和中指之间。左右两个大刻其余的蓍草重新合在一起。如果在第三营的操作中,蓍草恰好被完全数尽,那么便将最后一组的4根蓍草作为剩余的蓍草夹在对应的手指间。当然,同第三营一样,第四营的操作也分为左

---

① 许慎:《说文解字》,蔡梦麒校释,岳麓书社2021年版,第542页。

右两个"半"。

占筮者依次完成上述的四营操作之后，便完成第一变的操作。此时，占筮者左手的无名指和小指之间、中指和无名指之间、食指和中指之间都夹有蓍草，这些蓍草统称为"挂扐"。

需要说明的是，由于第三营操作的蓍草其实一共只有48根，因而，若左大刻剩余1根蓍草，则右大刻必剩余3根蓍草；若左大刻剩余2根蓍草，则右大刻必剩余2根蓍草；若左大刻剩余3根蓍草，则右大刻必剩余1根蓍草；若左大刻剩余4根蓍草，则右大刻必剩余4根蓍草。所以，在第三营操作后，剩余的蓍草总数，或者是4或者是8。若再加上第二营操作中的"挂一"，则第一变的挂扐之数或者为5或者为9。进而，我们也容易得知，第一变中去掉挂扐之后剩余的蓍草总数或者为44或者为40。

第二变的操作和第一变的操作类似。占筮者将第一变中的挂扐置于一旁，使用剩余的蓍草重复上述第二营到第四营的操作。由于第二变已经将第一变的挂扐置于一旁了，因而第二变第一营的操作便无须先取出6(或1)根蓍草了。正如《系辞》中有言："五岁再闰，故再扐而后挂。"[1]

值得说明的是，第二变的操作方法和第一变的操作方法几乎完全一致，但是因为第二变起始时的蓍草数目不同于第一变，所以第二变中的挂扐之数和第一变也是不同的。

如果第二变是以44根蓍草开始，那么"挂一以象三"之后剩余的蓍草总数是43。这也是第三营实际操作的蓍草数目。因此，我们可以得知，若左大刻剩余1根蓍草，则右大刻必剩余2根蓍草；若左大刻剩余2根蓍草，则右大刻必剩余1根蓍草；若左大刻剩余3根蓍草，则右大刻必剩余4根蓍草；若左大刻剩余4根蓍草，则右大刻必剩余3根蓍草。所以，第二变的挂扐之数或者为4或者为8。进而，第二变中去挂扐之后剩余的蓍草总数或者为40或者为36。

如果第二变是以40根蓍草开始，那么"挂一以象三"之后剩余的蓍草总数是39。同理，我们也可以得知，挂扐之数仍然是4或者8。因而，以40根蓍草开始的第二变，在去掉挂扐之后剩余的蓍草总数将是36或者32。

---

① 杨天才、张善文：《周易》，中华书局2011年版，第583页。

第三变的操作和第二变的操作是完全一致的,即使用第二变剩余的蓍草重复第二变的四营操作。通过计算,我们不难得知,第三变的挂扐之数还是 4 或者 8。所以,去掉挂扐之后,第三变操作完剩余的蓍草总数将可能是 36、32、28 或 24。

三变之后,占筮者便可以得出一个爻。得出爻的方法有两种:其一是根据挂扐之数来得出爻;其二是根据三变之后剩余的蓍草总数来得出爻。当然,由于挂扐之数与剩余的蓍草总数是对应的,所以这两种方法得出的结果是一样的。

按照朱熹的说法,当挂扐之数是 5 或 4 时,称其为奇;当挂扐之数是 9 或 8 时,称其为偶。其中原因,大概是因为 5 或 4 只能做一次"揲之以四",而 9 或 8 可以做两次"揲之以四"。由于每一个爻都是三变而得出的,每一变又都会产生一个挂扐之数,因此,每一个爻都是由三个挂扐之数的奇偶来确定的。挂扐之数的奇偶性一共可以分为以下四种情况:

第一种情况:如果三次挂扐之数都是奇,即 5 + 4 + 4,那么得到的爻为老阳。此时,不难得出,三变之后剩余的蓍草的总数是 36。

第二种情况:如果三次挂扐之数是二奇一偶,即 5 + 4 + 8 或 5 + 8 + 4 或 9 + 4 + 4,那么得到的爻为少阴。此时,不难得出,三变之后剩余的蓍草总数是 32。

第三种情况:如果三次挂扐之数都是一奇二偶,即 5 + 8 + 8 或 9 + 4 + 8 或 9 + 8 + 4,那么得到的爻便确定为少阳。此时,不难得出,三变之后剩余的蓍草总数是 28。

第四种情况:如果三次挂扐之数都是偶,即 9 + 8 + 8,那么得到的爻为老阴。此时,不难得出,三变之后剩余的蓍草总数是 24。

从以上四种情况中,我们可以看出,每一种情况对应的奇偶性组合不一定唯一,但是剩余蓍草总数却是唯一的。因而,我们也可以直接根据剩余的蓍草总数来确定所得之爻,即剩余 36 根蓍草为老阳,剩余 32 根蓍草为少阴,剩余 28 根蓍草为少阳,剩余 24 根蓍草为老阴。后人将这种通过剩余蓍草总数来确定爻的方法称为"揲四求商"。所谓"求商",就是用 36 除以 4 所得之商为 9,"九"为老阳;用 32 除以 4 所得之商为 8,"八"为少阴;用 28 除以 4 所得之商为 7,"七"为少阳;用 24 除以 4 所得之商为 6,"六"为老阴。

以上便是大衍筮法求得一个爻的全部操作。正如王夫之的总结,"大衍五十,而用四十有九,分二挂一,归奇过揲,审七、八、九、六之变以求肖于理"①,王夫之所说的"审七、八、九、六之变"就是指"揲四求商"的方法。

由于《周易》中的每一个别卦都是由六个爻构成的,因而,占筮者需要将上述第一、二、三变重复操作六次,每操作一次可以得到一个爻,重复六次便得出一个卦。因而,《系辞》中有言,"十有八变而成卦"②。

不过,虽然"十有八变"可以得出一个卦,但并不意味着占筮工作已经完成。在第二章中,我们曾介绍过《周易》占筮中存在本卦和之卦两类不同的卦。其中,本卦是指在占筮中直接得到的卦,之卦是指根据变爻的规则改变本卦的一部分或全部爻的性质后得到的卦。占筮者"十有八变"而得到的卦其实只是本卦,因而还需要按照规则求得之卦。

关于变爻的规则,概括来说,如果本卦中的阳爻(—)是老阳,那么之卦中对应的爻要变为阴爻(‐‐);如果本卦中的阴爻(‐‐)是老阴,那么之卦中对应的爻要变为阳爻(—);如果本卦中的阳爻(—)是少阳,阴爻(‐‐)是少阴,那么之卦中对应的爻不变。正如朱熹所言:"老阴老阳为乾坤,然而皆变;少阴少阳亦为乾坤,然而皆不变。"③

以上就是朱熹在《筮仪》中记述的大衍筮法的完整操作过程。

其实,抛开朱熹在《筮仪》中说明的各种具体操作细节不谈,仅根据大衍筮法中对蓍草做出的操作,我们可以把得出一个爻的过程中用表5-1表示出来:

表5-1  大衍筮法的成爻过程

| | | | | | | | | |
|---|---|---|---|---|---|---|---|---|
| 第一变 | 挂扐 | 5 | | | | 9 | | |
| | 余策 | 44 | | | | 40 | | |
| 第二变 | 挂扐 | 4 | | 8 | | 4 | | 8 |
| | 余策 | 40 | | 36 | | 36 | | 32 |
| 第三变 | 挂扐 | 4 | 8 | 4 | 8 | 4 | 8 | 4 | 8 |
| | 余策 | 36 | 32 | 32 | 28 | 32 | 28 | 28 | 24 |

---

① 王夫之:《周易内传·周易大象解·周易稗疏·周易外传》,岳麓书社2010年版,第615页。
② 杨天才、张善文:《周易》,中华书局2011年版,第583页。
③ 黎靖德:《朱子语类》,王星贤点校,中华书局1985年版,第1636页。

**续表**

| | 挂扐 | 奇奇奇 | 奇奇偶 | 奇偶奇 | 奇偶偶 | 偶奇奇 | 偶奇偶 | 偶偶奇 | 偶偶偶 |
|---|---|---|---|---|---|---|---|---|---|
| 三变成爻 | 余策 | 揲四得九 | 揲四得八 | 揲四得八 | 揲四得七 | 揲四得八 | 揲四得七 | 揲四得七 | 揲四得六 |
| | 成爻 | 老阳 | 少阴 | 少阴 | 少阳 | 少阴 | 少阳 | 少阳 | 老阴 |
| | 概率 | $\frac{3}{16}$ | $\frac{3}{16}$ | $\frac{3}{16}$ | $\frac{3}{16}$ | $\frac{1}{16}$ | $\frac{1}{16}$ | $\frac{1}{16}$ | $\frac{1}{16}$ |

从表5-1中，我们可以清晰地看出"三变成爻"过程中，每一种情况最终得出的爻是什么。同时，从表5-1中，我们也已准确地计算出每一个爻出现的概率。即，老阳出现的概率是18.75%，少阴出现的概率是43.75%，少阳出现的31.25%，老阴出现的概率是6.25%。

其实，根据表5-1，我们还可以计算出阳爻(—)和阴爻(--)出现的概率各占50%。这表明，在大衍筮法的占筮结果中，阳爻(—)和阴爻(--)的出现概率是相同的，因而由大衍筮法得到每一个卦的概率也是相同的。例如，由大衍筮法得到《乾》卦(☰)的概率约是1.56%，得到《姤》卦(☴)的概率也约为1.56%。这样看来，大衍筮法似乎是一种"公平"的方法。

可是，大衍筮法占筮的结果并不是单独的一个别卦，而是通过爻变产生的本卦和之卦的组合。然而，从表5-1中，我们不难看出，在大衍筮法中，老阳和老阴的概率是不同的。这便意味着，阳爻(—)和阴爻(--)发生爻变的概率是不同的。如果占筮得到的爻是阳爻，那么这个阳爻将有37.5%的概率会发生爻变；如果占筮得到的爻是阴爻，那么这个阴爻只有12.5%的概率会发生爻变。

进而，我们可以通过计算验证，不同的本卦和之卦的组合概率可能是不同的。即使是相同的两个别卦互为本卦和之卦的两种组合方式的概率也可能是不同的。例如，由大衍筮法得到《乾》(☰)之《姤》(☴)的概率约是3.58%，相反，得到《姤》(☴)之《乾》(☰)的概率约是1.2%。再如，由大衍筮法得到《乾》(☰)之《坤》(☷)的概率大约是$4.35 \times 10^{-5}$，而得到《坤》(☷)之《乾》(☰)的概率大约是$5.95 \times 10^{-8}$。也就是说，在大衍筮法中，本卦中只有一个阳爻发生爻变的概率是只有一个阴爻发生爻变的3倍，而本卦中六个阳爻发生爻变的概率是六个阴爻发生爻变的729倍。另外，通过计算，我们还可以得出，由大衍筮法得到的别卦中大约有 17.8% 的概率不发生爻变,只会得到一个本卦。

通过上述一系列计算,我们可以看出,大衍筮法虽然有可能得到 4096 种本卦和之卦组合的结果,但是每一个结果出现的概率是不一样的。在大衍筮法中,即使占筮者的每一步操作都是无个人偏好且完全随机的,最终得到的占筮结果也不会是等可能出现的。这表明,就操作程序而言,大衍筮法是有结果倾向的,即更容易产生阳爻变为阴爻的结果。在这个意义上,似可以说,大衍筮法并不是一种完全"公平"的方法。

# 第二节 其他筮法

虽然大衍筮法并不完全公平,但是由于大衍筮法是《周易》中记载的唯一的占筮方法,从这个意义上讲,大衍筮法依然是"最正式"的占筮方法。不过,由于大衍筮法的操作过程太过复杂,朱熹在《筮仪》中列出的各项准备工作便已十分烦琐了。在很多情境中,占筮者根本无法满足大衍筮法的起卦要求。因而,历史上还产生了很多简单且容易操作的占筮方法。

简化占筮方法的思路大体上可分为两类:一类是精简占筮的工具,另一类是精简成卦的过程。由于简化的占筮方法更加容易操作,所以,这些"不正式"的简化方法在民间更加流行。接下来,我们便介绍两种"不正式"的占筮方法,一种是精简了占筮工具的金钱卦,另一种是精简了成卦过程的梅花易数。

## 一、金钱卦

金钱卦,顾名思义,就是把金钱作为占筮工具来起卦的方法。

关于金钱卦的起源,时间上大致可以上溯到西晋甚至更早的西汉时期。尚秉和在考证古代占筮时曾指出:"揲蓍为占,其法太繁,有不能用于仓卒之时者,故古人以金钱代之。盖自京、郭而已然矣。"[①]不过,清代钱大昕提出了不同的观点,"是则齐、隋与唐初皆已用钱,重、交、单、拆之名与今不异,但古人先揲蓍而

---

① 尚秉和:《尚氏易学存稿校理》,中国大百科全书出版社 2005 年版,第 144 页。

后以钱记之,其后术者渐趋简易,但掷钱得数,不更揲蓍"①。

由此可见,把金钱作为占筮工具的根本原因就是大衍筮法的操作太过复杂。只是按钱大昕所言,在金钱替代蓍草成为占筮工具以前,人们在占筮时就已经用到金钱了,只不过当时的金钱仅作记录之用。

在第一章中我们曾经指出,古人对于占筮工具的选择是十分慎重的,并非所有的物品都可以用于占筮。古人选择蓍草作为占筮工具并非蓍草便于获得,而是因为古人认为蓍草具有"灵性"。因此,用金钱替代蓍草作为占筮工具,不仅仅是工具上的变化,还体现出古人对占筮的态度的变化,占筮工具只是占筮活动中的辅助用品,其"灵性"不影响占筮的进行。

正是因为古人在思想上进一步弱化占筮的迷信属性,所以金钱才有可能成为占筮的工具。说到金钱卦的占筮方法,明代姚际隆著述的《卜筮全书》中记载如下:

> 以钱三文,熏于炉上,致敬而祝,祝曰:"天何言哉! 叩之即应;神之灵矣,感而遂通。今有某人,有事关心,罔知休咎,罔释厥疑,惟神惟灵,望垂昭报,若可若否,尚明告之。"
>
> 祝毕掷钱:一背为单,画"—";二背为拆,画"- -";三背为重,画"○";纯字为交,画"×";
>
> 自下而上,三掷内卦成。再祝曰:"某宫三象,吉凶未判,再求外象三爻,以成一卦,以决忧疑。"祝毕,复如前法再掷,合成一卦而断吉凶。至敬至诚,无不感应。
>
> 诀曰:两背由来拆,双眉本是单;浑眉交定位,总背是重安;单单单曰☰乾,拆拆拆曰☷坤;或单拆单曰☲离,拆单拆曰☵坎。余卦仿此。单变为重,拆变为交。②

我们依然忽略金钱卦中的仪式和祝辞等部分,仅对占筮过程中能够影响到成卦结果的操作加以分析说明。

---

① 钱大昕:《十驾斋养新录》,杨勇军整理,上海书店出版社2011年版,第10页。
② 姚际隆:《卜筮全书》,闵兆才编校,华龄出版社2019年版,第2页。

　　金钱卦是以三枚金钱起卦,每投掷一次金钱便可以得出一个爻,自初爻至上爻,一共需要掷六次才能得到一个别卦。三枚金钱投掷一次可能出现4种情况:其一,一枚金钱正面向上,另外两枚背面向上;其二,两枚金钱都是正面向上,另外一枚背面向上;其三,三枚金钱都是正面向上;其四,三枚金钱都是背面向上。按照姚际隆的记载,第一种情况称为"单",第二种情况称为"拆",第三种情况称为"重",第四种情况称为"交"。

　　需要说明的是,关于金钱的正面与背面,顾炎武曾在《日知录》中谈到,人们通常都将文字刻在器物的底面上,所以有字的一面是器物的背面,相应地,无字的一面便是器物的正面,即"钱以有字处为阴,是知字乃钱之背也,碑之背亦名为阴"[1]。另外,人们在金钱卦中使用的"金钱"实际上就是人们在商品交易中使用的金属辅币,并不是专门为占筮制作的特殊金钱。清代以前的金钱都是一面有字,清代的金钱则是一面刻有汉字而另一面刻有满文。对于这类两面都有字的金钱,我们称刻有汉字的一面为背面,相应地,刻有满文的一面为正面。

　　对于金钱卦中金钱的正面与背面,虽然姚际隆没有明言如何区分,但是从《卜筮全书》的记载中可以看到,姚际隆是将金钱的"背"与"字"并称的。例如,"三背为重""纯字为交"。那么,不难推测,姚际隆所说的"背"实际上是指金钱没有刻字的那一面。于是,按照顾炎武的说法,我们可以得出,姚际隆在金钱卦中所说的"背"实质上是指顾炎武所说的金钱正面,而顾炎武所说的金钱的背面实质上对应着姚际隆所说的"字"。

　　在区分了金钱的正面和背面后,我们便可以根据金钱的面来区分阳爻和阴爻了。按照《卜筮全书》的记载:"单单单曰☰为乾,拆拆拆曰☷为坤;或单拆单曰☲为离,拆单拆曰☵为坎。"不难看出,"单"对应的是阳爻(—),"拆"对应的是阴爻(– –)。也就是说,只有一枚金钱正面向上对应着阳爻(—),只有一枚金钱背面向上对应着阴爻(– –)。

　　进一步,三枚金钱都是正面向上为阳爻(—),对应的是老阳;三枚金钱都是背面向上为阴爻(– –),对应的是老阴。老阳和老阴在发生变卦时是要进行爻变的,因而才有"单变为重、拆变为交"之说。

　　进而,我们可以从"单""拆""重""交"的构成中看出,金钱卦中的"背"其

---

　　① 顾炎武:《顾炎武全集18》,上海古籍出版社2011年版,第483页。

实对应着大衍筮法中的"奇",金钱卦中的"字"其实对应着大衍筮法中的"偶"。所以,"单"即一奇两偶为少阳,"拆"即两奇一偶为少阴,"重"即三奇为老阳,"交"即三偶为老阴。

金钱卦在得出了少阳、少阴、老阳和老阴之后的操作便与大衍筮法基本一致了。重复投掷六次金钱,依次得出初爻至上爻,从而得到本卦。本卦中的老阳和老阴发生爻变而得到之卦。金钱卦的全部占筮操作便完成了。

类似地,我们也可以用表5-2来表示金钱卦的成爻过程:

表5-2 金钱卦的成爻过程

| 金钱朝向 | 一正二背 | 二正一背 | 三正 | 三背 |
|---|---|---|---|---|
| 名称 | 单 | 拆 | 重 | 交 |
| 成爻 | 少阳 | 少阴 | 老阳 | 老阴 |
| 概率 | $\dfrac{3}{8}$ | $\dfrac{3}{8}$ | $\dfrac{1}{8}$ | $\dfrac{1}{8}$ |

根据表5-2,我们也可以计算出各种占筮结果出现的概率。例如,阳爻(—)和阴爻(--)出现的概率都是50%。这表明,由金钱卦得出每一个别卦的概率都是相同的。从这一点上看,金钱卦也是"公平"的。

进而,我们还可以计算发生爻变的概率。根据表5-2不难计算,老阳和老阴出现的概率都是12.5%,即阳爻和阴爻发生爻变的概率是相同的,都是25%。所以,在金钱卦中,互为本卦和之卦的两个别卦组合方式的概率也是相同的。例如,《乾》(☰)之《姤》(☴)出现的概率和《姤》(☴)之《乾》(☰)出现的概率都约为0.09%。再如,《乾》(☰)之《坤》(☷)出现的概率和《坤》(☷)之《乾》(☰)出现的概率都约为$3.8 \times 10^{-6}$。从这一点上,我们可以看出,虽然金钱卦是由大衍筮法演变而来的,但是金钱卦占筮的结果和大衍筮法占筮的结果在本质上是不一样的。在这个意义上,似可以这样说,金钱卦并非仅仅简化了大衍筮法的占筮工具。或者说,金钱卦在简化大衍筮法占筮工具的同时,其本质也已经发生了改变。

此外,从上述的计算结果中,我们也可以看出,在金钱卦中,虽然互为本卦和之卦的两个别卦组合方式的概率是相同的,但是所有4096种本卦和之卦的组合却不是等可能的。因而,金钱卦同样是有结果倾向的,即爻变越少的结果越容易产生。在这个意义上,金钱卦也不是完全"公平"的方法。

## 二、梅花易数

梅花易数是一种简化成卦过程的占筮方法,在中国古代流传很广泛。梅花易数为北宋邵雍所创。不过,现代学者一般认为,现代流通本的《梅花易数》一书应该是后人假托邵雍之名的伪作。

《梅花易数》虽然不是出自邵雍之手,但梅花易数的理论基础却是邵雍提出的"先天八卦"理论,即乾一、兑二、离三、震四、巽五、坎六、艮七、坤八。也正是因为如此,人们历来都将邵雍看作梅花易数的真正创立者。

关于"梅花易数"名称的由来,与邵雍在梅花园赏花的经历有关。这段经历便是《梅花易数》中记载的第一个筮例——观梅占。有一日,邵雍正在梅花园中赏花,忽见两只麻雀从枝头坠落到地上。邵雍感觉此事颇为蹊跷,便在心中占卜一卦,并留下断言:第二日将会有一个女子在折梅花时摔伤大腿。第二日,邵雍的断言果然应验。后来,人们便把邵雍的这种可以在心中占卜的方法称为"梅花易数"。

从梅花易数得名的传说中,我们可以看出,梅花易数与大衍筮法和金钱卦的最大的区别就是,梅花易数可以用于心算。对于大衍筮法和金钱卦,占筮者即使舍弃一切仪式化的程序,仍然需要借助工具(蓍草或金钱)才能起卦。这也使得占筮者无法做到随时随地用大衍筮法或金钱卦来占筮。然而,梅花易数却没有占筮工具的限制。从理论上讲,梅花易数通过心算也可以完成。所以,占筮者可以随时随地用梅花易数进行占筮。

既然梅花易数通过心算便可以完成,那么这是否说明梅花易数在起卦之前并不需要什么特殊的准备工作呢?答案并非如此。梅花易数虽然不受时间、地点和工具等条件制约,但是在起卦时仍然是有限制的,该限制便是起卦的时机。梅花易数起卦讲求的是"不动不占,不因事不占"[①]。所以,占筮者以梅花易数起卦时要讲究时机,即"事出有因"。那么,什么事情算作"事出有因"呢?答案

---

① 邵雍:《梅花易数》,陈阳整理,九州出版社2016年版,第20页。

非常简单,只要心念一动便可以算作"事出有因"了。至于心念因何而动,梅花易数并没有做具体的要求。因而,梅花易数虽然有起卦的限制,但是限制条件非常简单,几乎起不到限制起卦的作用。

虽然梅花易数对起卦的限制作用非常弱,但在日常生活中人们也不会时时刻刻都会心念一动。相反,如果一个人时时刻刻都处于心神不宁的状态,那么心念不动反而才是"事出有因"。所以,梅花易数虽然容易起卦,却不会让人时时刻刻都要起卦。事实上,在日常生活中,梅花易数最常见的应用场景就是上文描述的观梅占:当你走在梅花园中时,若是两只麻雀受惊飞走了,这就是一件平常的事情,没有起卦的必要。若是两只麻雀受惊坠地,那么这就是一件不平常的事情。因为以过往的经验看,麻雀只可能惊飞而不可能惊坠,此时才需要用到梅花易数。上述不平常的场景才是梅花易数最常见的应用场景,也是"不动不占,不因事不占"的最初的含义。

假如可以应用梅花易数的场景已经出现了,我们又要如何以梅花易数来起卦呢?或者说,我们又要如何通过心算来得到一个卦或者一个爻呢?说来也简单。我们在第一章中已经提到,最初的卦是数字卦,现在的符号卦实则是用符号表示数字。所以,我们只要求得数字,便可以得到卦和爻了。事实上,我们在大衍筮法中已经看到,大衍筮法占筮的直接结果就是数字。因而,梅花易数起卦的关键就是获得数字。

梅花易数中的数字来源非常广泛,既可以是时间,也可以是事物的数量,甚至还可以是随意报出的数字。在观梅占中,邵雍便是用事件发生的时间来起卦的。因此,占筮者若要以梅花易数起卦,只要获得数字即可。那么,占筮者在获得数字之后,又如何将数字同卦和爻联系起来呢?

我们仍以邵雍的观梅占为例,邵雍见到两只麻雀坠地的时间是辰年十二月十七日申时。这个时间中的辰、十二、十七、申,便是起卦要用到的数字,其中,按照十二地支的排序辰和申分别取数字 5 和数字 9。于是,邵雍的观梅占是以5、12、17 和 9 这四个数字起卦的。

根据梅花易数的计算方法:"年月日为上卦,年月日加时总数为下卦。又以年月日时总数取爻。如子年一数,丑年二数,直至亥年十二数。月如正月一数,直至十二月,亦作十二数。日数如初一一数,直至三十日,为三十数。以上年月日共计几数,以八除之,以零数作上卦。时如子时一数,直至亥时为十二数,就将年月日数加时之数，总计几数，以八除之，零数作下卦，就以除六数作动爻。"[1]

因此，我们便可以计算以上四个数字对应的卦了。首先计算别卦的上卦之数，即年数、月数和日数三者之和，然后再计算别卦的下卦之数，即年数、月数、日数和时数四者之和。那么，上卦之数是 34（即 5+12+17=34），下卦之数是 43（即 5+12+17+9=43）。

求得上卦之数和下卦之数后，我们便可以按照"先天八卦"的次序数出所得之卦了。"先天八卦"即乾一、兑二、离三、震四、巽五、坎六、艮七、坤八。34 是八经卦循环四次又余二（即 34=8×4+2），故而，上卦对应着兑卦（☱）；43 是八经卦循环五次又余三（即 43=8×5+3），故而，下卦对应着离卦（☲）。这也正是邵雍的计算方法："辰年五数，十二月十二数，十七日十七数，共三十四数，除四八三十二，得二，属兑，为上卦；加申时九数，总得四十三数，五八除四十，零得三数，为离，作下卦。"[2]

上卦为兑卦（☱）下卦为离卦（☲）的别卦是《革》卦（䷰），这便是邵雍的观梅占的本卦。大衍筮法和金钱卦的占筮结果都涉及了本卦和之卦的区分，梅花易数也不例外。于是，我们在求得了本卦之后，还要继续求得变爻。求变爻的过程和求上下卦的过程基本一致，只是由于别卦中有六个爻，因而，我们便以 6 为除数。因此，年月日时的总数为 43，用 43 除以 6 后商 7 余 1（即 43=6×7+1）。故而，变爻是第一个爻，即初爻。正如邵雍在观梅占中的计算："又上下总四十三数，以六除，六七除四十二，得一零为动爻，是为泽火革。"[3]

又因为《革》卦（䷰）的初爻为阳爻（—），因而，爻变之后得到的卦是《咸》卦（䷞）。所以，在观梅占中，以辰时十二月十七日申时起卦，最终得到的占筮结果是《革》（䷰）之《咸》（䷞）。

以上便是观梅占中以梅花易数进行占筮的全过程了。事实上，我们如果不用时间来起卦，而是采用其他可能获得的数字，那么也只需求出上卦之数和下卦之数便可以起卦了。或者，更简单地，我们随意想出两个数字来，同样也可以用于梅花易数起卦。从这一点上看，梅花易数起卦具有十分明显的随意性。

同大衍筮法和金钱卦一样，我们也可以根据梅花易数的占筮方法计算一下

---

① 邵雍：《梅花易数》，陈阳整理，九州出版社 2016 年版，第 12 页。
② 邵雍：《梅花易数》，陈阳整理，九州出版社 2016 年版，第 20 页。
③ 邵雍：《梅花易数》，陈阳整理，九州出版社 2016 年版，第 20 页。

梅花易数得出卦和爻的概率分布情况。我们不妨以时间起卦为例,通过计算我们不难发现,梅花易数的占筮结果与大衍筮法和金钱卦又有着明显的不同:

其一,因为一个周期内的时间总数并不总是 8 的倍数,所以由梅花易数得出各个别卦的概率是不同的。例如,从戊子年正月初一(2008 年 2 月 7 日)到己亥年腊月三十(2020 年 1 月 24 日)一共有 4370 天,从庚子年正月初一(2020 年 1 月 25 日)到辛亥年腊月廿九(2032 年 2 月 10 日)一共有 4400 天,从壬子年正月初一(2032 年 2 月 11 日)到癸亥年腊月三十(2044 年 1 月 29 日)一共有 4371 天。这三个周期内得出各个别卦的概率有可能是不同的。同时,同一个别卦在这三个周期内出现的概率也有可能不同。

其二,梅花易数的占筮结果中只存在一个爻发生爻变的情况,既不存在没有变爻的情况,也不存在有两个或两个以上变爻的情况。例如,《乾》卦(☰)和《乾》(☰)之《坤》(☷)这一类的别卦或别卦组合在梅花易数的占筮结果中是不可能出现的。

其三,即使只有一个爻发生爻变,梅花易数也不可能得出所有的变卦情况。例如,《乾》(☰)之《小畜》(☰)虽然只有一个爻发生了爻变,却不可能由梅花易数占筮得到。这是因为年数、月数、日数和时数之和若是被 8 整除后余 1,则被 6 整除时便不可能余 4。

进一步,通过计算我们便会发现,本卦和之卦的所有 4096 种可能的组合方式,而梅花易数的占筮结果只有 192 种。所以,由梅花易数占筮得到的结果不及大衍筮法和金钱卦的 5%。在这个意义上,似可以这样说,虽然梅花易数的占筮方法比大衍筮法和金钱卦简单,但是"占筮能力"却远不如大衍筮法和金钱卦。

以上说明金钱卦和梅花易数都是古代人使用过的占筮方法。虽然,通过上述计算结果我们已经看到金钱卦和梅花易数都不是与大衍筮法相同的占筮方法,但是,这并没有影响金钱卦和梅花易数在术数史上的地位和价值。

此外,从金钱卦和梅花易数的诞生原因来看,占筮的过程对古人而言似乎并不重要,占筮的结果才是古人关注的重点。或者说,古人占筮更多的只是想要一个结果而已。

也正是由于古人对结果的偏重,古人还发明了一些更加"不正式"的占筮方法,如文王课等。文王课也是用金钱进行占筮。不过,与金钱卦不同,文王课是用六枚金钱投掷一次,或用一枚金钱投掷六次,从而得出别卦的六爻的。但是,因为金钱只有正背之分,所以文王课只能用金钱的正背来区分阳爻和阴爻,而无法进一步区分老阳和老阴。故而,文王课的占筮结果中只有本卦,没有爻变。也正因为如此,为了解决占筮中没有爻变的问题,文王课发展出了一套不同于《周易》的占筮系统。

因此,我们看到,从大衍筮法到金钱卦,再到梅花易数或文王课,这一系列占筮方法的演变表明,《周易》在术数学的发展中仅仅只是缘起,其后发展出来的占筮方法很多都只是借用《周易》之名罢了。

不过,从古人对占筮结果的偏重来看,这些占筮方法之间的差别实际上并不重要。对古人来说,所谓"占筮"只要能得出一个结果并且可以引导人们在实际生活中做出决定,这个占筮方法就可以被古人所接受。

于是,这便引出了一个凡是人们谈及占筮都无法回避的问题:占筮的结果是否可靠? 或者说,占筮的结果因何可以引导人们在实际生活中做出决定?

## 第三节　从文化"互驯"看占筮之法

说到占筮的结果是否可靠这一问题,很多人都会自然地把这个问题看作是预测事物发展变化趋势的准确度。那么,"预测"又是什么意思呢? 通常我们所说的"预测"是指预先推测。如果预先推测的结果与事物的发展变化相符,那么预测是准确的,反之,预测是不准确的。从这个意义上讲,显然占筮的结果是不可靠的。

在第一章中我们便已说明,早期卜筮者会记录每次占筮的结果,事后再统计预测是否正确。卜筮者的这一行为便已表明,卜筮者其实并不相信占筮的结果。例如从"齐崔杼筮娶棠姜"和"鲁南蒯筮叛季氏"的筮例中,我们也可以看到,古人会给出各种理由来拒绝接受占筮做出的预测。这些筮例都说明了,单就预测事物发展变化而言,占筮的结果是不可靠的,而且古人早就认识到了这一事实。

那么,古人既然早已知道占筮的结果不可靠,为什么又要进行占筮呢? 我们在第一章中也已提到,古人占筮的主要目的是指导生活。古人在遇到无法决断的事情时会依赖占筮的结果。这一做法当然有其时代的局限性,但也从侧面说明了占筮的结果会影响古人的决策和行为。所以,对古人而言,占筮不仅仅是认识论的问题,也是实践的问题。所以,回到占筮的结果是否可靠这一问题,我们不应该把这个问题局限于认识论领域,还应该在实践的语境中进行考虑,占筮究竟"预测"了什么?

若从实践的角度来看,"预测"除了预先推测外,还含有规范行为之义。因为占筮的预测会对人的行为产生影响。例如,在"穆姜筮往东宫"中,我们可以把占筮的结果看作是对穆姜行为的"规范"。穆姜如果遵循此"规范"便可"无咎",但穆姜并未遵循此"规范"。

因此,基于人的实践活动,关于"占筮的结果是否可靠"这一问题,并非单纯地问由占筮预先推测的结果是否准确(答案显然是否定的),而是要考虑占筮的结果是否可以规范人的行为,或者能在多大程度上规范人的行为。

## 一、占筮之"理"

事实上,如前所述,从一般的预测意义上讲,占筮的结果一定是不可靠的。而且,占筮结果不可靠这一点并不是人们从占筮失败中总结出的教训,而是人们在占筮时便已经对占筮的结果产生了怀疑。

例如,《周礼》记载:"凡卜筮,既事,则系币以比其命。岁终,则计其占之中否。"[1]古人在占筮时如果对占筮的结果丝毫没有怀疑的话,便没有必要每次都记录占筮结果以待岁末核验了。由此可见,至少在《周礼》的时代,人们便已经不再完全相信占筮的结果了。只不过,受时代所限,当时的人即使不完全相信占筮的结果,也仍然会继续采用占筮这种方法,并且还希望通过改变筮法来改进占筮。于是,我们看到了古人不断地提出新的筮法。本章前两节介绍的各种筮法其实也表明了古人是有意愿去相信占筮结果的。

正是由于古人有去相信占筮结果的这种意愿,即使占筮的结果不可靠,也仍然会对人的实践活动产生影响。可是,占筮的结果是不可靠的,古人也知道占筮的结果是不可靠的。那么,占筮在人的实践活动中又是怎样产生影响的呢?为了说明这个问题,我们不妨先看一则具体的筮例:

---

① 陈戍国:《周礼·仪礼·礼记》,岳麓书社2006年版,第55页。

冬夕酉时,先生方拥炉,有扣门者,初扣一声而止,继而又扣五声,且云借物。先生令勿言,令其子占之,试所借何物。以一声属乾为上卦,以五声属巽为下卦,又以一乾五巽共六数,加酉时数,共得十六数,以六除之,二六一十二,得天风姤。第四爻变巽卦,互见重乾。卦中三乾金,二巽木,为金木之物也。又以乾金短而巽木长,是借斧也。

子乃断曰:"金短木长者,器也,所借锄也。"先生曰:"非锄。必斧也。"问之,果借斧。其子问何故,先生曰:"起数又须明理。以卦推之,斧亦可也,锄亦可也。以理推之,夕晚安用锄? 必借斧。盖斧切于劈柴之用耳。"推数又须明理,为卜占之切要也。盖数不推理,是不得也。学数者志之。①

上述"邻夜扣门借物占"的案例出自邵雍的《梅花易数》。在此案例中,邵雍的儿子根据邻居的敲门声以梅花易数起卦,得到了《姤》(䷫)之《巽》(䷸),并以此结果断定邻居敲门是想借锄头一用。但是,邵雍却根据这一占筮结果断定,邻居是想要借劈柴的斧子,而不是锄地的锄头。并且,邵雍明确地指出了儿子推断错误的原因,即"推数不推理"。进而,邵雍提出了占筮中最重要的一条原则,即"推数又须明理,为卜占之切要也"。于是,我们看到,邵雍其实把占筮分成了两部分:其一为"数",其二为"理"。由占筮的操作得出的卦仅仅是"数",而由卦进一步推知结果还需要"理"。

那么,邵雍所说的"理"又指什么呢? 虽然邵雍没有明确地解释何为"理",但是从邵雍解释他的推"理"过程中,我们可以看出,邵雍所说的"理"实质上就是指日常生活中的"常理",锄头和斧子虽然都有金短木长之象,其中锄头的作用是锄地,斧头的作用是劈柴。然而,锄地是白天的工作,而劈柴则是晚上生火前要做的事情。既然邻居是晚上来借,那么自然是借斧子了。进一步,我们还可以根据常理推测,如果邻居是早上来借物品,那么所借之物便是锄头了。

事实上,按照《梅花易数》的解说,邵雍做出推断的依据就是这样朴素。在日常生活中,我们也经常会如此朴素地做出推断。例如,笔者幼年时,由于电力问题,家中有时会停电。倘若家中停电便有邻居来借东西,我们很容易推测出

---

① 邵雍:《梅花易数》,陈阳整理,九州出版社2016年版,第22~23页。

邻居欲借之物是蜡烛。再如,在生活中我们也会有在接通电话之前看到来电人姓名就猜到来电内容的情况发生。实际上,许多阅历丰富的人在特定的场景中是可以推测出将要发生的事情的。所以,邵雍所讲的"明理"其实就是结合生活中的常理。

此外,从邵雍所讲的"推数又须明理"中,我们也可以看出,占筮的结果其实可以分为两部分:其一是所得之卦,其二是占筮之"理"。在一次占筮中,即使所得之卦是相同的,如果占筮之"理"不同,得出的结果也是不一样的。所以,占筮之所以能对人的实践活动产生影响,并不仅仅因为所得之卦,还与占筮之"理"有关。

不过,当我们把邵雍所说的占筮之"理"解释为生活常理时,还有一个问题需要厘清,即生活常理是如何成为占筮之"理",进而影响人的实践活动的呢?或者说,生活中的常理有很多,古人又是如何选取生活常理作为占筮之"理"的呢? 其实,古人"系币以比其命"的做法便是对占筮之"理"的选取。

我们从古人"系币以比其命"的做法中可以看出,占筮之"理"并非一成不变的。卜筮者会把每次占筮的结果都记录下来,然后再与事物的实际发展变化情况做对照,最终把"准确"的占筮整理出来。所以,古人对占筮的结果不是全盘肯定或全盘否定的。相反,古人会对占筮的结果进行分析总结,不断积累"成功"的占筮之"理"。

同时,从占筮方法中我们也可以看出,无论是大衍筮法,还是金钱卦或梅花易数,占筮所得之卦都是有限的。此外,根据考古发现和《周礼》的记载,我们也可以知道更古老的筮法也只能得到有限数量的卦。于是,我们不难猜测,在漫长的占筮历史中,每一种占筮所得之卦都有可能积累了大量的占筮之"理"。而古人会对这些占筮之"理"进行整理分析,从中总结出更恰当的"理"。虽然现存文献中没有具体地记录下古人是如何来校验每一种占筮结果的。不过,我们还是可以从一些记载中看到占筮结果有被修改的痕迹。

例如,公元前575年,晋国出兵讨伐郑国,楚国出兵援助郑国,结果,晋楚两国的军队在鄢陵地区相遇了。晋侯在开战之前占筮吉凶,得到了《复》卦(䷗)。根据《左传》的记载,史官在这一占筮中援引的卦辞是:"'南国蹙,射其元王,中厥目。'国蹙王伤,不败何待?"[1]然而,其他已知版本的《周易》中并没有此段卦

---

[1] 陈戊国:《春秋左传》,岳麓书社2019年版,第476页。

辞。这表明,《周易》的占筮并不是基于某些原理而演绎出的全部内容,《周易》在历史上的诸多版本都是后人根据占筮的结果不断修正而归纳成文的。

人们根据占筮的结果不断修正并归纳出《周易》的过程,其实与第一章中我们所说的从龟卜到占筮和从数字卦到符号卦的过程是一致的。或者说,人们在不断修正和归纳总结的过程中,逐渐产生了与卜筮有关的观点和思维方式。事实上,对占筮结果的不断修正和归纳总结也是古人在蒙昧时期不断地认知世界的过程。在这个过程中固然会有很多迷信的成分,但恰恰是因为古人对占筮之"理"由自发认识到自觉地归纳使得《周易》逐渐摆脱了迷信的内容,而吸纳了越来越多的生活常理。当人们归纳总结出足够丰富的生活常理之后,所得之卦便不再重要,而占筮之"理"也成为影响人们实践生活的决定性因素。这也是"善为《易》者不占"的原因,我们将在第七章中再来探讨这个问题。

简而言之,古人通过"经验观察"不断地修正和归纳总结占筮结果,从而把大量的生活常理融入占筮之"理"中。而这些建立在"经验观察"之上的占筮之"理"会对人的实践活动产生影响。

## 二、"经验观察"

虽说古人归纳总结出的占筮之"理"建立在"经验观察"的基础上。但我们也应该注意到,现在提到的"经验观察"往往是指科学实验中的那种经验观察。然而,在前文我们已经提到,《周易》的"经验观察"是带有实践属性的。这说明,《周易》语境中的"经验观察"不同于科学语境中的经验观察。所以,我们不能以科学的经验观察标准来评价《周易》的"经验观察"。可是,"不科学"的"经验观察"又意味着什么呢?

为了说明这个问题,我们不妨先来讨论一下科学的经验观察是怎样的。关于"科学"一词,现在更多的是在自然科学的意义上来使用的,其含义接近于英文中的"science"一词。从词源的构造上来讲,"science"可以追溯到希腊语"σχίζω"一词。"σχίζω"在希腊语中有"分割"或"切割"的意义。所以,从词源上讲,科学的观察方法是一种"分割"或"切割"的观察方法。我们最熟悉的"分割"观察就是现代科学中的学科分类。例如,我们在谈论某个物体的性质时,通常会把这个物体的性质"分割"成物理性质或化学性质等来分别讨论。随着科学的发展,物体的性质被"分割"得越来越精细。

但是,《周易》的"经验观察"是不"分割"物体的,甚至都不注重"分割"观察者和被观察的世界。简而言之,《周易》的"经验观察"是对与人有关的事物的发展过程做出整体性、体验性的描述。在这个意义上,《周易》的"经验观察"与科学的经验观察是两种不同类型的观察。我们也是在这个意义上说《周易》的"经验观察"是"不科学"的。所以,"不科学"的"经验观察"仅仅意味着不把事物"分割"来看。

那么,这种"不科学"是否意味着没有价值呢?如果单就科学实践而言,似乎价值不大,如果对更广泛的人的实践活动来讲,就不能这样认为了。因为《周易》虽然不"分割"观察事物的性质,却十分注重描述人与事物发展之间的关系。《周易》的卦爻辞中有许多这样的观察描述,这些观察描述大都反映了人与事物之间的互动。所以,《周易》的"经验观察"不是结构性的观察,而是功能性的观察。《周易》是在人与事物的互动之中"观察"世界的功能。因此,《周易》观察到的世界其实是人的"生活世界"。在这个意义上,《周易》的"经验观察"虽不具有科学的价值,却具有实践的价值。

从实践价值的角度来看,《周易》的"经验观察"对古人理解"生活世界"有着积极的意义。虽然在"经验观察"中总结出来的占筮之"理"是相对于特定的情境的,而且会受观察者的认知、立场和价值观等因素影响。但是,这些在特定情境中的占筮之"理"也是可以得到辩护的,尤其是在卜筮者长期的修正和归纳总结之后。于是,由"经验观察"中总结出来的占筮之"理"便具有了"地方性知识"(Local Knowledge)的特征。从而,《周易》的"经验观察"便具有了获取生活世界的地方性知识的作用。对于古人而言,这种生活世界中的地方性知识对人的实践活动具有"行为规范"的作用。

另一方面,我们还可以从思维方式的角度来看《周易》的"经验观察"。诚如第四章所言,《周易》的卦象实质上是一种意象型思维的体现。而《周易》的"经验观察"实际上也起到强化卦象的"意"与"象"之间关联的作用,从而使得人们更善于用意象型思维来思考问题。在这个意义上,似可以说,《周易》的"经验观察"对《周易》的思维方式起到了辩护的作用。于是,《周易》的"经验观察"也便逐渐具备了"思维规范"的作用。

所以,在"行为规范"和"思维规范"的双重作用下,由《周易》的"经验观察"得出的占筮之"理"便对人的实践活动起到了规范的作用。

## 三、文化互驯

由于"行为规范"和"思维规范"可以对人的实践活动起到规范的作用,我们便可以从人的实践活动角度来解答占筮结果是否可靠这一问题了。

如前所述,所谓"行为规范"和"思维规范",其实是与古人的"生活世界"相互依赖的。如果缺少了"生活世界"的语境,《周易》便无法发挥其"行为规范"或"思维规范"的作用;如果缺少了《周易》的规范作用,则古人也无法形成相应的"生活世界"。

虽然很多人没有学习过《周易》的内容,但是《周易》的规范性却以"生活世界"的形式间接地影响着他们的认知和生活。例如,《周易》中"自强不息""厚德载物""否极泰来"等观念都已经成为"生活世界"的一部分,并且潜移默化地影响着人们的行为和观念。

同时,《周易》的思想潜移默化地影响人的行为和观念,因而人的行为和观念越来越符合《周易》的规范性。人的行为和观念又会塑造和强化"生活世界"。例如,孔子大力提倡恢复周礼。他为什么认为只要恢复了周礼,社会就会变好呢?其实原因很简单,倘若人人都学习并遵守周公制定的礼仪,社会中就不会再发生"是可忍也,孰不可忍也"①的事情了,社会也就变好了。这其实是文化的教化作用②。

实际上,《周易》已经"观察"到了文化的教化作用。例如,我们现在所说的"文化"一词便出自《周易》中"观乎人文,以化成天下"这句。当然文化的教化作用并不仅仅是主动地施教于民,还包括润物无声的教育过程。在这一点上,我们也可以说,一个社会越认可文化的教化作用便越重视文化,同时,越是重视文化的社会,其中文化的教化作用也越明显。

因此,当我们以"生活世界"作为分析《周易》的语境时,便会注意到这样的

---

① 陈晓芬、徐儒宗:《论语·大学·中庸》,中华书局 2011 年版,第 26 页。
② 杨耕:《文化的作用是什么》,载《光明日报》,2015 年 10 月 14 日第 13 版。

一个现象:由于《周易》具有"行为规范"和"思维规范"两种作用,人们在生活中便会有意或无意地按照相应的规范来指导行为和思维方式;反过来,由于人们有意或无意地按照相应的规范来指导行为和思维,这些行为和思维方式也会强化"生活世界"中"行为规范"和"思维规范"的作用。从而,《周易》和"生活世界"便不仅是相互依存的关系,更是相互促进和强化的关系。我们不妨把这种相互依赖、相互促进和强化的关系称为"文化互驯"。

其实"互驯"是社会学家郑也夫在研究文明现象时提出的社会学概念,所谓"互驯"即"相互驯化"。郑也夫以人和农作物的关系详细地说明了农业的互驯现象。简单而言,人类在采集农作物时无意间获得了适宜人类耕种的农作物品种,"毫无疑问,果实不易脱落、整齐的发芽期和成熟期,是谷物和豆类中最符合人类需要的两种品性……可以想象,每一镰刀割下去,大半的种子会脱落,到手的只是小部分。但筛选也在瞬间完成了,即到手的多半都是不易脱落的……故在数代的种植收割中,完全在无意中,人类获得了种子不易脱落的作物"[1]。

与此同时,人类也因为获得了适宜种植的农作物品种而改变了原有的游猎和采集的生活方式,"走入农业后,人类的大部分成员在数千年的时间中再也离不开土地,他们的全部生活节奏要跟随被他们驯化的作物,他们必须严格地按照时令耕地、播种、除草、收割、储藏。游动的自由从此诀别"[2],"成功地驯化并从此靠种植养殖谋生的人类,不再是过去的人类。人类极大地改变了被驯化物,后者也同样极大地驯化和改变了人类"[3]。

以上便是郑也夫提出的农业的互驯现象。文化的互驯现象与农业的互驯现象类似。人们最初通过"经验观察"来建构人的"生活世界",不过,"生活世界"的建构通常不是有意为之的,而是在无意间完成的。例如,古人在"系币以比其命"时从未考虑过占筮之"理"是否科学等问题,只是单纯地把观察的结果收集起来,并尝试从中总结出占筮的经验。

所以,虽然我们现在说古人通过"经验观察"建构起了"生活世界"。但是,对古人而言,他们只是简单地从事归纳总结的工作。我们是把视野扩展到历史的维度之后,才看到了古人长期不断地修正和归纳总结,结果是为后人"拼凑"

---

① 郑也夫:《文明是副产品》,中信出版社 2015 年版,第 74~75 页。
② 郑也夫:《文明是副产品》,中信出版社 2015 年版,第 79 页。
③ 郑也夫:《文明是副产品》,中信出版社 2015 年版,第 79 页。

一个"生活世界"。在这个意义上,古人拼凑出来的"生活世界"实质上就是历史地凝结成的生存方式。①

相反,当"生活世界"的图景展现在人们面前时,人们便会自在地或自觉地生活在这个"生活世界"中,从而,不可避免地受这个"生活世界"的行为规范和思维规范的影响与约束。其中,"自在的文化因素通过家庭、学校、社会示范等方式而潜移默化地融进每个人的生活血脉中,顽固地然而往往是自在自发地左右着人的行为"②。自觉文化"通过教育、理论、系统化的道德规范、有意树立的社会典范等等而自觉地、有意识地、有目的地引导和左右着人们的行为"③。

同时,人们的自在或自觉的行为模式和思维方式又会影响文化的发展趋势。在这个意义上,人的"生活世界"实质上也是在人的实践活动中构建起来的。人通过实践创造了人的生活世界。

以上便是文化互驯的体现。也就是说,古人的实践活动创造出文化,文化又规范了后人的实践活动,而后人的实践活动又强化了文化的发展。当然,需要说明的是,文化互驯不是一蹴而就的,而是一个长期的开放的过程。时至今日,文化互驯的过程仍然继续着。

现实生活中关于文化互驯的事例还有很多。例如,流行文化的产生和发展就是典型的文化互驯现象。这里所说的"流行文化"是指对大众娱乐生活方面产生主要影响的生活方式。在流行文化的发展中,我们不难看到,一种流行文化在诞生时往往只在小众群体内传播,因为流行文化最初只是特定时期、特定群体的生活方式。然而,一些人在接触了这种不同的生活方式时,或者说这种文化传播到这些人群中时,这些人的生活方式便会受到这种文化的影响。与此同时,这些人又会用自己的生活方式强化这种文化,从而使这种文化更加流行。

回到邵雍的"邻夜叩门借物占"的筮例中,我们也可以从文化互驯的角度来分析邵雍的"推数又须明理"。其中,"推数"是指依据卦做出的解释,这体现的是《周易》对人的生活的驯化过程。"明理"是指通晓人的生活常理,这体现的是人的生活对《周易》的驯化过程。因而,"推数又须明理"实质上是文化互驯的结果。其实,从"系币以比其命"的历史过程来看,人的生活方式原本就是解

---

① 衣俊卿:《文化哲学十五讲》,北京大学出版社 2015 年版,第 12 页。
② 衣俊卿:《文化哲学十五讲》,北京大学出版社 2015 年版,第 55 页。
③ 衣俊卿:《文化哲学十五讲》,北京大学出版社 2015 年版,第 55 页。

释卦的来源之一。

综上所述,关于"占筮的结果是否可靠"的问题,实际上是一个地方性知识的问题。或者说,我们需要把这个问题置于一个特定的文化语境中来考虑。具体而言,在《周易》的文化语境中,《周易》和人的生活之间出现了文化互驯现象。进而,人们对《周易》的发展和生活方式的变化之间因为文化互驯而趋同。于是,《周易》的规范性与人在"生活世界"中的实践活动产生了关联。在这个意义上似乎可以说,文化互驯现象为占筮的"预测"提供了理论上的可能性,人们有可能通过占筮的结果来"预测"人在"生活世界"中的行为模式与思维方式。

最后,还需要说明的是,虽然我们从地方性知识的角度回答了"占筮的结果是否可靠"的问题,但这里的"地方性"仅仅是从方法论的意义上来讲的。所谓"地方性",主要包括以下三个方面:一、文化是积累的总体;二、文化的昭示符号是模糊地传承的;三、文化现象是情境化的、具体化的、小范围地定性在上下文的背景中的。①

从这个角度来看,占筮结果的可靠性是随着《周易》的哲学化进程而逐渐增强的。在本章中我们已经多次说明,最初的占筮并不可靠。但是,伴随着《周易》的哲学化,迷信成分逐渐被人的实践经验所取代。于是,占筮之"理"呈现出地方性知识的特征,进而发生了文化互驯现象。所以,占筮的合理性并不来自于占筮中得到的卦,而来自可以作为地方性知识的占筮之"理"。因此,当占筮发展到具备地方性知识的特征时,《周易》的推理判断便具有了一定的可靠性。

既然占筮的合理性是由其地方性知识的特征来实现的,便意味着我们要从地方性知识的角度来说明《周易》。那么,我们基于地方性知识的特点对《周易》做出的研究又将有哪些不同呢? 我们将在下一章中详细地探讨这个问题。

---

① 克利福德·吉尔兹:《地方性知识——阐释人类学论文集》,王海龙、张家瑄译,中央编译出版社2000年版,导读第21页。

# 第六章 《周易》的研究视角问题

在第四章中,我们提出了《周易》的思维方式是一种意象型思维。在第五章中,我们阐述了《周易》的"经验观察"属于地方性知识。因此,从理论上来讲,我们应该把《周易》解释为一种基于意象型思维建立起来的地方性知识。或者说,我们应该以意象型思维来理解《周易》的"经验观察",来解答古人是如何依据《周易》做出判断的。可是,我们要怎么做到这一点呢?

通俗意义上来讲,我们解释说明的目的是使人理解。如果人们已经理解了,我们便没有解释的必要了;如果人们仍未理解,我们还需要做进一步解释。所以,解释应立足于现代人是否理解的基础上。例如,吴克峰仿照现代逻辑的公理方法构造了一个易学系统用于解释《周易》的推理。再如,朱伯崑主编的《周易知识通览》中也分别用演绎、归纳、类比解释卦的构造和推理。可是,这两种解释是不一样的。于是,我们便会考虑这样一个问题:哪一种解释更好呢?或者,不同的解释之间是否存在好坏的比较呢?

从常识来讲,解释之间是存在好坏之分的。因为解释不仅涉及理解的问题,还涉及误解的问题。所以,解释一定是有好坏之分的,至少误解不能算作是好的解释。为了避免误解,我们在解释文本时应该尽可能地把文本解释成古人可以接受的。这也是我们为什么要把《周易》解释成一种基于意象型思维的地方性知识的原因。

然而,真正的难题在于伽达默尔指出的,理解一定是视域融合的结果。[①] 所以,我们在解释的时候不可能完全抛弃现代人的视角。这是否意味着理解和误

---

① 汉斯-格奥尔格·伽达默尔:《诠释学 Ⅱ 真理与方法——补充和索引》,洪汉鼎译,商务印书馆2007 年版,第 423~424 页。

解的区分就不重要了呢？关于这个问题,伽达默尔在提出视域融合的观点后也做了说明:视域融合只具有本体论的意义,并不具有方法论的性质,解释者也不能把视域融合作为一种程序而随意地加以应用。[①] 这表明,我们虽然不能在本体论的意义上完全避免在解释中引入现代的观点,但在方法论的意义上仍然有必要探讨一下可能避免误解的解释方法。

因此,在这一章中我们暂时停止有关《周易》的解释,转而讨论一些关于方法论的问题,以方便接下来继续探讨古人是如何依据《周易》做出判断的。

如何做出判断,用现代的学术话语来讲,这属于逻辑的问题。那么,我们用哪种逻辑来解释《周易》的推理呢？传统逻辑还是现代逻辑？经典逻辑还是非经典逻辑？还是《周易》"自己"的逻辑？显然,为了尽可能地避免误解,我们最好选用《周易》"自己"的逻辑来解释它的推理。可问题是,《周易》"自己"的逻辑是什么？

为了回答这一问题,本章将从三个方面来探讨方法论的问题:首先,从"逻辑是什么"这一问题出发,探讨《周易》是否具有自己的逻辑,进而讨论其研究视角;其次,通过转换研究视角来探讨如何从逻辑的角度来说明一种独特的逻辑,即"逻辑应该是什么";最后,结合前两点的讨论具体说明基于本土化视域的研究方法。

需要说明的是,我们之所以要从逻辑的角度来说明一种独特的逻辑,其一是为了现代人可以理解我们对《周易》推理的解释;其二,我们符合古人的解读逻辑。在这个意义上,本土化视域并不排斥现代化。就本土化视域本身而言,也是一项现代化的研究,是在反思过往研究的基础上,做出的一种解释地方性知识的新尝试。

# 第一节 "逻辑是什么"与研究视角

"逻辑是什么"主要涉及有关恰当性的讨论,即用现代的逻辑来分析古人运用《周易》时的"逻辑"是否恰当。这一问题关系到现代主流文化中讲的,逻辑

---

① 汉斯-格奥尔格·伽达默尔:《诠释学Ⅰ 真理与方法——哲学诠释学的基本特征》,洪汉鼎译,商务印书馆 2007 年版,第 402 页。

在多大程度上揭示了人类推理的本质。"逻辑是什么"中的"逻辑"也就指现代主流文化中的逻辑。其中,现代主流文化是指发源于古希腊,在西方成形,经由现代多种文化背景的民族共同参与发展,当今不同文化中最为人类社会所接受的文化。①

既然要探究现代主流文化的逻辑是什么,我们就要到逻辑学的发展历史中寻找答案。具体地考察一下在现代主流文化形成的过程中,实际呈现出来的逻辑是什么样的。这也是笔者所说的"问题历史化"研究法②。

逻辑学起源于古人对推理的研究。正如涅尔夫妇所言:"只有当手中已经掌握了大量的进行推理或论证的材料,逻辑才能自然产生。"③由此可见,一方面,逻辑学的研究是人们基于推理或论证材料做出的分析;另一方面,逻辑学的研究出现在人们已经进行大量的推理或论证之后。

因为逻辑学的研究出现在人们进行大量的推理或论证之后,所以人们在逻辑学研究产生以前是自发进行推理或论证的。这些自发的推理或论证显然不可能具备逻辑的规范性,或者说,人们是在未研究逻辑的情况下按照自己的"逻辑"而自发地进行推理或论证的。实际上,后人的逻辑学研究是对自发的"逻辑"进行分析。这也意味着,人们从事的逻辑学研究只是对自己的"逻辑"进行研究,人们对逻辑的认识也都是基于自己的"逻辑"。

例如,列维·布留尔在《原始思维》中研究表明,原始民族也会做出大量的推理和论证。然而,这些原始民族积累的材料中呈现出来的"逻辑"却完全不同于现代逻辑学的认知。于是,我们不妨假设,倘若人们最初是基于这些材料进行的逻辑学研究,那么我们还会以现在这种方法来分析和理解推理吗?涅尔夫妇在研究古希腊逻辑的起源时也曾提及,来源于对日常实际论证的评论的逻辑思想,有助于产生另一种不依赖于亚里士多德,也不依赖于麦加拉学派和斯多葛学派的传统。④

不过,从亚里士多德逻辑和麦加拉-斯多葛学派逻辑中,我们可以看到这样一条逻辑学的发展线索:亚里士多德逻辑和麦加拉-斯多葛逻辑在一阶逻辑中

① 鞠实儿、刘兵:《地方性知识研究》,商务印书馆2021年版,第9页。
② 李先龙、张晓芒:《从历史化的角度推动逻辑学科的发展——以图尔敏的论证思想为例》,载《湖北大学学报(哲学社会科学版)》,2016年第3期,第34~39页。
③ 威廉·涅尔、玛莎·涅尔:《逻辑学的发展》,张家龙、洪汉鼎译,商务印书馆1985年版,第1页。
④ 威廉·涅尔、玛莎·涅尔:《逻辑学的发展》,张家龙、洪汉鼎译,商务印书馆1985年版,第17页。

获得了统一的表达。那么,原始民族的逻辑发展会不会与古希腊逻辑殊途同归呢? 关于这个问题,我们仍然可以用"问题历史化"的方法来考察。

我们已经知道,逻辑学研究的起点是对自发"逻辑"的研究。理论上,自发的"逻辑"可以是任意的,每一个人都可以根据自己的认识和偏好做出推理或论证。在这个意义上,自发的"逻辑"是什么样的其实并不重要,人们也没有必要为逻辑制定任何规范。

但是,人们进行推理或论证的目的是得出结论,而结论具有统一人的经验的作用。需要说明的是,"经验"和"经历"是有区别的:"经历"是指人们在生活中体验到的事情,是客观上真实发生的;"经验"是指人们对自身经历做出的解释,是人的主观上的认识。简而言之,我们可以把经验理解为经历和对经历的解释。

经验是人对其经历的主观认识,而人的认识又总是无法超越自身教育、文化和所处环境等因素的限制,而且不同人的教育、文化和所处环境等因素又不完全相同。因此,不同的人即使遭遇了相同的经历也有可能总结出不同的经验。

例如,16 世纪的天文学家第谷和开普勒一起观测并制定了《鲁道夫天文表》。不过,针对观测数据,第谷和开普勒却提出了不同的主张。第谷用地心说来解释观测数据,发现这些观测数据在一定程度上支持了地心说,因而,第谷成为一位坚定的地心说拥护者。可是,开普勒却用日心说来解释观测数据,发现这些观测数据在一定程度上也支持日心说,因而,开普勒成为一名日心说的支持者,并提出了开普勒定律。从第谷和开普勒的对比中,我们不难看出,第谷和开普勒并不是单纯地从观测数据中获取经验的,他们原有的知识背景影响了他们对观测数据的解释,从而导致他们虽然依据相同的观测数据却分别推导出不同的结论。

所以,人们即使经历了相同的事情,获得的关于世界的经验也有可能是不同的。与此同时,人带着自己的知识和经验来解释情境,从认识和情绪角度来表征事件,这就是人们构造社会现实的方式。① 进而,对于人的社会现实而言,

---

① 理查德·格里格、菲利普·津巴多:《心理学与生活》,王垒、王甦译,人民邮电出版社 2003 年版,第 488 页。

社会总体的经验是多样的、繁杂的。

如果社会总体的经验是多样的且繁杂的,就会导致人们在社会交往中不可避免地遇到由相同经历产生不同经验而造成的沟通障碍,这些沟通障碍会实实在在地影响人的日常生活。人们在社会交往中往往倾向于避免产生沟通障碍,但是,由于产生沟通障碍的原因是人们对相同的经历赋予了不同的解释,从而导致社会总体经验的多样化。故而,避免产生沟通障碍的方法自然是使人们对相同的经历赋予相同的解释,从而减少经验的多样化以统一人们的经验。

关于减少经验多样化的方法,一般来讲有两种:其一,以暴力的方式消灭不同经验,以保证经验的统一性;其二,以言语行为迫使不同的经验趋于一致。其中,第二种方法便是我们现今时常看到的因不同观点发生"论战"的原因。在这个意义上可以说:"公共领域是一个由人们透过言语及行动展现自我,并进行协力活动的领域。"①这里所说的"言语及行动",主要是指说理活动,其核心便是推理和论证。

因此,我们看到,说理是人们最普遍的社会交往活动。所谓"说理",就"从属于一个或多个文化群体的若干主体在某个语境下以某种方式通过语言进行交流,其目的是促使活动参与者采取某种立场"②。故而,说理活动可以减少社会总体经验的多样性。但是,说理本身从目的上讲并不带有去伪存真的意味。这是因为社会总体经验的多样性来自不同人对相同经历做出的不同解释,然而未经去除多样性的解释在本质上是没有真假之分的。

我们仍然以第谷和开普勒为例。《鲁道夫天文表》的观测数据并不能直接用于辨别地心说或日心说的真假,因为第谷和开普勒都是从制定《鲁道夫天文表》的观测数据中找出了支持各自主张学说的依据。因此,地心说或日心说都是对《鲁道夫天文表》的不同解释。正如库恩所言,哥白尼的日心说"是关于物理学和天文学的一种全新的看法,这种看法必须要改变'地球'和'运动'的意义"③,如果理解了这种改变,我们便会认识到"地球的运动对科学而言是一个没有什么内容的问题"④。我们现在之所以更加认同日心说,这其实是社会总体

---

① 许纪霖:《公共性与公共知识分子》,江苏人民出版社 2003 年版,第 175 页。
② 鞠实儿:《论逻辑的文化相对性——从民族志和历史学的观点看》,载《中国社会科学》2010 年第 1 期,第 35~47 页。
③ 托马斯·库恩:《科学革命的结构》,金吾伦、胡新和译,北京大学出版社 2003 年版,第 135 页。
④ 托马斯·库恩:《科学革命的结构》,金吾伦、胡新和译,北京大学出版社 2003 年版,第 135 页。

经验多样性减少之后得到的结果。进而,我们才会认为日心说为真而地心说为假。相反,倘若我们寄希望于通过断定日心说或地心说的真伪来减少社会总体经验的多样性,便是本末倒置了。

所以,在减少社会总体经验的多样性的说理活动中,"每一个人所表达的意见都只是一种看法。没有任何意见具有优先性,足以被当成颠扑不破的真理。从一个角度来讲,这似乎告诉我们公共领域之中只有意见、没有真理。但是,从另一个角度看来,也可以说每一个意见都包含了若干真理的性质"①。故而,社会总体经验的多样性是在多种不同解释的竞争中减少的。其中,多种不同解释的竞争便是指说理活动中的论辩,或者称论辩实践活动。这即说,社会总体的经验实际上是在论辩实践活动中得到的结论。

社会总体的经验是论辩实践活动中得到的结论表明,论辩实践活动的获胜者最终取得了人们相同经历的"解释权"。也就是说,人们通常会接受论辩实践活动的获胜者对相同经历做出的解释。又由于人们在社会生活中有减少经验多样性的倾向,人们一旦接受了某一种解释便会拒绝其他不同的解释,以保证自己和社会交往中的经验是统一的。心理学家把这种社会群体保持统一经验并忽略不同解释的现象称为"群体盲思"(groupthink)。

"群体盲思"可以看作是"话语形构"的心理学依据。我们在第一章中曾简要地叙述了上古时期巫史获取权力的过程,巫史通过垄断对占筮结果的解释而获取指引他人生活的资格。因此,拥有"解释权"的人在社会生活中会获得实际的权力。汉武帝实行"罢黜百家,独尊儒术"也可以看作是通过获取"解释权"来取得政治权力的一种方式。既然"解释权"会与社会生活中的实际权力产生关联,那么,论辩实践活动便不会只是就事论事的学术探讨,而是关系到人的政治生活的一项社会活动。例如,古希腊的智者派教授人们在论辩实践活动中获胜的技巧而不考虑真理的问题,以满足人们在社会生活中的政治追求。

正是因为论辩实践活动是一项关系到政治生活的社会活动,所以总有一些人试图以各种各样的方式来质疑人们的经验。还有一些人会通过为自己的经验辩护来保留权力。于是,人们在论辩实践活动中要做的不仅是"证明",还需要"辩明"。

---

① 许纪霖:《公共性与公共知识分子》,江苏人民出版社 2003 年版,第 177 页。

因此，人们在论辩实践活动中不仅要做出推理或论证，还要自觉地分辨出好的推理或论证。正如涅尔夫妇所言："并不是任何类型的论说都能引起逻辑的研究……只有那些能找出证明或要求证明的论说和诘问的类型才自然地引起逻辑的研究。"①故而，逻辑学研究是在诘问和辩护的语境中产生的，或者说，逻辑学研究是在由自发"逻辑"向自觉"逻辑"的转变中产生的。这也意味着，逻辑学研究中的逻辑实际上是指论辩实践活动中出现的这种自觉的"逻辑"。

从论辩实践活动的角度看，逻辑的规范性也是在"证明"和"辩明"的过程中逐渐形成的，我们所谓的自觉的"逻辑"就是人们在论辩实践活动中主动遵循规范后呈现出来的逻辑。所以，不同的逻辑类型可以统一表达出来，也是自发"逻辑"经过论辩实践的"证明"与"辩明"之后的结果，没有参与到同一个论辩实践活动中的自发"逻辑"不必具有相同的规范性。正如维特根斯坦对"语言游戏"的分析，可能存在着一种完全不同的语言游戏。② 所以，逻辑是具有规范性的，但是逻辑的规范性是相对于论辩实践活动而言的。

事实上，我们从非形式逻辑兴起的历史中也可以看到，逻辑的发展是与论辩实践活动密切相关的。20世纪60年代，遵循形式逻辑的规范在论辩实践活动中已经无法很好地完成"证明"或"辩明"工作了，针对当时社会问题的讨论，人们自发地给出了大量的推理或论证。进而，一些学者对这些新的推理或论证的材料进行了自觉的研究。从而，非形式逻辑这一新的逻辑学分支诞生了。③ 当然，我们可以看到，非形式逻辑在后来的发展中或多或少地又呈现出形式逻辑的特征。这是因为非形式逻辑与形式逻辑同属于现代主流文化。

也许有人会问，是否存在客观的、独立于人的认识、具有普遍性的逻辑呢？关于这个问题，现阶段还有许多学者在积极地讨论。而我们从逻辑学的发展史中可以看出，前人研究的那些"逻辑"都不是客观的、独立于人的认识、具有普遍性的逻辑。正如维特根斯坦在回应弗兰克·兰姆赛有关逻辑是一门规范性科

---

① 威廉·涅尔、玛莎·涅尔：《逻辑学的发展》，张家龙、洪汉鼎译，商务印书馆1985年版，第1页。

② 维特根斯坦：《哲学研究》，商务印书馆1996年版，第58~63页。

③ 武宏志、周建武、唐坚：《非形式逻辑导论》，人民出版社2009年版，第25~34页。

学的说法时所说,我们在作为规范性科学的逻辑中所谈论的是一种理想语言,似乎我们的逻辑是一种适用于真空的逻辑。事实上,逻辑不是在自然科学处理自然现象这个意义上处理语言的。① 简单来讲,也许存在着那样一种客观的逻辑,但是人们的研究素材都来自他们自己的推理和论证,所以,人们实际上认识到的逻辑只是他们自己的"逻辑"。

从发生学的角度看,逻辑系统的发生也印证了上述观点:"从归根结底的意义上说,逻辑的各种联词、词项和形式化的推理论证是从现实生活中得来的。逻辑扎根于日常生活和科学实践。从能动反映论的观点看,逻辑认识能够提供日常和科学的现实原型的正确映像、表征和模写,但逻辑认识不是一次完成的、一成不变的,'恰当相符性'是在运动、发展、变化的历史过程中逐步达到的。"② 在"历史过程中逐步达到"也意味着,我们每一次认识的逻辑系统都带有"地方性"特征。

逻辑系统的"地方性"特征体现在三个方面:其一,逻辑系统是人的认识的体现;其二,逻辑系统与现实原型是模糊对应的;其三,每一个逻辑系统都是在特定的条件下构造出来的。若从论辩实践活动的角度看,逻辑系统的"地方性"体现的恰是逻辑的规范性,是相对于论辩实践活动而言的。

逻辑系统的"地方性",或者说,逻辑在论辩实践活动中形成的规范性,图尔敏在探讨使用论证的问题时曾有提及:"逻辑是社会学而非心理学的发展;它不是逻辑学家关心的人类个体脑力现象,而是社会发展过程中发展起来、通过父母和老师代代传承下来的习惯和做法……推论习惯,换句话说,刚开始仅为一种惯例,随后不久便成为强制性的……逻辑关注的并非推理方式,也不是技术问题,逻辑主要是一种回顾性、辩护性工作——利用随后能够提出的论证,证明我们的主张,即所得结论是可验证的,因而是可接受的。"③

进而,我们若从社会学的角度来考察论辩实践活动,不难看到,"较佳论证并不一定要像哈贝马斯所说的那样,纯然以'理性'为衡量标准,而是包括一切理性、非理性的论证……抑有进者,此处的'较佳论证'并不假定我们要追求具

① 维特根斯坦:《哲学研究》,商务印书馆 1996 年版,第 57 页。
② 任晓明、桂起权:《非经典逻辑系统发生学研究——兼论逻辑哲学的中心问题》,南开大学出版社 2011 年版,第 5 页。
③ 斯蒂芬·图尔敏:《论证的使用》,谢小庆、王丽译,北京语言大学出版社 2016 年版,第 9~11 页。

有普遍性规范效力的共识，或试图建立一种自由主义式的普遍性价值体系。所谓'较佳'或'较差'完全交由对话发生所在的相关人群来判定，只要参与对话者都认可某个论证，那个论证对他们而就是有效的。至于这个论证是否对世界上其他地方的人群有效，则暂时存而不论"①。

综上，我们基本上可以回答"逻辑是什么"这个问题：我们实际研究的逻辑是一种地方性知识，是在论辩实践活动中形成的，依赖于论辩主体和语境的规范性。

在这个意义上，我们现在所知道的逻辑并不具有普遍性，不能超越现代主流文化。所以，我们不能保证，我们理解的《周易》是古人认知的《周易》。正如陈寅恪在写给冯友兰的《中国哲学史》的《审查报告一》中所说，研究者若是于有意无意之间依据自己所熏染的学说来推测古人的理论，那么解释得越有条理，便越远离古人学说的真相。②

因此，虽然我们立足于现代主流文化来诠释《周易》，但是不应该不假思索地以我们的视角来分析古人的"逻辑"，因为古人未必和我们具有相同的视角。这便涉及研究视角的问题了。所谓研究视角，是指研究中隐含着的作为研究出发点的理论依据或作为参考的理论基础。显然，对于同一个问题，我们可以从不同的视角来研究，研究得到的结果也有可能不同。

具体到研究《周易》的视角，我们要把古人依据《周易》推知结论的方式诠释为一个古人可以接受的事件。这意味着，我们的工作不单是分析《周易》的推理结构，还要还原《周易》的推理结构。还原《周易》的推理结构则需要先了解《周易》的论辩实践活动，再将我们的理解置于当时当地的语境中考察，最后才好做出分析与解释。这也是陈寅恪所讲："凡著中国古代哲学史者，其对于古人之学说，应具了解之同情，方可下笔。"③

事实上，陈寅恪讲的"了解之同情"的态度可以推广到更广泛的地方性知识的研究中。秉承着"了解之同情"的态度，"逻辑应该是什么"这个视角似乎更适合探讨地方性知识中的推理问题。

---

① 许纪霖：《公共性与公共知识分子》，江苏人民出版社2003年版，第190页。
② 冯友兰：《中国哲学史 下》，华东师范大学出版社2011年版，第331页。
③ 冯友兰：《中国哲学史 下》，华东师范大学出版社2011年版，第331页。

## 第二节　视角转换与"逻辑应该是什么"

"逻辑应该是什么"主要涉及符合性的讨论,即什么逻辑是古人更容易接受的"逻辑"。在第一节中,说明了我们现在所知道的逻辑尚未揭示人类推理的本质。所以,我们若用现在的逻辑来分析古人推理的原貌,分析的结果未必是古人最能接受的。

更关键的问题在于,古人最能接受的解释却是我们最难理解的。因为古人最能接受的解释其实就是他们留下来的文本,而文本恰恰又是我们要解释的对象。我们一旦解释了文本,这个解释势必会偏离古人最能接受的内容,而我们又不能不解释文本,否则无法理解文本。正如伽达默尔所言:"理解文本就在于使读者占有文本所说的。"①所以,我们的工作不是在古人能够接受的解释中选取一个我们可以理解的,而是在我们可以理解的解释中选取一个古人更容易接受的。

在我们可以理解的解释中选取一个古人更容易接受的,就需要我们做到:首先,要立足于已有的知识进行诠释;其次,不能完全遵照已有的知识进行诠释。如果我们不立足已有的知识,那么我们便不好理解;如果我们完全遵照已有的知识,那么古人便不易接受。可是,既要立足于已有知识,又不完全遵照已有知识,是什么意思呢?

具体到如何诠释依据《周易》推知结论的问题上,我们首先必须立足于逻辑知识,否则理解不了其推理的结构,但又不能完全遵照逻辑知识,因为古人未必是这样考虑推理的。因此,我们立足于逻辑知识并非要遵照逻辑知识来分析古人的推理,而是通过逻辑知识来了解人们是如何认识推理的,进而挖掘人们还可能存在哪些认识。这也是"逻辑应该是什么"所要回答的内容。

在回答"逻辑应该是什么"的时候,我们仍然采用"问题历史化"研究法。即通过对我们现有的逻辑知识的历史进行研究,从逻辑学的发展史中考察哪些逻辑要素是历史发展的必然,哪些逻辑要素是偶然产生并得以传承的。其中,

---

① 汉斯-格奥尔格·伽达默尔:《诠释学Ⅱ　真理与方法——补充和索引》,洪汉鼎译,商务印书馆2007年版,第424页。

必然的逻辑要素是我们理解古人推理的核心,偶然的逻辑要素是我们考虑古人是否接受的关键。因此,我们虽然要探讨古人如何依据《周易》推知结论,但仍然有必要考察亚里士多德逻辑的发展历程。

亚里士多德的逻辑思想主要记录于《工具论》中。不过,涅尔夫妇、约翰·伍兹和王路等学者的研究表明,《工具论》中各篇的编纂次序和创作时间并不一致,编纂在后面的《论题篇》和《辩谬篇》的创作时间要早于前后《分析篇》。从内容上看,《论辩篇》和《辩谬篇》主要是关于论辩实践活动的,前后《分析篇》是更纯粹的逻辑理论。从创作时间上看,我们大致可以猜到,亚里士多德早期的很多逻辑思想都与论辩实践活动相关,而后期便较少谈论论辩实践活动了。只是过去学者研究的重点常常在前后《分析篇》上,认为前后《分析篇》是亚里士多德逻辑的大成之作,却不是很关注与论辩实践活动相关的内容。

关于论辩实践活动,亚里士多德在《论题篇》的开篇便明确提出:"本文的目的在于寻求一种探索的方法,通过它,我们就能从普遍接受所提出的任何问题来进行推理;并且,当我们自己提出论证时,不至于说出自相矛盾的话。"[1]我们从中不难看出,探索的方法显然不同于前《分析篇》中讨论的证明。其中,最大的区别在于,证明的前提必须是"真实的和原初的"的意见,而探索的方法可以以"普遍接受的意见"为前提进行推理。亚里士多德也称"普遍接受的意见"为辩证的前提。

倘若从论辩实践活动的角度看,我们会发现,证明的前提实际上是对辩证前提的提炼与总结。所谓"辩证的前提",按亚里士多德所述,是指"那些被一切人或多数人或贤哲们,即被全体或多数或其中最负盛名的贤哲们所公认的意见"[2]。从亚里士多德的描述中,我们可以看到,辩证的前提是几乎不会受到质疑的意见。因为如果一些人或多数人或贤哲们都持有相同的意见,那么其他人即使质疑也显得没有那么重要了。从常识上来看,我们在做决策时,如果大众意见和专家意见是一致的,那么即便有个别不同意见,通常也不会影响到我们的决策。除非大众意见与专家意见相悖,我们才需要重视不同意见之间的冲突。不过,按照亚里士多德的定义,若大众意见与专家意见相悖,则这两种意见

---

① 苗力田:《亚里士多德全集 第一卷》,中国人民大学出版社1990年版,第353页。
② 苗力田:《亚里士多德全集 第一卷》,中国人民大学出版社1990年版,第353页。

都属于争执的前提,而不是辩证的前提。

事实上,除了辩证的前提和争执的前提外,亚里士多德还区分了第三种前提——虚假的前提。"虚假的前提"是指"似乎是被普遍接受但实际上并非如此"①。因此,我们可以看到,辩证的前提是认可度最高的,人们在论辩实践活动中几乎没有必要再去探讨其真实性了;虚假的前提是认可度最低的,人们在论辩实践活动中几乎不会以其作为前提来推理;争执的前提的认可度居于二者之间。从亚里士多德这三种前提的对比中,似可以这样认为,亚里士多德之所以强调探索的方法要从辩证的前提出发是为了在论辩实践活动中尽可能避免有关前提真实性的争论,从而把更多注意力放在如何论证上。

当然,辩证的前提只是尽可能避免争论其真实性,而不是真实的意见。因为在亚里士多德看来,真实性"是指那些不因其他而自身就具有可靠性的东西"②。所以,即使一切人都认可的意见也不是亚里士多德所说的真实的意见。但是,就论辩实践活动而言,如果没有人质疑前提,那么便没有必要再考虑前提的真实性了。毕竟论辩实践活动是目的性的,没有必要在已达成共识的意见上白费口舌。所以,从论辩实践活动的角度看,探索的方法相当于把辩证的前提当作了真实的前提。

在亚里士多德的逻辑中,真实的前提和最初的前提是同一类前提,即证明的前提。亚里士多德提出,证明的前提"是指那些不因其他而自身就具有可靠性的东西。不应该穷究知识第一原理的原由③。注意,"不因其他而自身就具有可靠性的东西"和"不应该穷究知识第一原理的原由"是两个不同的要求:前者是指不能穷究,亚里士多德称之为"本原";后者是指不应该穷究,亚里士多德称之为"最初前提"。不过,虽然二者的本质不同,但亚里士多德强调,在证明中"'最初前提'和'本原'我所指的是同一个东西"④,"因为证明者的工作不是提问,而是作断定"⑤。

因而,我们看到,在论辩实践活动中,探索的方法和证明的方法其实没有明显的区别。考虑到亚里士多德逻辑思想发展的先后顺序,我们可以推测,证明

---

① 苗力田:《亚里士多德全集　第一卷》,中国人民大学出版社1990年版,第353页。
② 苗力田:《亚里士多德全集　第一卷》,中国人民大学出版社1990年版,第353页。
③ 苗力田:《亚里士多德全集　第一卷》,中国人民大学出版社1990年版,第353页。
④ 苗力田:《亚里士多德全集　第一卷》,中国人民大学出版社1990年版,第249页。
⑤ 苗力田:《亚里士多德全集　第一卷》,中国人民大学出版社1990年版,第84页。

的方法实际上脱胎于探索的方法。因为探索的方法需要选择那些最大可能避免争论的意见作为推理的前提,而证明的方法则直接把有关前提的争论排除在证明工作之外。故而,亚里士多德指出:"这种差异对三段论并无影响。三段论既可以从证明的前提推出,也可以从辩证的前提推出。因为无论是证明者还是论辩者都是首先断定某一谓项属于或不属于某一主项,然后得出一个三段论的结论。"①

于是,我们似可以得出这样的结论:在论辩实践活动中,论辩参与者在做出论证时虽然在前提上存在着不同的考虑,但有关推理的考虑都是一样的。我们从论辩实践活动的外部看,三段论是以证明的前提开始的;从论辩实践活动的内部看,三段论是以辩证的前提开始的。

进而,我们看到,三段论的产生也是与论辩实践活动相关的,只是在后来的逻辑学发展中,人们逐渐忽略了论辩实践活动的影响,而单独把三段论作为逻辑的典范保留了下来。其实,三段论的结构与评价标准都不具有历史发展的必然性。近代以来,非经典逻辑的发展趋势也从侧面印证了这一点。例如,多值逻辑和模糊逻辑表明,"逻辑"未必是二值的,也可以是多值的,甚至无穷值的。再如,次协调逻辑表明,"逻辑"未必是无矛盾的,也可以是不平庸的。又如,可以被看作广义非经典逻辑的非形式逻辑表明,"逻辑"未必是形式的,也可以是语用的。可以说,"非经典逻辑的产生的内在动力是经典逻辑的形式系统与非形式原型之间具有某种表征上的不恰当性"②,一切非经典逻辑都是"对于现实原型不同侧面的不同程度的恰当相符性而展开的"③。

所以,如果从论辩实践活动的角度看,我们现在看到的真或假、无矛盾、形式化等逻辑呈现给我们的特征都带有一定的历史偶然性,受到了古希腊的论辩实践活动的影响。我们若以亚里士多德逻辑呈现出来的这些特征分析其他论辩实践活动中的论证,未必能够体现该论辩实践活动的规范性。

然而,我们从亚里士多德逻辑的发展历程中也可以看出,逻辑终归是在探

---

① 苗力田:《亚里士多德全集 第一卷》,中国人民大学出版社 1990 年版,第 84 页。
② 任晓明、桂起权:《非经典逻辑系统发生学研究——兼论逻辑哲学的中心问题》,南开大学出版社 2011 年版,第 28 页。
③ 任晓明、桂起权:《非经典逻辑系统发生学研究——兼论逻辑哲学的中心问题》,南开大学出版社 2011 年版,第 10 页。

讨前提和结论之间的关系,这种关系反映为某些规范性,或称论证模式。每一种具体的论证模式都与论辩实践活动有关,论辩参与者都按照某种模式来论证,也会被这种模式的论证说服。不过,论证模式本身与论辩实践活动无关,任何论辩实践活动中的自觉"逻辑"都可以表述成某种论证模式,即使有的论证模式并不显著也不典型。这也是"问题历史化"研究对"逻辑应该是什么"这一问题的回答。

从"逻辑应该是什么"的角度看,我们对推理或论证的分析离不开逻辑。但是,我们并不是用古希腊逻辑呈现出来的"逻辑应该是什么"来分析依据《周易》推知结论的过程,而是从论证模式的角度分析中国古人可能做出何种论证。因此,"逻辑应该是什么"意味着研究视角的转换,我们虽然立足于古希腊的传统逻辑,却不以古希腊的传统逻辑来观察其他文化中的人做出的论证。

在这个意义上,我们虽然仍然是用逻辑来理解古人依据《周易》推知结论的方法,但是我们所用的这个"逻辑"已经不是"逻辑应该是什么"的那个"逻辑"了。所以,我们不应该以"逻辑应该是什么"的"逻辑"标准来评判我们所用的这个"逻辑"是否合理。这就回到了我们本章讨论的初衷:我们要把《周易》的"逻辑"解释为一件古人可以接受的事件。所以,我们所用的这个"逻辑"的合理性不应该超越古人的论辩实践活动。我们要做的是,在古人的论辩实践活动的内部建立一种合理的"逻辑"来解释古人是如何依据《周易》推知结论的。我们称这种做法为基于本土化视域的考察。

## 第三节 基于本土化视域的考察

在本章中的讨论我们其实都是围绕着怎么解释《周易》这一问题而展开的,更具体地,我们要解释古人是如何依据《周易》做出判断的。在"逻辑应该是什么"的讨论中,我们发现,现代的逻辑并不能恰当地解释所有的推理过程,《周易》的推理有可能是一种不同于现代逻辑的独特逻辑。在"逻辑应该是什么"的讨论中,我们看到,若要把《周易》的推理解释为一个现代人可以理解而古人又可以接受的事件,我们需要根据古人的论辩实践活动建立一种特殊而又合理的"逻辑"。我们把建立这种"逻辑"的方法称为基于本土化视域的考察。不过,关于本土化视域具体是什么,以及怎样做才算是基于本土化视域的考察,我们还需要做出一些说明。

正如本章开始指出的,真正的困难在于视域融合。根据伽达默尔的观点,解释者和文本都有各自的"视域",所谓的"理解"其实是二者视域的融合。① 离开了文本的视域,便不能称之为解释;离开了解释者的视域,文本便不能被理解。所以,解释的结果一定是视域的融合。

然而,伽达默尔在提出视域融合这个概念的同时也重点强调了,"诠释学的任务根本不是要发展一种理解的程序,而是要澄清理解得以发生的条件。但这些条件完全不具有这样一种'程序'的或方法论的性质,以致作为解释者的我们可以对它们随意地加以应用"②。对于不应该在方法论上主动采取视域融合这一观点,伽达默尔进一步指出,"占据解释者意识的前见和前见解,并不是解释者自身可以自由支配的。解释者不可能事先就把那些使得理解得以可能的生产性的前见与那些阻碍理解并导致误解的前见区分开来"③。这表明,如果解释者将视域融合作为一种方法来使用的话,那么就会导致解释者无法分辨自己对文本做出的解释是理解还是误解。

于是,我们发现,困难的实质是我们要在方法论上尽量避免一种在本体论上不可能避免的现象。所以,基于本土化视域的考察并不是也不可能是指解释结果的"本土化",而是指解释过程的"本土化"。这点区分对于我们继续探讨如何基于本土化视域进行考察具有十分重要的意义。

当然,也有一些学者解释文本的目的在于自我表达。这类解释的重点其实并不在于文本的真实内容,而在于自我表达的内容的建构性,其重点是建构新的内容。这类解释事实上放弃了分辨理解和误解,或者说,解释者在自我表达的解释中并不关心他的解释是理解还是误解。这当然是一种解释的方法,但不是本章要探究的方法。因为自我表达的解释并没有考虑古人是否可以接受的问题。

---

① 汉斯-格奥尔格·伽达默尔:《诠释学Ⅱ 真理与方法——补充和索引》,洪汉鼎译,商务印书馆2007年版,第423~424页。
② 汉斯-格奥尔格·伽达默尔:《诠释学Ⅰ 真理与方法——哲学诠释学的基本特征》,洪汉鼎译,商务印书馆2007年版,第402页。
③ 汉斯-格奥尔格·伽达默尔:《诠释学Ⅰ 真理与方法——哲学诠释学的基本特征》,洪汉鼎译,商务印书馆2007年版,第402页。

回到如何基于本土化视域进行考察的问题上,我们不应该做出自我表达的解释,可是,正如伽达默尔所言,视域融合在解释中是不可能避免的,那么我们应该怎么做才能算是解释过程的"本土化"呢?

回到我们提出本土化视域的初衷,我们最初的考虑其实非常简单,就是不希望我们的前见干扰我们对文本的理解从而导致误解。但是,我们不可能把使得理解的前见与导致误解的前见区分开,因此,我们在解释过程中要对前见有自觉的意识。具体而言,自觉的意识主要体现在两个方面:其一,对问题域倾向要有自觉的意识;其二,对解释中的比较要有自觉的意识。

所谓"问题域倾向",通俗地讲,是指人在阅读或研究时聚焦的问题或潜在地影响思考的问题。例如,南乐山从儒学人性论的角度来批评并纠正社会契约论①,虽然他研究的对象是中国儒学中的人性论,但是聚焦的问题却是西方的社会契约论。因此,从问题域倾向上讲,南乐山仍然是在西方的问题域中做研究。再如,白诗朗在研究中国儒学时直接表明态度,"我绝不会完全参与到东亚儒学复兴的发展过程之中……然而,作为一个对儒学观点倍加赞许欣赏的人,我可以同其他当代的儒学家讨论今天一些重大的文化问题"。② 所以,南乐山和白诗朗的研究不单是结果上的视域融合,他们的问题域倾向就已经表明了古人是否可接受不是他们研究的关注点。

事实上,早在金岳霖写给冯友兰的《中国哲学史》的《审查报告二》中就已经涉及有关问题域倾向的讨论了:先秦诸子所讨论的问题是不是欧洲的哲学问题,或者整个是或不是,或者部分是或不是,这是写中国哲学史的先决问题。如果注重思想的实质,那么这就是一个比较要紧的问题了。③ 金岳霖所说的,把欧洲的哲学问题当作普遍的哲学问题,实际上也就是潜在地影响思考的问题域倾向导致的。

刘笑敢对"两种定向"的区分其实也与问题域倾向有关。刘笑敢提出,"经典诠释中的两种定向,可以简单地概括为历史的、文本的取向和现实的、自我表达的取向"④。其中,两种定向可以看作是两种不同的问题域倾向。在区分了两

---

① 哈佛燕京学社:《波士顿的儒家》,江苏教育出版社 2009 年版,第 6 页。
② 哈佛燕京学社:《波士顿的儒家》,江苏教育出版社 2009 年版,第 26 页。
③ 冯友兰:《中国哲学史 下》,华东师范大学出版社 2011 年版,第 333 页。
④ 刘笑敢:《诠释与定向——中国哲学研究方法之探究》,商务印书馆 2009 年版,第 61 页。

种定向以后,刘笑敢指出:"无意识混淆两种定向而产生的诠释作品可能将原作的意思与本人的意思混为一谈而不自知,其作品可能在事实上处于两种定向之间的某一点上,结果可能从任何一种定向的角度来看都是没有价值或不成功的。"①进而,刘笑敢表明了他对两种定向在经典诠释中的态度,"对于现代人来说,特别是自觉从事中国哲学研究以及经典诠释工作的学者来说,我们应该提高两种定向的自觉意识。从自觉意识的角度来说,两种定向是相互冲突的,不可能合为一体。但是,在区别两种定向的前提下,我们可以将两种定向衔接起来,而不是混同起来"②。

诚如刘笑敢所言,我们在解释文本时需要有自觉的、清晰的历史与文本的研究定向。也就是说,我们只有在问题域倾向上具有了自觉的意识,才有可能在具体解释文本时减少由问题域倾向导致的误解。

仅在问题域倾向上有自觉的意识还不够,我们对解释中的比较也要有自觉的意识。

例如,梁启超在问题域倾向上已经具有了自觉的意识。他在《墨子之论理学》中指出:"举凡西人今日所有之学,而强缘饰之,以为吾古人所尝有,此重诬古人,而奖励国民之自欺者也。"③进而,他将自己所解释的"墨子之论理"定向为"勉求忠实,不诬古人,不自欺"④。由此可见,梁启超在问题域倾向上有着自觉的文本和历史的取向。然而,梁启超对"墨子之论理"的解释也存在着诸多争议。究其原因,他在解释墨子的论理学时采用了"以欧西新理比附中国旧学"的方法。

"以欧西新理比附中国旧学"的方法使得梁启超在解释《墨经》时不自觉地用"欧西新理"来比较"中国旧学"。这样做的结果是,我们无法区分解释欧西新理是在比较中人为地掺杂进去的,还是中国旧学中固有的引而未发的学说。换言之,"以欧西新理比附中国旧学"的方法不能分辨解释的结果是从中国旧学中引发的学说,还是用欧西新理对中国旧学的重构。

关于解释的比较,陈寅恪在为冯友兰的《中国哲学史》所写的《审查报告

---

① 刘笑敢:《诠释与定向——中国哲学研究方法之探究》,商务印书馆 2009 年版,第 61 页。
② 刘笑敢:《诠释与定向——中国哲学研究方法之探究》,商务印书馆 2009 年版,第 61~62 页。
③ 梁启超:《梁启超全集》,北京出版社 1999 年版,第 3186 页。
④ 梁启超:《梁启超全集》,北京出版社 1999 年版,第 3186 页。

一》中也有过相关说明。陈寅恪指出:"著者于有意无意之间,往往依其自身所遭际之时代,所居处之环境,所熏染之学说,以推测解释古人之意志。"①这样导致的结果是,文本的解释越有条理和成体系,距离古人学说的真相便越远。因此,我们不能简单地以现今理论与古人学说的比较印证来蠡测古人学说的真相。对于如何解释古人的学说,陈寅恪提出"具了解之同情"②。不过,遗憾的是,陈寅恪并没有详细地阐述"具了解之同情"在具体解释文本时要怎样操作。

若从地方性知识的角度看,梁启超的方法模糊了地方性知识的地方性特征,而"具了解之同情"可以看作是对地方性知识的地方性特征的考虑。在对"逻辑是什么"和"逻辑应该是什么"的讨论中我们已经表明,对于地方性知识而言,地方性特征恰恰是这类知识的价值所在。因而,忽略了地方性特征,我们便无法把握地方性知识的价值了。

吴文俊在研究中国古代数学时曾就《海岛算经》的"地方性"价值被埋没这一情况做过专题讨论:用现代代数方法证明《海岛算经》中的题目,充其量只是用现代方法验证了刘徽提出的公式与定理都正确无误而已。正如用微积分重新证明阿基米德的抛物线公式,不但没有什么意义,甚至可能颠倒历史,贬低了阿基米德的贡献。因此,滥用代数等解释《海岛算经》的方法都是"错误"的,这些错误使得古代数学的真实情况面目全非。③

针对《海岛算经》中的古代数学知识的真实情况面目全非的研究状况,吴文俊提出了古证探源的三项原则:

原则之一,证明应符合当时与本地区数学发展的实际情况,而不能套用现代的或其他地区的数学成果与方法。原则之二,证明应有史实史料上的依据,不能凭空臆造。原则之三,证明应自然地导致所求证的结果或公式,而不应为了达到预知结果以致出现不合情理的人为雕琢痕迹。④

鞠实儿在吴文俊提出的古证探源三个原则的基础上提出了更普遍的中国算学史的本土化研究程式⑤:

---

① 冯友兰:《中国哲学史 下》,华东师范大学出版社 2011 年版,第 331 页。
② 冯友兰:《中国哲学史 下》,华东师范大学出版社 2011 年版,第 331 页。
③ 吴文俊:《吴文俊论数学机械化》,山东教育出版社 1996 年,第 128~129 页。
④ 吴文俊:《〈九章算术〉与刘徽》,北京师范大学出版社 1982 年版,第 162 页。
⑤ 鞠实儿、张一杰:《中国古代算学史研究新途径——以刘徽割圆术本土化研究为例》,载《哲学与文化》2017 年第 6 期,第 25~49 页。

1. 根据文献学的研究成果选择合适文本。

2. 根据汉语言文字学解读文本,并将文本用作为工作语言的现代汉语表述。

3. 描述文本所在的社会-文化语境,主要包括:影响文本生成的社会文化事件和作者所使用的本土概念、方法和学说等。

4. 将文本置于它所在的社会-文化语境,根据当时语境解释文本:揭示支撑文本的概念框架和预设,阐明文本中结论所依据的理由,使得文本成为当时语境中一个可接受的社会事件。

5. 分析这一事件,从中提取隐含在这一事件中一般性结构。

而后,鞠实儿又进一步将中国算学史的本土化研究程式的五个步骤推广为广义论证的本土化研究程序的五个阶段,即论证相关社会文化背景信息搜集,开展论证的田野调查,分析数据提出候选论证规则,候选规则辩护或解释,验证规则。①

由上可见,若要对解释中的比较有自觉的意识,本土化研究程式相较于比附法更加恰当。因为本土化研究程式强调解释的每一步都要同语境相关联,而不是与其他理论相比较,从而最大限度地保证了解释在当时当地语境中的可接受性。所以,我们若要对解释中的比较有自觉的意识,在解释中至少应当遵循本土化研究程序的基本思路。

综上所述,我们认为,基于本土化视域做出的考察,首先在问题域倾向上应当具有自觉的文本和历史的取向;其次在解释中应当遵循本土化研究程序的基本思路;最后从问题历史化的角度分析和评价地方性知识的意义和价值。以上三点便是我们基于本土化视域进行考察的基本操作。

最后,还需要说明的是,如前所述,"本土化"这个词本身是在不同思想文化的碰撞与交流中才产生的。如果没有不同思想文化之间的比较,我们便没有必要强调"本土化","本土化"一词也就失去了它的实质意义。在这个意义上,"本土化"这个词本身就具有全球化意义。或者说,本土化视域其实是在全球化语境中形成的,如果没有全球化语境,那么我们也就不需要考虑如何基于本土化视域进行研究了。所以,我们的研究虽然是基于本土化视域的考察,但也不

---

① 鞠实儿:《广义论证的理论与方法》,载《逻辑学研究》2020年第1期,第1~27页。

应该脱离全球化语境来单独谈论"本土化"。本土化视域就其本质而言还是在全球化语境中从事问题研究的一个视角,或者说,本土化视域只是对全球化语境中的研究做出的一种视角转换。这种视角转换带有明显的异质化倾向,强调的是知识的"地方性"意义和价值。

在这个意义上,基于本土化视域的考察仍然是一种现代性的研究,虽然在问题域倾向和解释中的比较上强调"本土化"的做法,但是研究的出发点和落脚点仍然是全球化语境。因此,本土化视域并不是要消解全球化,相反,它是要以一种问题历史化的方法来尝试解决在全球化语境中诠释不同文化思想的过程中出现的问题。正如吴文俊以古证探源的原则对《海岛算经》进行研究,不仅没有割裂中国古代数学与现代数学之间的关系,反而提出了数学机械化理论,从而彰显了中国古代数学在现代数学语境中的真正价值。

当然,由于视域融合是不可避免的,我们也不可能真正做到"本土化"。正如乔清举指出,"不存在'本土化的研究'模式"①。所以,我们所强调的"本土化"只针对解释过程中的自觉的意识,或者说,我们所强调的"本土化"是在全球化语境形成的过程中对地方性知识保持的一份"文化自觉"。正如费孝通所言:"文化自觉只是指生活在一定文化中的人对其文化有'自知之明',明白它的来历,形成过程,所具的特色和它发展的趋向,不带任何'文化回归'的意思,不是要'复旧',同时也不主张'全盘西化'或'全盘他化'。自知之明是为了加强对文化转型的自主能力,取得决定适应新环境、新时代时文化选择的自主地位。"②

回到如何解释《周易》的问题中,基于本土化视域的考察也不带有"复旧"的意思,而是要对古人这种基于意象型思维而建立起来的地方性知识有"自知之明"。从本土化视域来解释《周易》的推理也是为了加强《周易》的思维方式在现代文化中转型的自主能力,从而彰显《周易》在现代主流文化中的意义和价值。

① 乔清举:《中国哲学研究反思:超越"以西释中"》,载《中国社会科学》2014 年第 11 期,第 43~62 页。
② 费孝通:《反思·对话·文化自觉》,载《北京大学学报(哲学社会科学版)》1997 年第 3 期,第 15~22 页。

# 第七章 《周易》与"推类"

我们在第六章中探讨了基于本土化视域的研究方法。本土化视域是针对全球化语境中的地方性知识进行的研究。如果我们把《周易》看作是地方性知识的表述，那么用本土化视域来分析和评价《周易》的"逻辑"似乎是更为恰当的方式。

《周易》的"逻辑"主要体现在占筮活动中，因此，我们其实是要基于本土化视域对依据《周易》的占筮过程做出分析。在分析的过程中，我们需要注意：

其一，在描述《周易》的占筮过程时不借助已有逻辑类型来分析；

其二，在描述《周易》的占筮过程中不评价说理方式的合理性。

注意到以上两点，我们便可以用本土化视域来描述人们究竟是如何借助《周易》来推知结论的，以及人们因何接受（或拒绝）占筮的结果。在此基础上，我们才能更好地分析《周易》的说理逻辑结构，以此说明《周易》的"逻辑"是什么。

## 第一节 《周易》中的说理

我们在第一章中便已提到，最初的《周易》就是一本用于占筮的"手册"，而且最初的"手册"只包括了《易经》的部分。因此，《周易》与占筮关系紧密的部分其实是《易经》。

我们都知道，《易经》由卦名、卦画和卦爻辞组成。其中，卦名只是对卦的概括说明，其概念说明的主要内容来自卦画的象征和卦爻辞。因而，《易经》的内容可以分为象和辞两个部分。所以，占筮中所用到的《易经》也涉及象和辞两个部分。或者说，人们在占筮活动中是通过象和辞来推知结论的。因此，人们在占筮中用《周易》进行的说理可以分为三种,分别是依据卦象的说理、依据卦爻辞的说理和象辞结合的说理。

## 一、依据卦象的说理

依据卦象的说理,简单来讲,就是将卦象作为推知吉凶的缘由,依据卦象的内容来说明自己的主张。

在依据卦象进行说理的时候,所依据的卦象内容主要分为三种:其一,以卦画的整体来取象;其二,以一个卦中的某个爻或某几个爻的爻画来取象;其三,以发生爻变的之卦的卦画或之卦与本卦之间的关系来取象。

例如,《左传·闵公二年》中记载了一则"卜楚丘之父筮成季之生"的筮例:

> 成季之将生也,桓公使卜楚丘之父卜之。曰:"男也。其名曰友,在公之右;间于两社,为公室辅。季氏亡,则鲁不昌。"又筮之,遇"大有☲"之"乾☰",曰:"同复于父,敬如君所。"及生,有文在其手曰"友",遂以命之。[①]

在这则筮例中,鲁桓公的儿子即将出生,卜楚丘之父先后进行了两次占筮。然而,《左传》中并没有记载第一次占筮的结果,只说明了卜楚丘之父的推断。因此,我们无法得知第一个卦的说理过程。关于第二次占筮,文本记载卜楚丘之父占得的结果是《大有》(☲)之《乾》(☰)。

《大有》卦(☲)的上卦是离卦(☲)、下卦是乾卦(☰),《乾》卦(☰)的上卦和下卦都是乾卦(☰)。从《大有》卦(☲)变为《乾》卦(☰),是将本卦的上卦从离卦(☲)变为乾卦(☰)。不难看出,这一变卦是将本卦的上卦变得和下卦相同。进而,根据八经卦的取象,离卦(☲)象征着子,乾卦(☰)象征着父。从离卦(☲)变为乾卦(☰),说明是子将变得和父一样。这也是卜楚丘之父断言"同复于父"的原因。此外,我们也知道,卦的取象不是唯一的。离卦(☲)还象征着臣,乾卦(☰)还象征着君。从离卦(☲)变为乾卦(☰),又可以解释为臣将变得和君一致。因此,卜楚丘之父又提出了"敬如君所"的说法。

---

① 陈成国:《春秋左传》,岳麓书社 2019 年版,第 142 页。

因此，我们看到，卜楚丘之父提出"同复于父，敬如君所"的主张的依据便是占筮所得之卦的卦象。首先，根据卜问之事选取适当的离卦（☲）的象和乾卦（☰）的象；然后，将各个取象之间的关系与要推知的事情相联系；最后，提出自己的主张。当然，卜楚丘之父为什么要选离卦（☲）和乾卦（☰），又为什么要取象为父子、君臣？综合卜楚丘之父在第一次占筮中的断言来看，第二次占筮提出的主张与第一次占筮的断言相呼应。因此，不难排除卜楚丘之父先提出主张再借助卦的取象来加以说明的可能。

再如，《国语·周语》中记载的筮例"晋筮悼公归国"也是根据卦象来说理的：

> 襄公有疾，召顷公而告之……
>
> …………
>
> "成公之归也，吾闻晋之筮之也，遇《乾》之《否》，曰：'配而不终，君三出焉。'一既往矣，后之不知，其次必此。且吾闻成公之生也，其母梦神规其臀以墨，曰：'使有晋国，三而畀驩之孙。'故名之曰'黑臀'，于今再矣。襄公曰驩，此其孙也。而令德孝恭，非此其谁？且其梦曰：'必驩之孙，实有晋国。'其卦曰：'必三取君于周。'其德又可以君国，三袭焉。吾闻之《大誓》，故曰：'朕梦协朕卜，袭于休祥，戎商必克。'以三袭也。晋仍无道而鲜胄，其将失之矣。必早善晋子，其当之也。"
>
> 顷公许诺。及厉公之乱，召周之而立之，是为悼公。①

这则筮例记述了单襄公在病重之时对他的儿子顷公的告诫。单襄公告诫他的儿子一定要好好地对待晋国的公子周，因为公子周将来会回到晋国成为晋国的国君。单襄公之所以认为公子周将来会回到晋国成为晋国的国君，是因为晋国在晋成公继任国君后曾占筮一卦预示公子周会成为国君。

晋国当时所做占筮的结果是《乾》（☰）之《否》（☴）；其中，本卦的上卦和下卦都是乾卦（☰），之卦的上卦是乾卦（☰）、下卦是坤卦（☷）。根据八经卦的取象，乾卦（☰）象征着君，因此，本卦便意味着晋成公原本就有国君之象。经过爻

---

① 李维琦：《国语·战国策》，岳麓书社 2006 年版，第 22~23 页。

变之后,本卦的下卦变成了坤卦(☷),坤卦(☷)象征着臣,因此,爻变便象征着晋成公将由君变为臣。因而,才有了晋成公"配而不终"的说辞。而且,在变卦时,下卦由乾卦(☰)变为坤卦(☷)一共需要发生三次爻变。因而,在"配而不终"之后又提出了"君三出焉"的说法。

单襄公便是根据"配而不终,君三出焉"推测,如果晋成公是第一个从周回到晋国继任国君的人,那么晋国在晋成公之后还将有两次要从周迎回国君。于是,公子周便是第二个从周回到晋国继任国君的人。

同"卜楚丘之父筮成季之生"类似的问题,单襄公为什么要取象君臣呢?为什么又要考虑爻变的次数呢?实际上,单襄公并不是仅根据这一次占筮来推知结论。文本中已有说明,晋成公的母亲曾经做过类似的梦,并且公子周本人的品行文德也有继任国君的潜质。这三者之间相互印证,正如文本所说"其梦曰:'必骊之孙,实有晋国。'其卦曰:'必三取君于周。'其德又可以君国,三袭焉"。所以,单襄公提出公子周将继任晋国国君的主张不是纯粹从卦象中得出的结论,而是综合了多方考虑后从取象的角度再加以说明。

从以上两则筮例中,我们可以看出,依据卦象推知结论的方法其实就是将卜问事件与选取的卦象相联系,运用意象型思维依据卦象的内容得出结论。此外,我们还可以看出,卦象的选取并非以占筮结果为唯一依据,而是综合多方考虑的选择。这便意味着,依据卦象做出推理的过程已经部分地包含在结论之中了。所以,依据卦象的推理更偏向于说理,在说理过程中,既包含由前提到结论的推理过程,也包含由结论回溯前提的说明成分。

## 二、依据卦爻辞的说理

依据卦爻辞的说理方式,与依据卦象的说理方式类似,是将卦爻辞作为推知吉凶的缘由,依据卦爻辞的内容来说明自己的主张。

例如,《左传·昭公十二年》记载的"鲁南蒯筮叛季氏"便是一则依据爻辞的内容来说明自己主张的筮例:

> 南蒯枚筮之,遇"坤☷"之"比☵",曰"黄裳元吉",以为大吉也。示子服惠伯,曰:"即欲有事,何如?"惠伯曰:"吾尝学此矣。忠信之事则可,不然

必败。外强内温,忠也;和以率贞,信也;故曰'黄裳元吉'。黄,中之色也;裳,下之饰也;元,善之长也。中不忠,不得其色;下不共,不得其饰;事不善,不得其极。外内倡和为忠,率事以信为共,供养三德为善,非此三者弗当。且夫《易》,不可以占险,将何事也?且可饰乎?中美能黄,上美为元,下美则裳,参成可筮。犹有阙也,筮虽吉,未也!"①

在这则筮例中,南蒯进行占筮的结果是《坤》(䷁)之《比》(䷇)。其中,《坤》(䷁)之《比》(䷇)是六五爻发生了爻变。于是,南蒯便依据这一变爻的爻辞来说明自己的观点。《坤》卦(䷁)的六五爻的爻辞是"黄裳元吉",因此,南蒯才认为他从占筮中得到的是一个大吉之卦。

当然,在第一章中我们已经对此筮例有所说明:虽然南蒯依据爻辞认为他得到了一个大吉之卦,但是子服惠伯却不同意南蒯的主张,并提出了"《易》,不可以占险"的说法。按照子服惠伯的观点,卦爻辞是否生效与其所卜问之事有关,卦爻辞的吉凶不能脱离具体占筮的语境来谈。

再如,《左传·襄公九年》记载的"穆姜筮往东宫"也是一则依据卦爻辞的内容来说明自己主张的筮例:

> 穆姜薨于东宫。始往而筮之,遇"艮[䷳]"之八(䷳)。史曰:"是谓'艮'之'随䷐'。'随',其出也。君必速出!"姜曰:"亡!是于《周易》曰:'随,元,亨,利,贞,无咎。'元,体之长也。亨,嘉之会也。利,义之和也。贞,事之干也。体仁足以长人,嘉德足以合礼,利物足以和义,贞固足以干事。然,故不可诬也。是以虽'随'无咎。今我妇人而与于乱,固在下位而有不仁,不可谓元;不靖国家,不可谓亨;作而害身,不可谓利;弃位而姣,不可谓贞。有四德者,'随'而无咎。我皆无之,岂'随'也哉?我则取恶,能无咎乎?必死于此,弗得出矣!"②

在这则筮例中,占筮的结果是《艮》(䷳)之《随》(䷐)。于是,史官便依据卦

---

① 陈戌国:《春秋左传》,岳麓书社 2019 年版,第 890 页。
② 陈戌国:《春秋左传》,岳麓书社 2019 年版,第 537 页。

象的内容做出推断"君必速出"。史官提出"君必速出"的理由是,《艮》卦(☶)象征着静止,《随》卦(☳)象征着相随而行,《艮》卦(☶)之《随》卦(☳)便象征着由静止变为行走。因而,史官对穆姜说:"'随',其出也。君必速出!"

不过,穆姜依据卦爻辞的内容反驳了史官的主张。穆姜根据《随》卦(☳)的卦辞做出推断:"必死于此,弗得出矣!"当然,正如我们在第一章中所言,穆姜在说明其主张时依据的是自己对爻辞的新解。不过,总体说来,穆姜仍然是依据爻辞进行的说理。而且,从穆姜的说理中,我们可以看出,穆姜也是将卦爻辞置于其所处语境中来推知吉凶的,穆姜的新解实际上包含了她对自身处境的认识。

事实上,像穆姜这样根据自身境遇来解释卦爻辞,进而说明其主张的筮例在文献记载中并非孤例。如《左传·昭公七年》记载的"卫孔成子筮立公子元"也是一则根据自身境遇解释卦爻辞进行说理的筮例:

> 卫襄公夫人姜氏无子,嬖人婤姶生孟絷。孔成子梦康叔谓己:"立元!余使羁之孙圉与史苟相之。"史朝亦梦康叔谓己:"余将命而子苟与孔烝锄之曾孙圉相元。"史朝见成子,告之梦,梦协。晋韩宣子为政,聘于诸侯之岁,婤姶生子,名之曰元。孟絷之足不良能行。孔成子以《周易》筮之,曰:"元尚享卫国,主其社稷。"遇"屯(☵)[☳]"。又曰:"余尚立絷,尚克嘉之。"遇"屯(☵)[☳]"之"比(☵)[☷]",以示史朝。史朝曰:"'元亨',又何疑焉?"成子曰:"非长之谓乎?"对曰:"康叔名之,可谓长矣。孟非人也,将不列于宗,不可谓长。且其繇曰:'利建侯。'嗣吉,何建?建非嗣也。二卦皆云,子其建之!康叔命之,二卦告之,筮袭于梦,武王所用也,弗从何为?弱足者居。侯主社稷,临祭祀,奉民人,事鬼神,从会朝,又焉得居?各以所利,不亦可乎!"故孔成子立灵公。
>
> 十二月癸亥,葬卫襄公。①

在这则筮例中,孔成子和史朝二人在孟絷和公子元谁应该继任卫国的国君这一问题上产生了分歧。孔成子先为公子元卜问一卦,占筮的结果是《屯》卦

---

① 陈戍国:《春秋左传》,岳麓书社 2019 年版,第 853 页。

（☷），而后又为孟絷卜问一卦，占筮的结果是《屯》（☳）之《比》（☵）。其中，《屯》卦（☳）的卦辞是"元亨，利贞。勿用有攸往，利建侯"[①]，孔成子和史朝便就"元"的解释产生了分歧。

按照一般的解释，"元"的本义是开始、起始。开始或起始即"长"的意思。正如穆姜也将"元"解释为"体之长也"。因此，孔成子认为，将"元"解释为"长"更加符合"元"的意义。于是，"元亨"即长子享国，因而，孔成子主张立长子孟絷继任卫国的国君。

然而，史朝却给出了不同的意见。史朝指出，卦辞中有"利建侯"之言，如果是长子继位，那么应该称"嗣"而不该称"建"。因而，国君的继任者不应该是长子孟絷。相反，将"元"解释为公子元之名，由公子元得享卫国正符合卦辞中所言之"建"，而非"嗣"。

当然，史朝在说明"元"的解释后，又提及二人均梦到康叔之事，认为立公子元为卫国的国君也能与二人之梦相印证。最终，孔成子接受了史朝的意见，二人共同立公子元为卫灵公。

从孔成子和史朝二人依据卦辞来说理的过程，我们又可以看出，卦爻辞的解释不一定要遵循辞句的本义，而是要将辞句置于语境当中来说明其意义。而且，不同的人有可能会给出不同的解释。于是，占筮的最终结论实际上是说服的结果，即在语境中更恰当的那个解释。

从前述三则依据卦爻辞来说理的筮例看来，依据卦爻辞的解释并非简单地直接由辞句的本义来推知卜问之事的吉凶，而是要综合考虑辞句的本义与辞句在语境中的意义，以寻求一种相对恰当的解释。因而，依据的卦爻辞做出的推理也是既包含由前提到结论的推理过程，也包含由结论回溯前提的说明成分。

不过，根据《左传》《国语》等先秦文献的相关记载，依据卦爻辞的说理还是有一些相对严格的规定的，不像依据卦象说理时那样可以任意选取卦的象征意义。古人在依据卦爻辞进行说理的时候，根据不同的爻变情况，所依据的卦爻辞也是有所不同的。总体来讲，古人是依据占筮结果中显得"特殊"的爻的爻辞来说理的。

---

① 杨天才、张善文：《周易》，中华书局 2011 年版，第 44 页。

### 1. 没有爻发生爻变的情况

没有爻发生爻变即表明占筮的结果只有本卦而没有之卦。这种情况下只需要依据本卦的卦爻辞进行说理即可。在"卫孔成子筮立公子元"的筮例中,孔成子为公子元占筮的结果便属于这种情况。

不过,人们有时希望卜问的事物发生变化。若只把本卦的卦辞作为说理的依据,则缺少了说明变化的依据。因此,在说明事物的发展变化时,古人通常将本卦拆分为上下两卦,根据上卦和下卦之间的关联说明事物的发展变化。

### 2. 只有一个爻发生了爻变的情况

如果只有一个爻发生爻变,那么这个变爻相对于其他五个不变的爻便显得"特殊"了。因而,在这种情况下,人们便依据变爻的爻辞进行说理。在"鲁南蒯筮叛季氏"的筮例中,南蒯占筮的结果便属于这种情况。

进一步,在只有一个爻发生了爻变的情况下,古人通常以变爻在本卦中的爻辞作为说理的依据。例如,南蒯便是依据《坤》䷁之《比》䷇中《坤》卦(䷁)的六五爻的爻辞进行的说理。

### 3. 有两个爻发生了爻变的情况

与只有一个爻发生爻变的情况类似,在有两个爻发生爻变的情况中,发生爻变的两个爻相对于其他四个不变的爻便属于"特殊"的爻了。因而,在这种情况下,古人会依据两个变爻在本卦中的爻辞进行说理。

两个变爻的情况比一个变爻的情况要复杂一些,因为两个变爻的爻辞的解释不一定是一致的。因而,古人在依据爻辞进行说理的时候,通常将位于上方的变爻的爻辞作为主要说理依据,将位于下方的变爻的爻辞作为次要说理依据。

### 4. 有三个爻发生了爻变的情况

有三个爻发生爻变的情况是最复杂的。一方面,通过简单的计算可以知道,三个变爻的组合类型是最多的,一共会产生 20 种不同的组合;另一方面,三个爻发生爻变也意味着没有发生爻变的爻也是三个,于是便没有了"特殊"的爻与"普通"的爻的区分了。在这种情况下,古人只依据卦辞来进行说理,并根据本卦与之卦之间的关联来说明事物的发展变化。

此外,古人还对20种三个爻发生爻变的组合类型做了进一步分类,将初爻不发生爻变的10种类型称为"前十卦",将初爻发生爻变的10种类型称为"后十卦"。其中,"前十卦"在说理时以本卦的卦辞为主要依据,"后十卦"在说理时以之卦的卦辞为主要依据。

### 5. 有两个爻没发生爻变的情况

有两个爻没发生爻变的情况与有两个爻发生了爻变的情况恰好相反。发生爻变的爻是多数,不发生爻变的爻反而成了"特殊"。因此,这种情况下,古人会依据不发生爻变的爻在之卦中的爻辞进行说理。并且,古人在依据爻辞进行说理的时候,将位于下方的不变爻的爻辞作为主要说理依据,将位于上方的不变爻的爻辞作为次要说理依据。

### 6. 只有一个爻没发生爻变的情况

只有一个爻没发生爻变的情况与只有一个爻发生爻变的情况也相反。不发生爻变的爻是"特殊"的爻。因此,这种情况下,古人以不发生爻变的爻在之卦中的爻辞作为说理的依据。

### 7. 六个爻都发生了爻变的情况

六个爻都发生爻变的情况与没有爻发生爻变的情况也是相反的。这种情况下需要以之卦的卦爻辞作为说理的依据。

不过,有两种特殊情况是在只有六个爻都发生爻变时才会出现的,即《乾》(☰)之《坤》(☷)和《坤》(☷)之《乾》(☰)。《乾》(☰)之《坤》(☷)是本卦的六个爻都是老阳,于是发生爻变后得到了六个阴爻,即《坤》卦(☷)。这种情况下,古人是依据"用九"的爻辞"见群龙无首,吉"来进行说理的。类似地,《坤》(☷)之《乾》(☰)是本卦的六个爻都是老阴,于是发生爻变后得到了六个阳爻,即《乾》卦(☰)。这种情况下,古人是依据"用六"的爻辞"利永贞"来进行说理的。

以上7种情况便是古人在依据卦爻辞进行说理时所遵循的一般规定。我们可以从这些规定中看出,古人虽然会根据语境适时地解释卦爻辞,但是不能凭借个人认知和偏好来选取卦爻辞。在这个意义上,依据卦爻辞进行的说理,比起依据卦象进行的说理,似乎更具备规范性。

然而,历史中总有意外情况发生。卜筮者在说理时虽然在选取所要依据的卦或爻上受到了一般规定的限制,但在实际占筮中却还可以选取相应卦或爻所对应的其他版本的卦爻辞作为依据。

例如,《左传·成公十六年》记载的"晋败楚鄢陵筮得《复》"就是一则选取了不同版本卦爻辞的筮例:

> 苗贲皇言于晋侯曰:"楚之良在其中军王族而已。请分良以击其左、右,而三军萃于王卒,必大败之!"公筮之。史曰:"吉!其卦遇'复☷',曰:'南国蹙,射其元王,中厥目。'国蹙王伤,不败何待?"公从之。①

这则筮例是说,成公十六年六月,晋国伐郑,楚国救郑,晋、楚两国的军队在鄢陵相遇。在两国军队开战之前,晋侯占筮一卦卜问吉凶,占筮的结果是《复》卦(☷)。这属于没有爻发生爻变的情况,按照一般规定,应当直接以《复》卦(☷)的卦爻辞作为说理的依据。但是,这一筮例的特别之处在于,史官引用的辞句"南国蹙,射其元王,中厥目"并不是现代流通本《周易》中记录的卦爻辞。所以,史官应当是援引了当时的其他版本《周易》中的卦爻辞。

那么,史官为什么没有援引现代流通本《周易》中的卦爻辞?可能的一个原因是,现代流通本《周易》在当时并非主流版本,史官是依据当时流通本《周易》中的卦爻辞做出的推断。另一个可能的原因是,现代流通本《周易》中《复》卦(☷)的卦爻辞"用行师,终有大败;以其国,君凶,至于十年不克征"②,不利于当时遭遇战的情境,也许会影响军队的作战士气。因而,史官才选取了吉利的卦爻辞。

所以,我们看到,依据卦爻辞进行的说理,虽然具备一定的规范性。但总体来说,卜筮者得出的结论常常是与语境或自身的认知和预期相关的。卜筮者对

---

① 陈戌国:《春秋左传》,岳麓书社 2019 年版,第 476 页。
② 杨天才、张善文:《周易》,中华书局 2011 年版,第 231 页。

卦爻辞的解释或版本选取主要是为了恰当地支持自己的主张。这也意味着,卜筮者在依据卦爻辞推知事件的吉凶时往往已经预设了目标结论。

### 三、象辞结合的说理

象辞结合的说理,简单来讲,就是用卦象和卦爻辞推知事件的吉凶并提出自己的主张。象辞结合说理的特点是既考虑了卦的象征意义,又考虑了卦爻辞的解释,卦象与卦爻辞相结合,进而相互印证。

在单独依据卦象或卦爻辞进行的说理中,我们不难看到,卜筮者得出的结论具有明显的不确定性,在提出自己的主张时很大程度上都依赖于自身的境遇和认知水平。

例如,"穆姜筮往东宫"这则筮例中既包含依据卦象的说理,也包含依据卦爻辞的说理。史官依据卦象提出了"其出也。君必速出"的主张,穆姜则依据卦爻辞提出了"必死于此,弗得出矣"的主张。史官和穆姜之所以会从同一个占筮结果中提出不同的主张,就是因为史官和穆姜对其所处境遇的认知程度不同。不过,"穆姜筮往东宫"这则筮例尚不能看成将卦象与卦爻辞相互结合的说理。因为史官和穆姜二人是分别采用这两种说理方式进行说理的,且他们二人的说理并没有相互印证的关系。故而,"穆姜筮往东宫"的两种说理方式只能分别归属为依据卦象的说理和依据卦爻辞的说理。但是,我们也可以看出,对于同一个占筮结果是可以既依据卦象又依据卦爻辞来说理的。

因此,古人在占筮中为了提出更加恰当的结论,便会多方面地考虑各种可能的影响因素。于是,古人将卦象和卦爻辞结合起来共同作为说理的依据便成为顺理成章的事了。

对于卦象与卦爻辞相互印证的说理,《国语·晋语》中记载的"董因筮重耳返国"便是将卦象和卦爻辞结合起来说理的筮例:

> 十月,惠公卒。十二月,秦伯纳公子。及河,子犯授公子载璧,曰:"臣从君还轸,巡于天下,怨其多矣!臣犹知之,而况君乎?不忍其死,请由此亡。"公子曰:"所不与舅氏同心者,有如河水。"沉璧以质。

> 董因迎公于河,公问焉,曰:"吾其济乎?"对曰:"岁在大梁,将集天行,

元年始受,实沈之星也。实沈之墟,晋人是居。所以兴也。今君当之,无不济矣。君之行也,岁在大火,阏伯之星也,是谓大辰。辰以成善,后稷是相,唐叔以封。瞽史记曰:嗣续其祖,如谷之滋,必有晋国。臣筮之,得《泰》之八。曰:是谓天地配亨,小往大来。今及之矣,何不济之有?且以辰出而以参入,皆晋祥也,而天之大纪也。济且秉成,必霸诸侯。子孙赖之,君无惧矣!"①

在这则筮例中,董因为当时还是晋国公子的重耳占筮了一卦,卜问重耳是否能够夺取晋国的国君之位,占筮的结果是《泰》卦(☷☰)。

董因首先依据卦象做出推断:《泰》卦(☷☰)的下卦是乾卦(☰)、上卦是坤卦(☷),根据八经卦的取象,乾卦(☰)象征着天,坤卦(☷)象征着地。在《泰》卦(☷☰)中,天在下却会向上运动,地在上却会向下运动,因而,《泰》卦(☷☰)具有天地交通之象。所以,董因说道,"是谓天地配亨"。同时,董因又依据卦爻做出推断。董因所言"小往大来"正是出自《泰》卦(☷☰)的卦辞"小往大来,吉,亨"②。并且,"小往大来"之辞也印证了"天地配"的卦象。最终,董因认为,卦象与卦爻辞相互印证,公子重耳必会从"小"走向"大",成为晋国的国君。

再如,《左传·昭公五年》记载的"鲁庄叔筮叔孙穆初生"也是将卦象和卦爻辞结合起来进行说理的筮例:

初,穆子之生也,庄叔以《周易》筮之,遇"明夷☷☲"之"谦☷☶",以示卜楚丘。[楚丘]曰:"是将行而归为子祀。以谗人入,其名曰牛。卒以馁死。'明夷',日也。日之数十,故有十时,亦当十位。自王巳下,其二为公,其三为卿。日上其中,食日为二,旦日为三。'明夷'之'谦',明而未融,其当旦乎?故曰'为子祀'。日之'谦'当鸟,故曰'明夷于飞'。明(之)[而]未融,故曰'垂其翼'。象日之动,故曰'君子于行'。当三在旦,故曰'三日不食'。'离',火也;'艮',山也。'离'为火,火焚山,山败。于人为言,败言为谗,故曰:'有攸往。主人有言。'言必谗也。纯'离'为牛,世乱谗胜,胜

① 李维琦:《国语·战国策》,岳麓书社 2006 年版,第 84 页。
② 杨天才、张善文:《周易》,中华书局 2011 年版,第 115 页。

将适'离',故曰'其名曰牛'。'谦'不足,飞不翔,垂不峻,翼不广。故曰:其为子后乎! 吾子,亚卿也,抑少不终。"①

在这则筮例中,叔孙庄叔在他的儿子叔孙穆刚出生时占筮了一卦,占筮的结果是《明夷》(䷣)之《谦》(䷎)。庄叔把占筮结果拿给卜楚丘,卜楚丘根据这一占筮结果认为,叔孙穆会继承庄叔的卿位,但是最后会因受人谗言而不得善终。进一步,卜楚丘从卦象和卦爻辞两个方面说明了做出此推断的原因。

首先,本卦是《明夷》卦(䷣)。《明夷》卦(䷣)的下卦是离卦(☲)、上卦是坤卦(☷)。根据八经卦的取象,离卦(☲)象征着日,坤卦(☷)象征着地。于是,《明夷》卦(䷣)便呈现出日在地下之象,预示着太阳即将升起。

其次,之卦是《谦》卦(䷎),即《明夷》卦(䷣)的初九爻发生了爻变。《谦》卦(䷎)的下卦是艮卦(☶)、上卦是坤卦(☷)。根据八经卦的取象,艮卦(☶)象征着山,坤卦(☷)象征着地。于是,《谦》卦(䷎)便呈现出山在地下之象。高山原本应该是在地面之上的,却藏到地面之下,即谦卑之象。

故而,从卦象上看,《明夷》(䷣)之《谦》(䷎)象征着太阳即将升起,却又"谦卑"以致不会天光大亮。太阳初升且尚未天光大亮,即清晨之象。因此,卜楚丘有言:"明而未融,其当旦乎?"所以,从时辰来看,《明夷》(䷣)之《谦》(䷎)可以象征着旦时。

在说明了占筮结果象征着旦时后,卜楚丘进一步解释说,根据太阳的高度,一日可以分为十时,太阳最高时为日中,其次是食时,再次是旦时。类似地,人的地位也可以分为十等,地位最高的是王,其次是公,再次是卿。卜楚丘以日分十时来类比人分十等,旦时对应的等级恰好为卿。所以,卜楚丘根据《明夷》(䷣)之《谦》(䷎)象征着旦时推知叔孙将继承卿位。

然而,我们都知道卦的取象是非常丰富的。离卦(☲)除了取象为日外,还可以取象为雉。《明夷》卦(䷣)的初九爻发生爻变,实际上相当于下卦由离卦(☲)变为了艮卦(☶)。从卦象上看,这也是由雉变为了山,即雉飞入山中之象。但是,由于《明夷》(䷣)之《谦》(䷎)象征着"明而未融"之时,所以,雉在山中不可能展翅高飞。

---

① 陈戍国:《春秋左传》,岳麓书社 2019 年版,第 818~819 页。

同时,离卦(☲)还可以取象为火。于是,由离卦(☲)变为艮卦(☶)又具有以火焚山之象。于山而言,以火焚山意味着山会受到火的伤害;于人而言,以火焚山象征着人会受到谗言的伤害。

另外,卜楚丘也通过卦爻辞来印证了他依据卦象做出的推断。《明夷》(䷣)之《谦》(䷖)属于只有一个爻发生爻变的情况。根据一般规定,卜楚丘依据《明夷》卦(䷣)的初九爻的爻辞做出推断。《明夷》卦(䷣)的初九爻的爻辞是:"明夷于飞,垂其翼。君子于行,三日不食。有攸往,主人有言。"[①]不难看出,这段爻辞恰好与依据卦象的推断相对应,如"垂其翼"对应着雉不能展翅高飞,"主人有言"对应着受谗言所害等。最终,卦象与卦爻辞相结合,卜楚丘提出:叔孙穆会继承卿位,却不得善终。

当然,卜楚丘的说理更加细致和深入,如"君子于行,三日不食"等爻辞在卦象中也有对应。再如从卦象中分析出了谗言陷害叔孙穆的人。而且,根据《左传》的记载,我们现在也知道了,卜楚丘的预言都应验了。

事实上,我们前文分析的所有筮例,根据历史记载,占筮的结论最终都应验了。那这可以说明依据卦象和卦爻辞或二者相结合可以准确或大概率地预知事件的吉凶吗? 对于这一问题,我们首先应当考虑到,《左传》和《国语》中详细记载占筮过程的筮例只有 22 则。可是,春秋时期发生的占筮肯定不只有 22 次。例如,在"卜楚丘之父筮成季之生"的筮例中,卜楚丘之父进行了两次占筮,但是只记载了第二次占筮的过程。所以,我们看到的《左传》和《国语》中记载的筮例可能只是幸存下来的。所以,我们不能因为有记载的筮例最终都应验了便简单地认为占筮是可靠的。

此外,即使是在先秦时期,也不是所有人都会遵照占筮的结论行事的。例如,《左传·襄公二十五年》中记载的"齐崔杼筮娶棠姜"便是这样一则筮例:

> 齐棠公之妻,东郭偃之姊也。东郭偃臣崔武子。棠公死,偃御武子以吊焉。见棠姜而美之,使偃取之。偃曰:"男女辨姓。今君出自丁,臣出自桓,不可。"武子筮之,遇"困䷜"之"大过䷛"。史皆曰:"吉!"示陈文子,文子曰:"夫从风,风陨妻,不可娶也。且其繇曰:'困于石,据于蒺(梨)[蔾]。

入于其宫,不见其妻。凶。''困于石',往不济也;'据于蒺(梨)[藜]',所恃伤也。'入于其宫,不见其妻,凶',无所归也。"崔子曰:"嫠也何害? 先夫当之矣。"遂取之。①

这则筮例是说,崔杼在为齐棠公吊唁时看到了齐棠公美貌的遗孀棠姜,便想要娶棠姜为妻。并且,崔杼专为娶棠姜一事卜问了吉凶,占筮的结果是《困》(☵)之《大过》(☵)。

史官依据这一结果,将《困》卦(☵)的上卦兑卦(☱)的卦象解释为少女,将《困》卦(☵)的下卦坎卦(☵)的卦象解释为中男。因为少女和中男具有夫妻相配之象,所以,史官认为这一卦是吉卦。

但是,陈文子却提出了不同的主张。陈文子首先是依据卦象来说明其理由的。《困》(☵)之《大过》(☵)的变卦过程是将下卦坎卦(☵)变为巽卦(☴)。坎卦(☵)取象为中男,而巽卦(☴)可以取象为风。于是,坎卦(☵)变为巽卦(☴)象征着中男成风,或者说风将中男吹陨。因此,从卦象上看,陈文子认为不应该娶棠姜为妻。

同时,陈文子也依据爻辞说明了他的理由。《困》(☵)之《大过》(☵)只有六三爻发生了爻变,按照一般规定,《困》卦(☵)的六三爻的爻辞是"困于石,据于蒺藜,入于其宫,不见其妻,凶"②,这段爻辞与卦象相印证,表明崔杼娶棠姜为妻是有凶险的。

然而,在陈文子从卦象和爻辞两个方面说明了不应该娶棠姜为妻的理由后,崔杼却坚持要娶棠姜为妻,并以"嫠也何害? 先夫当之矣"之辞反驳了陈文子的主张。于是,崔杼娶了棠姜为妻。

在"齐崔杼筮娶棠姜"的筮例中,我们看到,陈文子虽然从卦象和爻辞两个方面详细地说明了不应该娶棠姜为妻的理由,却没有改变崔杼的想法,崔杼坚持娶了棠姜为妻。不过,从崔杼的回应中,我们也可以看出,崔杼并非不认可陈文子的理由,否则崔杼也不必以"先夫当之"这样的话来回应陈文子了。所以,我们似可以认为,崔杼实际上是认可陈文子的说理的,但没有接纳陈文子的主

① 陈戍国:《春秋左传》,岳麓书社 2019 年版,第 641 页。
② 杨天才、张善文:《周易》,中华书局 2011 年版,第 416 页。

张。虽然按照《左传》记载崔杼之死的确与棠姜有关,但这又不免有幸存者偏差。

回到《周易》说理的问题上,从以上列举的九则记载于《左传》和《国语》的筮例中,我们可以看到,古人若要根据占筮结果提出某种主张需要依据卦象或卦爻辞,而若要反驳某种根据占筮结果提出的主张通常也要依据卦象或卦爻辞。

例如,在"穆姜筮往东宫"的筮例中,穆姜不同意史官依据卦象提出的主张,于是重新解释了"元亨利贞"的含义。穆姜之所以要重新解释"元亨利贞",原因在于她要把卦爻辞与她所反对的主张关联在一起。因为,如果穆姜不能从卦象或卦爻辞中提出相反的意见,那么她的意见在《周易》的说理语境中便不足以形成反驳。

再如,在"卫孔成子筮立公子元"的筮例中,史朝在反驳孔成子并提出自己的主张时,把"元亨利贞"中的"元"字解释成公子元的"元"字。虽然史朝的这个解释看起来十分牵强,但是,在《周易》的说理语境中,人们非常容易接受这种"断章取义"的解释。否则,史朝的说理也不足以形成证明或反驳。

此外,在"鲁南蒯筮叛季氏"和"齐崔杼筮娶棠姜"这两则筮例中,子服惠伯和崔杼虽然都没有采纳南蒯或陈文子的主张,但是子服惠伯和崔杼都不否认南蒯或陈文子的说理。因为子服惠伯和崔杼都没有从卦象或卦爻辞的角度提出相反的主张。相反,子服惠伯和崔杼是用限制《周易》说理的语境来拒绝南蒯或陈文子的主张的。

因此,我们可以这样总结《周易》中的说理:

其一,《周易》中的说理要在规定的语境中展开,如"《易》,不可以占险"等;

其二,《周易》中的说理要以卦象或卦爻辞的方式进行,无论是提出主张还是反驳主张;

其三,《周易》中的说理允许多种联想、断章取义和牵强附会;

其四,《周易》中的说理是否可以接受取决于是否依据了卦象或卦爻辞,是否产生效用取决于是否符合规定的语境。

从以上四点,我们可以认为,《周易》中的说理有其特殊的逻辑结构,我们不能简单地借助西方逻辑来分析《周易》的"逻辑"。为了阐释《周易》说理的独到之处,我们应当以本土化视域来分析《周易》说理的逻辑结构。

# 第二节 "推类"方法

根据《左传》和《国语》记载的筮例,我们看到,《周易》的说理是有其特殊方式的,这个特殊的方式要在占筮的语境中才会生效。因而,我们若要说明《周易》说理的逻辑结构,还需回到语境中去考察《周易》的占筮方法。

我们已经知道,占筮方法在《周易》中有如下表述:

> 大衍之数五十,其用四十有九。分而为二以象两,挂一以象三,揲之以四以象四时,归奇于扐以象闰;五岁再闰,故再扐而后挂。天数五,地数五。五位相得而各有合,天数二十有五,地数三十,凡天地之数五十有五,此所以成变化而行鬼神也。《乾》之策二百一十有六,《坤》之策百四十有四,凡三百有六十,当期之日。二篇之策,万有一千五百二十,当万物之数也。是故四营而成《易》,十有八变而成卦,八卦而小成。引而伸之,触类而长之,天下之能事毕矣。显道神德行,是故可与酬酢,可与佑神矣。①

我们在第五章中曾详细地分析过这段文字的前半段内容,前半段说的是大衍筮法的操作过程。这段文字的后半段内容便是对占筮所得之卦的解释方法,即"引而伸之,触类而长之,天下之能事毕矣"。

按照《说文解字》的释义,"引,开弓也"②,"伸,屈伸"③。因此,"引而伸之"是指在解释卦的意义时要像开弓的箭一样将卦象或卦爻辞延伸出去。而且,延伸的方法是"触类而长之"。据张晓芒考证,"类"本是一种自孕而生动物,其特征是子代与父代在形象上具有相似性,"类"具有了相似之意。④《左传》中也有相应的说法,即"以类命为象,取于物为假,取于父为类"⑤。汉代许慎则是直接

---

① 杨天才、张善文:《周易》,中华书局 2011 年版,第 583 页。
② 许慎:《说文解字》,蔡梦麒校释,岳麓书社 2021 年版,第 582 页。
③ 许慎:《说文解字》,蔡梦麒校释,岳麓书社 2021 年版,第 353 页。
④ 张晓芒:《中国古代从"类"范畴到"类"法式的发展演进过程》,载《逻辑学研究》2010 年第 1 期,第 89~113 页。
⑤ 陈成国:《春秋左传》,岳麓书社 2019 年版,第 56 页。

将"种类相似"①作为"类"字的释义。所以,"触类而长之"是指卦的意义要根据相似性来延伸。这种"引而伸之,触类而长之"的说理方式通常也被称为"推类"。

需要说明的是,"推类"一词并非出自《周易》,也不是专门用于指代《周易》的说理方式的。"推类"一词最早出自后期墨家,后期墨家在研究"辩"时提出:"推类之难,说在之大小。"②而后,荀子在《正名》中也提到,"正名而期,质请而喻,辨异而不过,推类而不悖"③。所以,"推类"一词实际上是百家争鸣时期先秦诸子所使用的说理方式。接下来我们将看到,先秦诸子所用的"推类"实质上是与《周易》的说理方式一脉相承的。

关于"推类"的方式,《墨子·大取》中做出了具体的说明,"夫辞以类行者也"④。

其中,"辞"是欲确立的观点或主张。根据《墨经》的说法,"辞"的作用是表达观点或提出主张,即"以辞抒意"⑤。"故"是用于确立观点或支持主张的原因,即"故"是"辞"赖以成立的根据。因此,《墨经》中说道:"立辞而不明于其所生,忘也。"⑥《墨经》中并没有具体地说明"理"的意义,而是使用了一个比喻的修辞手法来说明了"理"的作用,即"今人非道无所行,唯有强股肱而不明于道,其困也,可立而待也"⑦。这表明,"理"的作用是保证由"故"到"辞"的道路是畅通的,或者说,"理"的作用是保证"故"可以作为立"辞"的根据。

那么,"理"又因何来保证"故"可以成为立"辞"的根据呢?这正是"类"的作用。若"故"和"辞"之间的关系与"理"不同类,则"故"便不能沿着"理"的道理通达到"辞"。正所谓,"异类不吡,说在量"⑧。于是,《墨经》中有言:"夫辞以类行者也,立辞而不明于其类,则必困矣。"⑨

在说明了"辞""故""理"和"类"的关系之后,我们便可以看到"推类"与

① 许慎:《说文解字》,蔡梦麒校释,岳麓书社 2021 年版,第 444 页。
② 方勇:《墨子》,中华书局 2011 年版,第 331 页。
③ 方勇、李波:《荀子》,中华书局 2011 年版,第 365 页。
④ 方勇:《墨子》,中华书局 2011 年版,第 383 页。
⑤ 方勇:《墨子》,中华书局 2011 年版,第 386 页。
⑥ 方勇:《墨子》,中华书局 2011 年版,第 383 页。
⑦ 方勇:《墨子》,中华书局 2011 年版,第 383 页。
⑧ 方勇:《墨子》,中华书局 2011 年版,第 331 页。
⑨ 方勇:《墨子》,中华书局 2011 年版,第 383 页。

《周易》的说理方式其实是一脉相承的。

例如，在"穆姜筮往东宫"的筮例中，穆姜提出的主张是"必死于此，弗得出矣"。穆姜之所以认为她必死于此，是因为她"固在下位而有不仁""不靖国家""作而害身""弃位而姣"。那么，穆姜根据"固在下位"等四点为什么就能断定她"必死于此"呢？穆姜是以卦辞"元亨利贞"的解释来说明为什么"固在下位"等便会"必死于此"的。我们注意到，穆姜在重新解释"元亨利贞"的含义后又补充说明："有四德者，'随'而无咎。我皆无之，岂'随'也哉？"穆姜的补充说明包含了两层意思：其一，有四德者才能无咎，这即"明于其类"；其二，不具备此四德者便不会无咎，这表明"异类不吅"。

于是，我们看到，穆姜在说理过程采用的"触类而长之"的方式，也恰是《墨经》中所说的"推类"。其中，所立之辞是"必死于此，弗得出矣"，立辞之"故"是"固在下位而有不仁"等，推断之"理"是穆姜赋予"元亨利贞"的新义，所推之"类"是有无此四德。

再如，在"鲁南蒯筮叛季氏"的筮例中，南蒯认为他将行反叛之事会是大吉的结果，其推断之"理"便是占筮所得的爻辞"黄裳元吉"。但是，子服惠伯却指出了南蒯在说理中出现的错误，即"《易》，不可以占险"。具体来说，《易》中的"理"不适用于南蒯卜问之事。或者说，南蒯卜问之事与《易》所讲之事并不同类。正所谓"异类不吅"，所以，《易》中之"理"不能保证卦爻辞可以支持南蒯卜问之事。于是，子服惠伯认为南蒯的主张不能成立。因此，我们看到，南蒯的说理没有做到"触类而长之"的原因恰是南蒯违背了《墨经》中"推类"的原则。

通过对上述两则筮例的分析，我们看到，穆姜的说理之所以是成功的，重点在于穆姜能够"明于其类"；南蒯的说理之所以是失败的，重点也在于南蒯没有做到"明于其类"。由此可见，《周易》说理的成败关键在于对"类"的把握，其中"触类而长之"也正是《墨经》中所说的"推类"。《周易》中的说理就是人们通过对"类"的把握来推知事物发展的吉凶。事实上，虽然"推类"一词是后期墨家首先提出的，但是先秦诸子几乎都是用"推类"这种方式来说理的。"推类"是普遍用于先秦时期的论辩实践活动的说理方式，后期墨家只是从学理上将其总结为"推类"。《周易》中的说理方式正是后期墨家"推类"的具体实例。按照

《周易》的说法,"推类"的方式也是"触类而长之",或是"君子以类族辨物"①。

根据我们对"穆姜筮往东宫"和"鲁南蒯筮叛季氏"这两则筮例的分析,以及对"辞""故""理"和"类"之间关系的阐释,我们不妨把《周易》的说理方式用图 7-1 所示的逻辑结构表示出来:

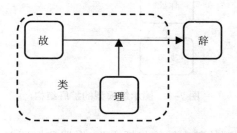

**图 7-1 《周易》说理的逻辑结构**

从图 7-1 所示的逻辑结构中,我们可以看出,"故"是直接用来支持"辞"的,"理"所支撑的是"故"和"辞"之间的支持关系。"类"是"故"和"理"的应用范围:在"类"的范围内,"故"和"理"可以用来说明"辞";在"类"的范围外,"故"和"理"不可以用于说明"辞"。

从《周易》说理的逻辑结构中,我们不难看出,该逻辑结构类似于图尔敏提出的论证模型。图尔敏模型可以分为基本结构和扩展结构两种,分别如图 7-2 和图 7-3 所示:

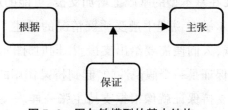

**图 7-2 图尔敏模型的基本结构**

---

① 杨天才、张善文:《周易》,中华书局 2011 年版,第 135 页。

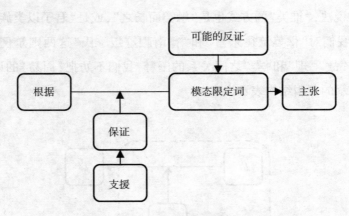

图 7-3　图尔敏模型的扩展结构

其中,图尔敏模型的基本结构包括主张、根据和保证三个部分,如图 7-2 所示。从图尔敏模型的图示中可以看到,主张相当于"辞",根据相当于"故",保证相当于"理"。图尔敏认为,图尔敏模型的基本结构是确定一个主张的最小结构。按照图尔敏的观点,人们在确立一个主张时,除了提出主张外,至少还要给出根据和保证,这样才能说明主张的合理性。

然而,现实生活的说理,只有主张、根据和保证常常是不够的,人们仍然会对说理质疑。为了消除这些质疑,或者说是为了使自己的说理更加严谨,人们还需要在基本结构的基础上做出一些补充说明,比如,支援、可能的反证或模态限定词。图尔敏也将包括了主张、根据、保证、支援、可能的反证和模态限定词这六部分的论证模型称为扩展型。

图尔敏之所以要在基本型的基础上增加支援、可能的反证和模态限定词这三个部分,是因为图尔敏对说理中遭受质疑情况的描述。图尔敏指出,当保证自身遭受挑战的时候,人们便需要给出支援。[①] 同时,图尔敏进一步指出,保证和支援的区别在于,保证是一个假说性的、起到桥梁作用的命题,而支援则是描述事实的命题,支援支持保证就像根据支持主张一样。[②] 关于可能的反证和模态限定词,也与图尔敏描述的说理过程相关。于是,我们看到,图尔敏对基本型的扩展是基于所描述的说理情境的。

①　斯蒂芬·图尔敏:《论证的使用》,谢小庆、王丽译,北京语言大学出版社 2016 年版,第 85 页。
②　斯蒂芬·图尔敏:《论证的使用》,谢小庆、王丽译,北京语言大学出版社 2016 年版,第 86 页。

回到《周易》的说理方式中,我们看到,《周易》说理的逻辑结构中并没有支援、可能的反证和模态限定词等扩展结构。但是,《周易》说理的逻辑结构中却有一个图尔敏模型中没有的"类"结构。《周易》的说理之所以在相当于图尔敏模型基本结构的"辞""故"和"理"的基础上补充说明"类",与《周易》所处的论辩实践活动有关。

在《周易》所处的论辩实践活动中,起到保证作用的是"理",而《周易》说理中的"理"是卦象和卦爻辞。然而,我们在前文对具体筮例的分析中已经得知,古人在解释卦象和卦爻辞时是允许多种联想、断章取义和牵强附会的。所以,在具体的说理过程中,人们并不会对卦象和卦爻辞的解释产生怀疑。因此,在《周易》所处的论辩实践活动中,"理"是不需要额外的理由来支持的。所以,《周易》说理的逻辑结构中没有支援这样的结构。但是,古人不会对卦象和卦爻辞的解释产生怀疑,不表明不会对整个说理产生怀疑。古人对《周易》说理的质疑主要集中在对卦象或卦爻辞的解释能否适用于卜问之事。对此质疑,古人用"明于其类"来做出回应。所以,从说理的功能上讲,我们似可以认为,"类"是图尔敏模型的基本结构在《周易》的论辩实践活动中做出的扩展。

例如,在"穆姜筮往东宫"的筮例中,穆姜将自身行为与"元亨利贞"这四德是否同类来保障她所主张的"必死于此,弗得出矣"。同时,我们还可以看到,穆姜的主张是一个模态判断,她强调说"必"死于此。那么,穆姜又是因何而说明"必"这一模态判断的呢?穆姜在说理中提出"有四德者,'随'而无咎。我皆无之,岂'随'也哉"。我们可以从"皆"字的含义中看出,同类也有程度之分。类同程度越高,得出主张的合理性也越强;类同程度越低,得出主张的合理性也越弱。因而,"类"不仅可以保障"辞"是否得以确立,还可以以类同的程度说明立"辞"的模态。

因此,我们看到,在《周易》说理的逻辑结构中,"类"起到了两方面的作用:一方面,"类"可以保障"故"经由"理"可以通达"辞";另一方面,"类"可以说明"故"经由"理"而通达"辞"的程度。虽然从这个意义来讲"类"的结构相当于图尔敏模型在基本结构上做出的扩展,但是在说理的作用上,"类"对"辞"的辩护作用并不弱于完整的图尔敏模型的扩展结构。或者说,在《周易》的说理语境中,"类"这一扩展结构完全可以起到为所立之"辞"辩护的作用。相反,图尔敏在分析三段论的混乱之处时对保证和支援做出的区分①在《周易》的论辩实践活动中并不重要。

当然,我们将《周易》说理的逻辑结构与图尔敏模型做对比,意图并不是用图尔敏模型来解释《周易》中的说理,而是在本土化视域中说明《周易》说理之后,再以图尔敏模型澄清《周易》说理的逻辑结构的特点。通过与图尔敏模型做对比,我们不难看出,《周易》的说理重点在于说明"类"。另外,我们也可以看出,图尔敏模型的基本结构与《周易》的说理是共通的,但是扩展结构却可以因论辩实践活动的不同而有所不同。

不过,有些筮例也很难完全按照"辞""故""理"和"类"的结构来分析。例如,在"齐崔杼筮娶棠姜"的筮例中,陈文子以《困》(☵)之《大过》(☰)的卦象和爻辞来说明崔杼不应该娶棠姜为妻。崔杼可以按照"常规"的方式反驳陈文子的主张,或者是像穆姜那样以重新解释卦象或卦爻辞的方式提出相反的主张,或者是像子服惠伯那样通过指出归"类"问题来质疑立"辞"的合理性。然而,崔杼并没有采用上述"常规"的方式来反驳陈文子。相反,从陈文子的言语中,我们似可以看出,崔杼是认可了陈文子的说理的。所以,倘若以《周易》说理的逻辑结构分析,"齐崔杼筮娶棠姜"并不满足《墨经》中的"三物必具,然后足以生"②的说法。但是,如果我们单独来看崔杼回应陈文子的话,不难看出,崔杼实际上提出了一个特殊情况,将他娶棠姜之事列入特殊考虑中,从而拒绝陈文子的主张。

从崔杼拒绝陈文子主张的方式来看,虽然《周易》的说理是按照"辞""故""理"和"类"的方式进行的,但是反驳依据《周易》提出的主张可以采用举反例的方法。这说明,《周易》说理的逻辑结构是单方面担保的。即《周易》说理的逻辑结构只能担保不满足要求的说理是不可能生效的,却不能担保满足要求的说理一定能够生效。

《周易》说理的逻辑结构只具有单方面担保的这一特性,与现代分析论证时常用的逻辑方法是不同的。现代常常是要论证分析具有双向担保的,例如,符合规则的三段论是有效的,不符合规则的三段论是无效的。之所以会出现这样

① 斯蒂芬·图尔敏:《论证的使用》,谢小庆、王丽译,北京语言大学出版社2016年版,第95页。
② 方勇:《墨子》,中华书局2011年版,第376页。

的问题,其原因在于《周易》中的说理并非单纯的逻辑推演过程,还包括论证的构造过程。具体而言:一方面,《周易》中的说理是从占筮的结果中推演出一个结论。例如,在"鲁庄叔筮叔孙穆初生"的筮例中,卜楚丘便是要从占筮的结果中推演出叔孙穆的未来。另一方面,《周易》中的说理还可以结合占筮的结果为自身已有的主张来构造一个说明。例如,在"晋筮悼公归国"的筮例中,单襄公即使不经卜问大概也会认为公子周将继任晋国的国君,因为晋成公之母的梦兆和公子周本人的品行都足以使他继任国君,而占筮的结果只进一步印证了自己的主张。正是由于《周易》中的说理具备这种说明构造论证的功能,因此《周易》中的说理只能保证从占筮的结果可以推知结论,却不能保证占筮的结果一定推知结论。

所以,《周易》中的说理不能简单地概括为推理。同理,"推类"也不应该简单地理解为中国古代的推理。因为,《周易》中的说理和"推类"都既包含推演又包含说明。不过,也正因为《周易》中的说理具有这样的特点,才使人们在"推类"时可以由预设结论反演所需要的卦。进而,"推类"逐渐发展为一种可以脱离卜筮而独立进行的说理方式。这便是我们在第一章中曾经讨论过的"善为《易》者不占"。

## 第三节　再谈"善为《易》者不占"

我们在第一章中曾经讨论过"善为《易》者不占"的问题,并且指出,"善为《易》者不占"是一种"类"思维的体现。具体来说,擅长《周易》的人可以主动地按照"事""类""理"三者之间的关系来分析问题。对"事""类""理"三者之间关系的分析实际上就是"推类"。

我们已经知道,《周易》中有一类是通过现象或故事来间接地表明一个道理的卦爻辞。这一类卦爻辞还可以进一步细分为描述现象的卦爻辞和讲述故事的卦爻辞。例如,《明夷》卦(䷣)的初九爻的爻辞"明夷于飞,垂其翼"便是描述现象的爻辞;六五爻的爻辞"箕子之明夷"则是讲述故事的爻辞。

除"箕子之明夷"外,据顾颉刚考证,《周易》中讲述故事的卦爻辞还有许多。例如,《大壮》卦(䷡)六五爻的爻辞"丧羊于易"和《旅》卦(䷷)上九爻的爻辞"丧牛于易"都是讲述王亥丧牛羊于有易的故事。① 再如,《既济》卦(䷾)九三爻的爻辞"高宗伐鬼方,三年克之,小人勿用"和《未济》卦(䷿)九四爻的爻辞"震用伐鬼方,三年,有赏于大国"都是讲述高宗伐鬼方的故事。②

《周易》的卦爻辞之所以要援引一些故事来间接地表明道理而不是直接说明,顾颉刚对此评价说,《周易》的卦爻辞的性质既等于现在的签诀,其中也难免有这些隐语③。因此,《周易》的卦爻辞并非单纯地记述故事,而是把故事作为隐语来使用。所以,"推类"实际上也包括由隐语来推知结论。

关于隐语,刘勰在《文心雕龙》中这样解释:"遁辞以隐意,谲譬以指事也。"④即隐语便是隐去本来意义,另说一套言辞来委婉地暗示所要表达的含义。其中,委婉的暗示即为"谲譬",也是我们通常所说的比喻。所以,《周易》的卦爻辞中记述的故事,实际上起到的是比喻的作用。而比喻能够用于说明道理,其根本恰好在于《周易》中的说理方式("推类")。

关于比喻,其实可以分为两类:一类是"比喻",另一类是"比谕"。对于"喻"和"谕"的区分,王力曾指出,"喻"和"谕"古代无分别,直到汉代还互相混用,后来渐渐有了分工。于"比喻"的意义用"喻"不用"谕";在"晓得"或"使人知道"的意义上,用"谕"不用"喻"。⑤ 由此可见,"比喻"和"比谕"虽然在表达形式上是相同的,但是在表达目的上却是不同的。显然,《周易》的卦爻辞是在"比谕"的意义上来讲述故事的。

关于"比谕","比"即"密也"⑥,含义是摆在一起。在抽象意义上,"比"又可以表示当作同类看待。⑦ "谕"即"告也"⑧。刘向曾将"谕"解释为"夫说者,固以其所知,谕其所不知,而使人知之"⑨。所以,用"比谕"的方法讲述故事,其实是把同类事物"摆在一起"进行说明的方法。

此外,《墨经》中关于"辟"的论述也可以佐证古人对"比谕"的使用。《墨

---

① 顾颉刚:《古史辨 第三册》,海南出版社 2005 年版,第 4~6 页。
② 顾颉刚:《古史辨 第三册》,海南出版社 2005 年版,第 6~7 页。
③ 顾颉刚:《古史辨 第三册》,海南出版社 2005 年版,第 3 页。
④ 王志彬:《文心雕龙》,中华书局 2012 年版,第 173 页。
⑤ 王力:《古代汉语 第一册》,中华书局 2001 年版,第 326 页。
⑥ 许慎:《说文解字》,蔡梦麒校释,岳麓书社 2021 年版,第 361 页。
⑦ 王力:《古代汉语 第一册》,中华书局 2001 年版,第 325 页。
⑧ 许慎:《说文解字》,蔡梦麒校释,岳麓书社 2021 年版,第 92 页。
⑨ 程翔:《说苑》,商务印书馆 2018 年版,第 496 页。

经》中有言:"辟也者,举也物而以明之也。"①其中,"辟"即"譬",《说文解字》中有"譬,谕也"②。由此也可以看出,"比谕"就是用"他物"进行说明的方法。

考虑到"比谕"是一种隐语的表达方法,"夫譬喻也者,生于直告之不明,故假物之然否以彰之"③,因而,"比喻"的表达方法表面上是在讲述故事,实际上是在说明故事中隐含的"理"。故而,在"比谕"中,喻(谕)体之所以可以"摆"了来说明本体,原因是二者具有相同或相似的"理"。这个相同或相似就是"推类"的"类"。所以,"比谕"其实是以"类"来说明喻体和本体之间具有相同或相似的"理"。

回到《周易》说理的逻辑结构中,我们看到,"类"的位置圈定了"故"和"理",即"类"可以保障"故"和"理"可以支持"辞"。而在"比谕"的用法中,"类"又起到了保障喻体和本体可以"摆在一起"的作用。因此,卦爻辞中讲述的故事实质上是以"类"来保障喻体可以起到"理"的作用。

在一些说理的图尔敏模型中,支援可以用来支持根据和主张之间的关系,从而省略保证这一结构。按照图尔敏的观点,支援也是基于事实的,只是与根据的功能不同。④ 在此基础上,如果事实是以故事的形式讲述出来的,那么省略了保证的图尔敏模型便呈现为以讲述故事来保障根据和主张之间关系的结构。当然,正如我们关于保证的讨论,图尔敏模型的支援也是无法说明其自身可以恰当地支持根据和主张之间的关系的。然而,在《周易》说理的逻辑结构中,"类"的作用恰好是用于说明"理"可以用于支持"故"与"辞"之间的关系的。所以,当"理"是以隐语的形式表达出时,"类"也起到了同样的作用。同时,"类"还保障了卦爻辞中讲述的故事可以起到"理"的作用。因此,在以隐语来说理的逻辑结构中,"类"既保障了"事"与"理"之间的关联,又说明了"理"对"故"和"辞"之间关系的支持。从而,在"辞""故""理""事"和"类"的说理过程中,人们可以将"理"隐去,而用"事"来委婉地表达。于是,我们可以将《周易》中以隐语进行说理表示为图7-4所示的逻辑结构:

---

① 方勇:《墨子》,中华书局2011年版,第387页。
② 许慎:《说文解字》,蔡梦麒校释,岳麓书社2021年版,第92页。
③ 王符、汪继培:《潜夫论笺校正》,彭铎校正,中华书局1985年版,第326页。
④ 斯蒂芬·图尔敏:《论证的使用》,谢小庆、王丽译,北京语言大学出版社2016年版,第92~93页。

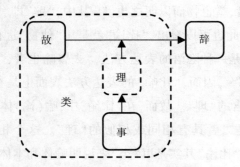

图 7-4  《周易》隐语说理的逻辑结构

其中,"理"隐藏在卦爻辞所讲述的故事中;"类"保障了可以由"事"到"理",进而支撑"故"对"辞"的支持关系。

因为"理"隐藏在故事中,在论辩实践活动中并不会直接指明,而是以讲述故事的方式委婉地表达出来。因此,在论辩实践活动中,如何从讲述的故事中委婉地表达出"理"便成了说理的关键。至于故事是否出自《周易》的卦爻卦,并不是表达的重点。这也导致了在《周易》说理的发展中,"理"是否出自《周易》越来越不重要,只要人们能够接受说理所讲述的故事即可。进而,占筮也不再重要,只要人们能够讲述一个恰当的故事来说明"理"即可。于是,按照"事""理"和"类"的逻辑结构做出的说理便逐渐脱离了《周易》而独立进行了。

以上便是"善为《易》者不占"在说理的逻辑结构上的基础。

从"善为《易》者不占"在说理的逻辑结构上的基础,我们可以看出,占筮之所以变得不再重要,是因为"理"在说理过程中的来源发生了改变。在占筮中,"理"或者源于卦象或者源于卦爻辞。古人认为,《周易》的卦象和卦爻辞来自圣人,即"圣人设卦观象,系辞焉而明吉凶"[1]。因而,也可以说,占筮中的"理"来自圣人的权威。然而,当说理发展为以"事""理"和"类"的逻辑结构展开时,"理"的直接来源是故事。人们是否接受"理",最直接的影响是故事是否讲得好,人们只要接受了故事,"理"自然得到了辩护。所以,圣人的权威对说理效果的影响越来越小。所以,"善为《易》者不占"。

最后,既然故事讲述得好坏可以影响到说理,那么故事怎样讲才能称之为

---

[1]  杨天才、张善文:《周易》,中华书局 2011 年版,第 565 页。

好呢?

表面上来看,故事讲得好是指故事本身真实。例如,"王亥丧牛羊于有易""高宗伐鬼方"都是真实发生的事件。深层次来看,故事讲得好是指故事会使人觉得真实。例如,"庖丁解牛"的故事很可能是虚构的,但是庄子的讲述却非常真实。通过庄子的讲述,我们相信真有这样一位可以熟练地解牛的庖丁。这表明,只要故事讲得好,即便是虚构的故事,在说理中也可以和真实故事起到相同的作用。

事实上,人们在听到一则故事时,大多数情况下无法直接判断这则故事是否真实地发生过。人们愿意相信一则故事是真实的,往往需要依据故事中的情节是否合乎情理来判断。当然,故事中的情节是否合乎情理也取决于人们的经验和知识水平。总而言之,故事讲得好是指人们倾向于相信故事讲述的内容。这也意味着,人们在论辩实践活动中可以用一个讲述得好的故事替代真实发生的事件。例如墨子在说服鲁阳文君时讲道:"大国之攻小国,譬犹童子之为马也。童子之为马,足用而劳。"①其中,"童子之为马"便是一则鲁阳文君倾向于相信其真实的故事。只要鲁阳文君愿意相信这则故事是真实的,那么这则故事实际上是否真实已经不重要了。

我们进一步考虑,既然论辩实践活动中的故事可以不是真实发生的,人们便可以在说理时编造一个故事出来。只要故事编得好,在说理时同样可以起到"事"的作用。于是,我们看到,中国古代有一种以编故事来说理的方式,即寓言说理。

寓言,通俗地讲,就是编故事。寓言说理就是通过编造一个故事来说明一个道理的说理方式。例如,庄子就是一位擅长寓言说理的先哲。据不完全统计,《庄子》一书中包含了一百多则寓言故事。我们熟知的《逍遥游》便是庄子通过鲲鹏之变等故事来说明逍遥之道理的说理文。由此可见,从思维方式角度看,寓言说理与"善为《易》者不占"是一脉相承的。

另外,从寓言说理中,我们可以更加清晰地看出"推类"与推理的区别。推理就是直接地由"理"的规定来判断"故"是否可确立"辞"。推理中的"理"不受"故"和"辞"之间的关系的影响。但是,"推类"中的"理"并非如此。在寓言说

---

① 方勇:《墨子》,中华书局 2011 年版,第 401 页。

理中,编造寓言的目的是说明"理"的成立,因而编造的"理"需要参考"故"和"辞"之间的关系。

例如,庄子不太可能先编造出螳螂捕蝉的故事,然后才知道人不能因瞻前而不顾后的道理,进而才想到了用这个道理来解决实际生活中的问题。相反,更可能的情况是,庄子在处理实际生活中的问题时发现了祸福相依的道理,然后才想到编造一则螳螂捕蝉的故事来说明他的观点。于是,庄子编造螳螂捕蝉的故事并非要从这则故事中得出什么结论,而是希望以这则故事来说明他的主张的合理性。这也正是我们在前文中所分析的,"推类"是单方面担保的。

综上所述,"善为《易》者不占"或寓言说理,实际上已经具有了典型的说明特征。因此,我们不能在逻辑学的意义上笼统地将依据《周易》推知结论的过程称为推理。作为区分,我们用本土化词语"推类"来描述《周易》中的说理更加符合本土化视域中做出的考察。

# 第八章 "易学"与中国古代学术举例

《周易》经历了从"卜筮之书"到"善为《易》者不占"的发展,到汉代随着儒家经学的确立而成了儒学的经典。进而,出现一批专门从事《周易》研究的经师,这些经师不断地解释并阐发《周易》的义理,将《周易》发展成一门专门的学问,即"易学"。

"易学"显然以《易经》为基础,对《易经》做出包含的文字和义理两个方面的研究。尤其在义理研究方面,易学家们常常在解释《易经》时借助对义理的阐发来建构自己的学说体系。"易学"有广义和狭义之分:广义的"易学"是指包括"十翼"在内的所有对《易经》的解释;狭义的"易学"则指除"十翼"以外的其他对《易经》的解释。例如,汉儒们整理编纂"十翼"后建立的儒学化易学便是广义上的"易学"。再如,王弼通过注解《易经》建构了老庄的易学学说,程颐借助解释《易经》建构了理学的易学体系,都是狭义的"易学"。一般来讲,人们习惯在狭义的意义上使用"易学"这个词语。

所以,"易学"虽然是在《易经》的基础上发展起来的,但是涵盖的内容已经远远超出了《易经》的范畴。"易学"中既有对宇宙和人生等根本问题的探讨,也有关于一般事物发展规律的解释,还涉及实践和技术应用的说明等。所以,《四库全书总目》中说:"《易》道广大,无所不包。旁及天文、地理、乐律、兵法、韵学、算术,以逮方外之炉火,皆可援《易》以为说。"故而,诚如第一章中所言,《周易》在汉代便获得了"群经之首"的赞誉。

那么,《周易》又是为何有如此的生命力可以发展出这般广大的"易学"呢?答案其实就在《系辞》之中,即"八卦而小成。引而伸之,触类而长之,天下之能事毕矣"①。这也正是《周易》的思维方式和"推类"方法的体现。因此，从"卜筮之书"到"善为《易》者不占"再到"易道广大"，《周易》的发展在思维方式和"推类"方法上是一脉相承的。简单地讲，"易学"就是延续《周易》的思维方式和"推类"方法来分析具体问题而发展出来的学问。

在这一章中，我们将以《乾》卦（☰）、《坤》卦（☷）和中国古代的天文历法、建筑意匠为例，来探讨一下"易学"的思维方式和"推类"方法在具体问题中的应用。

# 第一节　《文言》对《乾》《坤》卦的解读

《周易》中有两个非常特殊的卦，即《乾》卦（☰）和《坤》卦（☷）。这两个卦的特殊之处主要体现在以下三个方面：其一，《乾》《坤》是卦序中排在最前面的两个卦；其二，《乾》《坤》是所有爻都相同的两个卦；其三，《乾》《坤》是具有用爻的两个卦。正是由于这三个特殊点，可以说《乾》《坤》是《周易》中最重要的两个卦。正如《参同契》中所言："乾、坤者，《易》之门户，众卦之父母。"②所以，古人专门做《文言》两篇来阐释和发展《乾》《坤》的义理。接下来我们便从《文言》的角度来探讨《乾》《坤》的义理。

## 一、《文言》中的《乾》卦（☰）

《乾》卦（☰）位列《周易》六十四别卦之首，上卦和下卦都是乾卦（☰）；因而，《乾》卦（☰）的六个爻都是阳爻。《乾》卦（☰）也是六十四别卦中唯一一个六个爻都是阳爻的卦。由于阳爻象征着阳刚，因此，《乾》卦（☰）是一个象征着纯阳刚健的卦。

纯阳刚健在总体上讲是十分吉利的象征，正如《乾》卦（☰）的卦辞言道："乾：元，亨，利，贞。"③其中，"元""亨""利""贞"都是吉利的具体表现。例如，"元"是指开始、发端；"亨"是指亨通、大通；"利"是指和谐；"贞"是指正直。简

---

① 杨天才、张善文：《周易》，中华书局2011年版，第583页。
② 章伟文：《周易参同契》，中华书局2014年版，第2页。
③ 杨天才、张善文：《周易》，中华书局2011年版，第1页。

单地讲,《乾》卦(☰)的卦辞是指,万物开始之时都具有亨通的力量,能够和谐地、正直地发展。在第三章我们探讨卦序的问题时也已看到,《乾》卦(☰)描述的是万物开始之时天地间一片生机勃勃的景象。所以,《乾》卦(☰)的象征意义通常都是非常吉利美好的。

《文言》对《乾》卦(☰)的卦辞含义做出了进一步引申:"'元'者,善之长也;'亨'者,嘉之会也;'利'者,义之和也;'贞'者,事之干也。君子体仁足以长人;嘉会足以合礼;利物足以和义;贞固足以干事。君子行此四德,故曰'乾:元、亨、利、贞'。"①我们可以明显地看到,《文言》中"元""亨""利""贞"的引申含义与筮例"穆姜筮往东宫"中穆姜的新解是一致的。事实上,《文言》中的解释就是来自穆姜的。

在"穆姜筮往东宫"这则筮例中,我们已经分析过,穆姜的新解是"推类"方法的具体运用。因而,《文言》对《乾》卦(☰)的卦辞含义的引申也可以看作是"推类"方法的一种体现。在这个意义上,我们可以认为,《乾》卦(☰)的卦辞是在"推类"的作用下由万物发端时的四种属性引申为人的四种德行。

卦辞之后便是每一爻的爻辞了。因为《乾》卦(☰)象征着刚健,所以爻辞中多以龙做比喻。龙是中华民族的文化符号;在中国文化中,龙是强大、刚健、自强不息的象征。因此,《乾》卦(☰)的爻辞大多是在描述龙的特点。

"初九,潜龙,勿用"②,其中,"潜"是爻位的暗示。初爻和二爻都属于地位,而初爻在下,故而称"潜龙"。所以,"潜龙"是指潜藏在水面以下的龙。龙虽然具有强大的力量,但是潜藏之时并不能发挥出自己的力量。故而,爻辞中说"潜龙,勿用"。但换一个角度来看,潜龙终究是龙,而非池中之物。龙不会因为潜藏便消沉下去,而是在潜藏时积蓄力量、蓄势待发。

《文言》将潜龙的这种蓄势待发的特点类推到人的德行上,认为君子在退隐之时也不应当失去刚健之德。即"龙,德而隐者也"③;君子应当具有"隐"这样的龙德。具体而言,君子应当如潜龙一样德行坚定,在隐世之时不因无法扬名而苦闷,不为世俗丑恶而动摇。正如孔子所言:"君子无终食之间违仁,造次必

---

① 杨天才、张善文:《周易》,中华书局2011年版,第10页。
② 杨天才、张善文:《周易》,中华书局2011年版,第2页。
③ 杨天才、张善文:《周易》,中华书局2011年版,第11页。

于是,颠沛必于是。"①

"九二,见龙在田,利见大人"②,其中,"田"也是爻位的暗示。九二依然还是地位,却在地位中居上,故而称"见龙在田"。也就是说,龙已经不再潜藏了,而出现在了田地之间。所谓"大人",即指那些道德高尚且身居高位的人,也指"龙"。因而,从字面上看,九二的爻辞是说,"龙"出现在田间之时,正是有利于拜见"大人"之时。

《文言》以"推类"方法更加明确地将"龙"与"大人"关联在了一起:"龙德而正中者也。庸言之信,庸行之谨,闲邪存其诚,善世而不伐,德博而化。"③即拥有龙一样德行的人,在民间可以保持内心的真诚,不被外在的邪恶所扰,能够以自己的美好德行来感化世人。正如老子所言,"上德不德,是以有德"④。

"九三,君子终日乾乾,夕惕若厉。无咎"⑤,这段爻辞中没有讲龙,而是在讲君子。其实,我们从《文言》对初九和九二的解释可以看出,《乾》卦(☰)中的龙和君子是同类可推的。因而,九三不讲龙而讲君子,其实质是一样的。从爻位上看,九三处于下卦的上位。虽然处于上位,但毕竟还是下卦。所以,君子应当时时刻刻都要像身处危险之中一样保持警惕,这样做便可以免于灾祸。

《文言》对九三中的"君子"做出了进一步解释:君子应当勤勉、不断地增进自己的德行、时刻保持警醒和刚健,这样即便遭遇危险也不至于酿成灾祸。即"是故居上位而不骄,在下位而不忧,故乾乾因其时而惕,虽危无咎矣"⑥。

关于九三的爻辞,需要说明的是,有些学者认为应该在"若"字之后断句,即"夕惕若,厉无咎"。其中,"惕若"是警惕的样子,"若"字做语气助词来处理。不过,"按《周易》卦爻辞的一般句式,'无咎'作为断句决疑之辞常常处在句尾"⑦。

九四所处爻位的特点与九三的爻位特点恰好相反。九四处于上卦的下位,虽然处于下位,但已经是上卦了。这种情况下,龙做好准备后便可以继续向上

① 陈晓芬、徐儒宗:《论语·大学·中庸》,中华书局2011年版,第41页。
② 杨天才、张善文:《周易》,中华书局2011年版,第3页。
③ 杨天才、张善文:《周易》,中华书局2011年版,第12页。
④ 汤漳平、王朝华:《老子》,中华书局2014年版,第142页。
⑤ 杨天才、张善文:《周易》,中华书局2011年版,第3页。
⑥ 杨天才、张善文:《周易》,中华书局2011年版,第14页。
⑦ 杨天才、张善文:《周易》,中华书局2011年版,第4页。

精进了。或者,也可以像九三一样保持警惕,潜伏在渊、伺机而动。正如李鼎祚引荀爽之言:"进,谓居五。退,谓居初。"①因此,我们看到,九四的爻辞是"或跃在渊,无咎"②。

《文言》对君子"或跃在渊"做出了具体的说明:"君子进德修业,欲及时也,故无咎。"③即,君子修养德行、精进业务,都是为了不要错失时机,把握好机会才能达到"无咎"。《文言》对九四的解释也体现了在第二章中我们提到的,《周易》非常强调对"时"的把握。

"九五,飞龙在天,利见大人"④,其中,"飞"也是爻位的暗示。因为九五位于上卦的中位,故而以一个"飞"字来暗示。又因为五爻属于阳位,故而九五是阳爻居于阳位,即"正位"。所以,九五处于"中正"之位。这个爻位在《乾》卦(☰)中是最好的。

作为对比,九二同样处于中位,却是阳爻居于阴位,即"失位"。所以,九二是中而不正,故而九二不是"大人",仅仅是有利于见到"大人"。在这个意义上,《文言》在解释九二时所说的"君德",并非九二具有君王之德,而是指九二有利于见到拥有君王之德的人。相对地,九五是既中且正,故而九五便是"大人"自身,是有利于出现"大人"。中国古代帝王又称"九五之尊",便来自九五中的"大人"之意。

《文言》对九五和九二的关系做出了进一步阐释,即"同声相应,同气相求"⑤。其中,"相应"和"相求"就如同水会流向潮湿处、火会烧向干燥处一样,或者如同云会伴随着龙、风会伴随着虎一样,相似的事物之间会相互亲近。于是,《文言》从九五和九二的关系中得出了"各从其类也"⑥的道理。"各从其类"也是意象型思维和"推类"方法的理论基础。

"上九,亢龙,有悔"⑦,其中,"亢"仍然是对爻位的暗示。"亢"有极致之义,表示阳爻已经发展到了顶点,也即指上爻。我们在分析九五时已经说明,九五

---

① 李鼎祚:《周易集解》,中央编译出版社 2011 年版,第 9 页。
② 杨天才、张善文:《周易》,中华书局 2011 年版,第 4 页。
③ 杨天才、张善文:《周易》,中华书局 2011 年版,第 15 页。
④ 杨天才、张善文:《周易》,中华书局 2011 年版,第 5 页。
⑤ 杨天才、张善文:《周易》,中华书局 2011 年版,第 16 页。
⑥ 杨天才、张善文:《周易》,中华书局 2011 年版,第 16 页。
⑦ 杨天才、张善文:《周易》,中华书局 2011 年版,第 5 页。

是《乾》卦(☰)中最好的一个爻;那么,上九相对于九五来说便是过犹不及了。因而,上九有了"有悔"之辞。

关于过犹不及的事例,日常生活中并不罕见。例如,《丰》卦(䷶)的《象》传中描述的"日中则昃""月盈则食"等现象,都是古人对过犹不及的认识。《文言》对上九中指出的过犹不及做出了详细论述,即"知进而不知退,知存而不知亡,知得而不知丧"①。进而,《文言》提出,大概只有圣人才能做到"知进退存亡而不失其正"②吧! 当然,虽然我们不是圣人,却也应当知晓"过犹不及"的道理,注意做事的分寸。

用九是《乾》卦(☰)特有的爻题,即"用九,见群龙无首,吉"③。在第七章中我们已经说明,用九在占筮中适用于《乾》卦(☰)的六个爻都是老阳的情况,六个爻都是老阳表示,六个爻都要变为阴爻。从变卦的角度看,每一个爻都发生了爻变,没有作为主要说理依据的爻,因而称为"无首"。

《文言》将用九的占筮意义"推类"到了人的德行上:德行高尚的人聚在一起,却没有任何人自居首位。这种同和之德、谦让之风是诸事大吉的征兆。

由上可以看出,从《乾》卦(☰)的卦爻辞到《文言》对《乾》卦(☰)的发展,其实就是通过意象型思想将占筮的结果与人的德行关联起来,用"推类"方法将《乾》卦(☰)的意义引申人应当具备的德行。

所以,《乾》卦(☰)的卦爻辞虽然是古人在长期占筮的过程中总结出来的,但意义却可以"推类"到人的德行上。因而,脱离了占筮的语境,《乾》卦(☰)对于现代人的生活仍然是有意义的。正如《象》传所言:"天行健,君子以自强不息。"④

## 二、《文言》中的《坤》卦(䷁)

《坤》卦(䷁)在《周易》六十四别卦中排在《乾》卦(☰)之后,位列第二。《坤》卦(䷁)的上卦和下卦都是坤卦(☷),因而,六个爻都是阴爻。《坤》卦

---

① 杨天才、张善文:《周易》,中华书局 2011 年版,第 25 页。
② 杨天才、张善文:《周易》,中华书局 2011 年版,第 25 页。
③ 杨天才、张善文:《周易》,中华书局 2011 年版,第 6 页。
④ 杨天才、张善文:《周易》,中华书局 2011 年版,第 8 页。

(☷)也是六十四别卦中唯一一个六个爻都是阴爻的卦。阴爻象征着阴柔,因此,《坤》卦(☷)是一个象征纯阴柔顺的卦。

纯阴柔顺总体上也是吉利的象征,只是吉利的程度不如《乾》卦(☰)那般明显。正如《坤》卦(☷)的卦辞所言:"坤:元,亨,利牝马之贞。君子有攸往,先迷;后得主,利。西南得朋,东北丧朋。安贞吉。"①其中,牝马是《坤》卦(☷)的象征,正如龙是《乾》卦(☰)的象征一样。李鼎祚引干宝所注,"行天者莫若龙,行地者莫若马"②。

具体来讲,《坤》卦(☷)的卦辞描述的也是世界万物开始之时是亨通无阻的,有利于牝马坚守正直。但是,牝马的特点与龙不同,龙是刚健的,而牝马是顺从的。因此,牝马象征的君子应当跟随他人之后才会吉利,如若抢在首位反而容易迷失自己。整体而言,《坤》卦(☷)的吉利是有限制条件的,即若能安分守己方可吉利。

"初六:履霜,坚冰至"③,其直观含义是,当你踩到冰霜的时候便意味着坚冰即将出现。从爻题上看,初六属于地位,处于六个爻的最下方。古人认为,寒气是从地下升起的,因此,初六象征着寒气刚刚凝华为霜,同时也预示着寒气升起、坚冰将至。正如《象》传所言:"'履霜坚冰',阴始凝也,驯致其道,至坚冰也。"④

《文言》将寒气从凝华为霜到凝固为坚冰的过程解释为积累。事物的发展就是一个不断积累的过程,而非朝夕之间发生的突然变化。人之善恶同样如此,如"臣弑其君,子弑其父,非一朝一夕之故,其所由来者渐矣"⑤。于是,明智的人会细心观察生活,主动去预见事物发展的趋势。于行善之事,应当从点滴开始积累,"积善之家必有余庆"⑥。于作恶之事,应当见微知著,防患于未然,"积不善之家必有余殃"⑦。

"六二,直方大,不习,无不利"⑧,其中,"直""方""大"都是爻题的属性。

① 杨天才、张善文:《周易》,中华书局 2011 年版,第 26 页。
② 李鼎祚:《周易集解》,中央编译出版社 2011 年版,第 17 页。
③ 杨天才、张善文:《周易》,中华书局 2011 年版,第 30 页。
④ 杨天才、张善文:《周易》,中华书局 2011 年版,第 30 页。
⑤ 杨天才、张善文:《周易》,中华书局 2011 年版,第 39 页。
⑥ 杨天才、张善文:《周易》,中华书局 2011 年版,第 39 页。
⑦ 杨天才、张善文:《周易》,中华书局 2011 年版,第 39 页。
⑧ 杨天才、张善文:《周易》,中华书局 2011 年版,第 31 页。

六二处于中正之位,因而具有正直、端方、宏大的特点。具有这种德行的人,即使不学习,也不会遇到什么不利的事。

《文言》对"直"和"方"的德行做出了进一步说明:"直"是指内心正直,"方"是指行为端方。君子只要做到了内心正直、行为端方,便不会在道德上授人以柄,进而也不会对自己的行为感到疑惑。正如孔子所言:"德不孤,必有邻。"①

"六三,含章,可贞,或从王事,无成有终"②,其中,"含章"也是从爻位的角度描述这一爻的性质。从爻题上看,六三是阴爻居于阳位,因而具有阴包含阳的性质。但毕竟是阴爻居于阳位,如果阳象征着君,那么阴只能象征着臣,因此,六三象征着臣跟随君行事,才能获得好的结果。

《文言》中将臣跟随君的行为称为"地道",臣从君、妻从夫都属于"地道"。所谓"地道",即天生万物而地养万物。"地道"虽然不能将所有的功绩都归咎于自身,却可以代替"天道"而成就万物。所以,"地道"是含而不露、隐而不显的内美之德。正如《文言》所言:"地道无成而代有终也。"③

"六四,括囊,无咎无誉"④,其中,"括"即束缚之义。从爻题上看,六四是阴爻居阴位,属于正位,因此有"无咎"之说。但是,六四虽然正位却不得中,而且又不与初六相应,因此又有"无誉"之辞。所以,六四就像扎紧口袋一样,内无所出、外无所入,既不会太好也不会太坏。

《文言》将"括囊"看作是谨言慎行的象征。人若处于乱世之中便应当归隐山林,束缚住自己的言行,不求赞誉也无过错。即"天地闭,贤人隐。《易》曰:'括囊,无咎无誉',盖言谨也"⑤,这大概也是乱世之中的明哲保身之法吧。

"六五,黄裳,元吉"⑥,其中,"黄"为中和之色。所谓"中和",从爻题上看,六五为阴爻居于阳位,故有阴阳中和之意。同时,五爻又属于中位,象征着君,而阴爻又象征着臣道,因而,六五又象征着居于君位却持以臣道。这便是最高程度的吉利了。

---

① 陈晓芬、徐儒宗:《论语·大学·中庸》,中华书局2011年版,第47页。
② 杨天才、张善文:《周易》,中华书局2011年版,第32页。
③ 杨天才、张善文:《周易》,中华书局2011年版,第41页。
④ 杨天才、张善文:《周易》,中华书局2011年版,第34页。
⑤ 杨天才、张善文:《周易》,中华书局2011年版,第41~42页。
⑥ 杨天才、张善文:《周易》,中华书局2011年版,第35页。

《文言》具体解释了"中和"之德:黄色是"地道"的象征,体现的是君子端居正位的美德,有此美德存于内心,运用在行动上,发挥到事业中,便是"美之至也"①。《系辞》中也有,"黄帝、尧、舜垂衣裳而天下治,盖取诸《乾》、《坤》"②,其中,上衣为"衣",下衣为"裳"。"衣"在上,取象于《乾》卦(☰);"裳"在下,取象于《坤》卦(☷)。所以,六五的爻辞中称"黄裳"。

"上六,龙战于野,其血玄黄"③,从爻位上看,上六处于《坤》卦(☷)的最上方,与初六恰好相反。初六是阴爻发展的开始,因而有"履霜"之辞。上六是阴爻发展的极致,"其道穷也"④,会发生阴阳变化。所谓"龙战于野"是指阴爻发展到极致时便会接触到阳爻。

《文言》对阴阳交合的景象做出了进一步说明:当阴爻发展到极致之时便可以与阳爻抗衡。在这个意义上,阴爻与阳爻已无太大差别。但是,阴爻毕竟不是阳爻,所以呈现出阴阳相交的景象。所谓"玄黄"是天地交杂的颜色,因为"玄"是天的颜色,"黄"是地的颜色。

所以,上六描述的并不是单纯的阴爻的属性,而是阴阳相交的特点。正如《乾》卦(☰)中阳爻发展到极致便出现"有悔"一样,《坤》卦(☷)中阴爻发展到极致便会出现"龙战"。因而,这一爻的言外之意是,应当保持柔顺,以柔顺避免"龙战"。

用六是《坤》卦(☷)特有的爻题。"用六,利永贞"⑤,即有利于持久地保持正直的品德。因为,《坤》卦(☷)以柔顺为正道。正如老子曾经指出,水是天下最柔顺的,没有任何坚强之物可以击败水。用六讲述的正是这种"弱之胜强,柔之胜刚"⑥的道理。

从以上卦爻辞的分析中,我们可以看出,《坤》卦(☷)的卦爻辞也是以意象型思维的方式来说明君子应当守持"地道"。君子以"推类"方法可以从"地道"中顺理成章地引申"臣道"和"妻道"等。正如《系辞》所言:"引而伸之,触类而

① 杨天才、张善文:《周易》,中华书局 2011 年版,第 42 页。
② 杨天才、张善文:《周易》,中华书局 2011 年版,第 610 页。
③ 杨天才、张善文:《周易》,中华书局 2011 年版,第 36 页。
④ 杨天才、张善文:《周易》,中华书局 2011 年版,第 36 页。
⑤ 杨天才、张善文:《周易》,中华书局 2011 年版,第 37 页。
⑥ 汤漳平、王朝华:《老子》,中华书局 2014 年版,第 295 页。

长之,天下之能事毕矣。"①

总体来看,《坤》卦(☷)的卦爻辞不如《乾》卦(☰)的卦爻辞吉利,但也不至于凶险。对于最凶险的上六,人们只要守持柔顺之道也是可以避免的。因而,《坤》卦(☷)整体上是在论述应当保持柔顺的品德,虽然不一定吉利,但是可以避免凶险。正如《象》传所言:"地势坤。君子以厚德载物。"②

对比《乾》卦(☰)和《坤》卦(☷)的卦爻辞,我们看到,《乾》《坤》二卦虽然都是在讲君子应当具有的德行,但侧重点不同。《乾》卦(☰)侧重讲君子的行为,即君子应当如何处事才能达到吉利。《坤》卦(☷)侧重讲君子的品德,即君子应当如何为人才能避免凶险。《乾》卦(☰)和《坤》卦(☷)合在一起,正是对君子应当具有的品德与行为的最恰当的表述。

# 第二节 《周易》与天文历法

天文历法自古以来都是人们最关心的问题之一。《史记·天官书》指出:"自初生民以来,世主曷尝不历日月星辰?"③这是因为天文历法每时每刻都在影响着人们的生活。小到太阳东升西落以计算日期,大到春去秋来以计算农时,无不关系到人们的生产生活。所以,人们很早便已经开始研究天文历法了。

所谓"天文历法",在现代的科学研究中是两个不同的研究方向,或者说,历法只是现代天文学研究的一个分支。但是,在古人看来,天文和历法是一体的。这是因为古人研究天文是为了制定历法来指导生产生活,那些与生产生活无关的纯粹的天文研究,古人是不关心的。所以,在古代的天文历法研究中,天文研究和制定历法是同一件事,最终目的都是为了解释并指导人们的生产生活。

## 一、《周易》与天文研究

研究天文的基础显然是天文观测。简单来讲,如果将太阳的升落定义为"日",将月亮的圆缺定义为"月",那么一个月有多少日势必会与观测数据相

---

① 杨天才、张善文:《周易》,中华书局2011年版,第583页。
② 杨天才、张善文:《周易》,中华书局2011年版,第29页。
③ 司马迁:《史记》,中华书局1950年版,第1342页。

关。事实上,古人很早就已经从事天文观测了,我国古代的典籍中有大量关于天文观测的记载。例如,《尚书》中记载的"乃季秋月朔,辰弗集于房"①便是目前已知的世界上最早的有关日食的记载。

有了天文观测的基础,古人逐渐从观测数据中总结出一些天象的规律。例如,"月盈则食"②表明古人已经认识到月食只会发生在满月的时候。在日渐丰富的天象规律的基础上,古人开始提炼天象的理论。

我们现在所说的关于天象的理论,可以分为两种:其一是关于天象的成因和构造等问题的理论,即我们所谓的"宇宙观";其二是有关如何计算天象数据的理论。需要说明的是,天文观测的数据虽然具有客观性,但是并不能决定计算理论的发展方向。天象的计算理论还受到宇宙观的影响。我们不妨以西方天文学史上曾经出现过的"地心说"为例做简要说明。"地心说"假设了所有天体都在做圆周运动,而这一假设与观测数据是没有任何关系的。主要是因为当时的人认为圆是最完善的形状,因而也是造物主创世的唯一形式。③ 所以,托勒密才把圆周运动作为计算模型。当然,为了与观测数据相符,托勒密体系采用了十分复杂的均轮配合多重本轮的计算方法。在这个意义上,托勒密体系的计算过程只有"地心说"才能给出充分的解释。

我国古代的天象理论的发展也是如此。最早系统地阐释天象理论的典籍是《周髀算经》。《周髀算经》中提出,"天象盖笠,地法复盘","盖天有《周髀》之法"等观点。《周髀算经》中的天象理论也被称为"盖天说"。不过,严格来讲,"盖天说"其实只是天象理论的计算模型。"盖天说"并没有解释天象的成因,描述的天象结构只是出于计算的需要。在"盖天说"之后,汉代又出现了"浑天说"和"宣夜说",魏晋时期又产生了"穹天论"和"安天论"。这些天象理论都是延续"盖天说"的计算模型发展起来的,各个理论的主要目的也都是为了弥补和修正其他理论在天象数据计算问题上的缺点和偏差。

虽然,有些学者会把"天尊地卑"④看作是"盖天说"的宇宙观理论。但是,倘若我们回到《周髀算经》的文本中便不难看出,《周髀算经》中的各类计算并

---

① 陈戍国:《尚书》,岳麓书社 2019 年版,第 37 页。
② 杨天才、张善文:《周易》,中华书局 2011 年版,第 478 页。
③ 柏拉图:《蒂迈欧篇》,谢文郁译,上海人民出版社 2005 年版,第 22~23 页。
④ 杨天才、张善文:《周易》,中华书局 2011 年版,第 561 页。

不依赖"天尊地卑"这一理论。甚至,我们沿着"盖天说"到"安天论"的发展线索来看,这些计算模型之间的批判与修正也都不以"天尊地卑"为依据。因此,在这个意义上,"盖天说"等天象理论的提出和发展并不涉及"天尊地卑"的宇宙观理论。

中国古代的宇宙观主要是关于天象演化的学说,可以上溯至汉代的《淮南子》和《灵宪》。《淮南子》中有言:"道(曰规)始于一,一而不生,故分而为阴阳,阴阳合而万物生。"①《灵宪》中也有言:"太素之前,幽清玄静……道根既建,自无生有……于是元气剖判,刚柔始分,清浊异位。"而后,《白虎通义》将《淮南子》和《灵宪》中的说法进一步总结,"始起先有太初……然后判清浊,既分,精曜出布,庶物施生"②。简而言之,汉代学者认为,宇宙最初的状态是虚无,而后虚无中出现了元气,然后元气又分化为阴阳二气,最后形成了天地和日月星辰。我们熟悉的"盘古开天辟地"的故事最早见于东汉末年的《三五历纪》中,反映的便是当时人们持有的这种宇宙观。

从《淮南子》《灵宪》和《白虎通》等文献的说法中,我们容易发现,汉代人持有的宇宙观和《周易》中的部分内容存在明显的相通之处。于是,《易纬·乾凿度》和《易纬·乾坤凿度》等纬书便将这两种学说加以整合,而后逐步形成了关于天文历法的"易学"。例如,《河图》中便有:"易有太极,是生两仪。两仪未分,其气混沌;清浊既分,伏者为天,偃者为地。"待到宋代,周敦颐在《太极图说》中又将太极学说与天象的演化结合起来,提出了一套完整的理论。周敦颐说道:"无极而太极……分阴分阳,两仪立焉……五气顺布,四时行焉。"③

当然,我们也应当注意到,就天象的演化理论来说,《周易》实际上并没有推动相关理论的发展。而《河图》等纬书和周敦颐的《太极图说》都是以天象的演化来解释《周易·系辞》中有关太极两仪的说法,进而丰富和发展了"易学"的内涵。

不过,在天文历法的发展史上,并非天象理论单方面影响"易学"的发展,"易学"的发展也会影响到人们对天文历法的认识。

我们都知道,月亮和地球的公转周期都是整日数。例如,根据现代天文学

---

① 陈广忠:《淮南子》,中华书局 2012 年版,第 152 页。
② 陈立:《白虎通疏证》,中华书局 1994 年版,第 421 页。
③ 周敦颐:《周敦颐集》,梁绍辉、徐苏铭等校点,岳麓书社 2007 年版,第 5 页。

的研究,一个朔望月大约是29天12小时44分3秒。古人显然不可能有现代这般精密的测量仪器,因而,对于朔望月的精确时间主要取决于计算模型做出的计算。不过,和西方天文学的发展状况类似,天象计算过程的意义非常依赖于宇宙观的解释。或者说,人们都是根据自己的宇宙观给出天象的具体计算方法。这便体现为《周易》对天文历法的影响。

例如,西汉经学家刘歆在《三统历》中给出了一种计算朔望月日期的方法:

> 是故元始有象一也,春秋二也,三统三也,四时四也,合而为十,成五体。以五乘十,大衍之数也,而道据其一,其余四十九,所当用也,故著以为数。以象两两之,又以象三三之,又以象四四之,又归奇象闰十九,及所据一加之,因以再扐两之,是为月法之实。如日法得一,则一月之日数也。①

我们可以用现代的数学公式把刘歆的计算过程改写为如下形式:

$$一月 = 29\frac{43}{81}日 = \frac{2392}{81}日 = \frac{\{[(1+2+3+4)\times5-1]\times2\times3\times4+19+1\}\times2}{81}日$$

从现代天文学的角度看,刘歆的计算过程可以说是毫无道理可言的。但是,我们可以看到,《周易》为他的计算过程给出了充分的解释。事实上,我们也可以验证,刘歆的计算结果与现代天文学的计算结果相差无几。所以,我们必须承认,刘歆的计算是建立在天文观测的基础上的。同时,我们也应该承认,刘歆也是根据《周易》赋予了天文观测以理论上的意义才使得计算的过程能够如此顺畅。从这个意义上似可以讲,与其说刘歆的说法不过是在历法数据完成以后,给它涂上一层神学色彩,于历法本身还无损害;不如说刘歆通过《周易》赋予了天文观测以意义,从而使得历法得以计算。

所以,用《周易》来附会天象固然有其局限性,会使天文蒙上了一层神秘的神学色彩。但是,我们也应该看到,正是将天文纳入了"易学"的体系之中,才使计算具有了历法上的意义。

---

① 班固:《汉书:图文本》(上),李润英点校配图,岳麓书社2009年版,第143页。

## 二、《周易》与农时

说到历法,不得不提到一个常识性的问题,即中国古代的纪年方法。

我们现在惯用的纪年方法是公元纪年。例如,2000 年 2 月 29 日 23 时,在公元纪年中,计算日期依赖于完整的年月日系统。再如,2000 年 2 月 28 日之后是 2000 年 2 月 29 日,但 2001 年 2 月 28 日之后却是 2001 年 3 月 1 日。在这个意义上,我们若要计算日期,就需要掌握一套完整的历法。例如,如果我们相约十日后见面,那么十日之后具体是哪一天,我们需要知道完整的年月日信息才能计算出来。

不过,中国古代的纪年方法不是这样的。中国古代常见的纪年方法是干支纪年。在干支纪年中,年月日时的计算是独立进行的。例如,假设甲子年丁丑月的最后一天是辛丑日,第二天是新的一年,即乙丑年。但是,这个第一天并不需要从甲子月甲子日开始重新计算,而是分别继续上一年度的纪月和纪日,即戊寅月壬寅日。因此,按照干支纪年,我们如果相约十日后见面,那么只要知道天的纪日便可以计算出十天后的日期了。在这个意义上,人们其实完全可以只用纪日来计算时间。事实上,我们目前在甲骨文骨片中已经发现了长达五百多天的日期记录,"有人以为,完整的干支片,就是古人的日历牌"①。

于是,我们不禁会问,古人既然通过纪日就可以计算日期了,那为什么还要建立完整的年月日时的历法呢?其中一个很重要的原因是指导农时。古人制定历法的目的不仅是计算日期,更重要的目的是为了指导农时。因而,我们古代的历法也称农历。在指导农时方面,《周易》中的十二消息卦对农时有着一定的解释和指引作用。

所谓"十二消息卦",也称十二辟卦,具体是指《复》(䷗)、《临》(䷒)、《泰》(䷊)、《大壮》(䷡)、《夬》(䷪)、《乾》(䷀)、《姤》(䷫)、《遁》(䷠)、《否》(䷋)、《观》(䷓)、《剥》(䷖)和《坤》(䷁)这十二个卦。其中,"消"即消亡,"息"即生长,"消息"便是阴阳消长。因而,十二消息卦即表示阴阳消长变化的十二个卦。

例如,《复》卦(䷗)的初爻是阳爻,代表着一阳初生。从《复》卦(䷗)到

---

① 张闻玉:《古代天文历法讲座》,广西师范大学出版社 2017 年版,第 53 页。

《乾》卦(䷀),阳爻逐次增长,阴爻逐次消减,代表着阳长而阴消的过程。《姤》卦(䷫)的初爻是阴爻,代表着一阴初生。从《姤》卦(䷫)到《坤》卦(䷁),阴爻逐次增长,阳爻逐次消减,代表着阳消而阴长的过程。

那么,十二消息卦中的阴阳消长与农时又有什么关系呢?不难想到,一年中的十二个月恰好是寒来暑往,阳象征着暑,阴象征着寒。所以,十二消息卦的阴阳消长恰好象征着一年十二个月的寒暑变化。

于是,在一年的十二个月中,《复》卦(䷗)象征着子月。我们已经知道,在干支纪月中,每一个月都要用一个地支来计数。一年中有十二个月(这是从天文观测的结果),且地支恰好也是十二个。因此,一年中每一个月对应的地支实际上是固定不变的。代表着一阳初生的《复》卦(䷗)是十二消息卦的开始,子也是十二地支的开始,所以,《复》卦(䷗)自然对应着子月。

可是,子月又应该是哪个月呢?根据《复》卦(䷗)的卦象,子月应该是阳气初生的那一个月。古人认为阳气来自太阳,所以阳气初生便是白昼开始变长的时间。我们现在已知道,冬至是一年之中白昼最短、黑夜最长的一天。冬至过后,白昼便会日渐增长、黑夜将日渐消减。因此,冬至是阳气初生的开始。

事实上,古人很早就注意到至日了。例如,《周易》中有"先王以至日闭关"①的记载。再如,《周礼》中也有记载:"土圭尺有五寸,以致日,以土地。"②《周易》和《周礼》的记载表明,我国古人不仅知道有至日的特殊性,还能够利用土圭来测量至日的时间。

因为冬至是阳气生发的开始,所以,《复》卦(䷗)便对应着冬至所在的月份。正如《汉书》中所言:"冬至阳爻起初,故曰复。"③进而,古人也将子月定义为冬至所在的月份了。需要说明的是,和纪日与纪月无关一样,纪月也与纪年无关。子月虽是阳气生发的开始,但不一定是一年的开端。例如,我们现在使用的农历便是将寅月视作一年的开端,即正月。而我国的历法史上也只有周代的历法将子月设定为正月。

如若以《复》卦(䷗)对应着子月,将十二消息卦与十二月依次对应起来。我们便可以得到图8-1所示的十二消息卦排列图:

① 杨天才、张善文:《周易》,中华书局2011年版,第226页。
② 陈戌国:《周礼·仪礼·礼记》,岳麓书社2006年版,第105页。
③ 班固:《汉书》,中华书局1962年版,第1496页。

图 8-1　十二消息卦排列图

从《复》卦（☷☳）开始，阳爻依次增长，象征着阳气不断上升，白昼不断变长。待到《大壮》卦（☳☰）时，阳爻的数目超过阴爻的数目，意味着白昼将长于黑夜，以此为分界便是春分。随着阳爻继续增长，等到《姤》卦（☰☴）时，阴爻初生，象征着白昼长到了尽头，黑夜将开始变长，这便是夏至。随着阴爻的增长和阳爻的减少，到了《观》卦（☷☴）时，阴爻的数目又超过了阳爻的数目，便是秋分了。阴爻增长到了极致，阳爻又开始生发，这便回到了《复》卦（☷☳），预示着新的一轮循环开始。

以上冬至、夏至和春分、秋分四个时间点，在现代天文学研究中，分别对应着太阳直射南、北回归线和赤道的时间。因而，两至日和两分日具有重要的天文学意义，西方天文学也非常重视这四个时间点。不过，西方天文学中也只有对两至日和两分日的研究，中国古代的历法中除了两至日和两分日外，还有其他二十个节气。这也从侧面说明了中国古代历法并非纯粹的天文观测。

在十二消息卦中，《复》卦（☷☳）、《大壮》卦（☳☰）、《姤》卦（☰☴）和《观》卦（☷☴）分别对应着冬至、春分、夏至和秋分。实际上，每个卦也都有着对应的节气。

例如，《泰》卦（☷☰）的阳爻和阴爻的数目相同，意味着干燥少雨的冬季马上就要过去了，所以《泰》卦（☷☰）对应着雨水这个节气。再如，《否》卦（☰☷）和《泰》卦（☷☰）正好相反，意味着夏天马上就要过去了，所以《否》卦（☰☷）对应着处暑这个节气。在这个意义上，十二消息卦对应着十二个月，并非单纯地出于计算的考虑，也是以卦的象征意义来解释节气的变化，以便指导农时。

关于指导农时,我国古人还有更加细致的划分。因为对于农业生产而言,一个月的时间跨度不足以安排细致的农事活动。所以,我国古人在月的基础上划分了更加细致的农时。

例如,每一个消息卦都由上下两个经卦组成,因此,每个经卦也可以对应一个农时。进而,十二消息卦便可以对应二十四个农时,即我们常说的二十四节气。事实上,我们前文所列举的二至二分和雨水、处暑等都称为"中气",简称为"气",每两个中气都会被一个节令(简称"节")一分为二。这十二个气与十二个节合起来便是我们所说的二十四节气。

再如,每一个消息卦都是由六个爻构成的,因此,每一个爻也可以对应一个农时。进而,十二消息卦便可以对应七十二个农时,这便是我们常说的七十二候。所谓"候",即物候,也称为候应,包括气象和物象两类,描述的是更加细致的气候和自然的现象与变化。如《复》卦(䷗)的上六爻对应的物候是"水泉动",《泰》卦(䷊)的六五爻对应的物候是"鸿雁来"……

我们从物候的命名中不难看出,物候源于我国古人在农事活动中对气象和物象等现象的细致观察和总结。早在《诗经》中便有许多关于物候的描述,如"四月秀葽,五朋鸣蜩……五月斯螽动股,六月莎鸡振羽"[1]等。不过,从《诗经》的描述中,我们还可以看出,古人观察到的物候现象不只是七十二候命名中的现象。事实上,除了七十二候外,《礼记·月令》和《吕氏春秋》的十二纪中还记载了十多种不同的物候现象。而《大戴礼记·夏小正》中记载的物候现象甚至都不系统,每个月包含的物候数目也不完全一致。这表明,物候现象最初只是古人对生活的观察,与《周易》无关。只是后来人借《周易》将物候现象加以系统化地整理,从而形成用于指导农时的七十二候体系。

事实上,我们如果追溯七十二候和二十四节气的起源我们也会发现,七十二候最初和二十四节气也是没有关系的。直到《淮南子》才将七十二候和二十四节气相结合,形成了一套完整的农时体系。于是,汉代以后,七十二候和二十四节气便共同编入历法之中。而在历法制定的过程中,《周易》——尤其是十二消息卦——以其意象型思维方式将物候、节气和卦相联系,促进了用于指导农时的历法体系的形成。

---

① 刘毓庆、李蹊:《诗经》,中华书局 2011 年版,第 364 页。

综上所述,我们看到,中国古人既无纯粹意义上的天文观测,也无纯粹意义上的历法授时,天文历法主要是围绕农时而建立的。在这个意义上,我们将中国传统历法称为农历便再恰当不过了。《周易》以其意象型的思维方式将天象、物象和人的农事活动联系起来,从而促进了农历的制定。

## 第三节 《周易》与建筑意匠

建筑历来在人的生活中都起着重要的作用。在人类文明中建筑除了遮风挡雨的功能外,还为人们的文化活动提供了场所。建筑的目的不外是取得一种人为环境,供人们从事各种活动。其中,人们从事的各种活动既包括关乎生存的必要活动,又包括关乎精神的文化活动。

既然建筑与人们的精神文化生活相关,自然会体现出与人们的精神文化生活相关的特征。这些特征不再是单纯地从结构功能上做出的考虑,还包括思想观念的传达。这也是说,"作为观念形态的意识不仅仅会反过来影响人的社会存在,同时作为文化积淀的、相对稳定的观念形态本身就是一种社会存在,必然地要影响到设计者的设计过程"①。同样,中国传统文化和精神也会影响中国古代建筑的设计。

此外,所谓"建筑意匠"是指,在中国古代社会中,尤其是在漫长的封建社会中,影响以至决定了古建筑设计结果的那些相对稳定的、作为观念形态的社会文化意识。② 我们将在这一节中以中国古代的明堂建筑和北京故宫中的太和殿为例,简要地探讨一下《周易》和建筑意匠的关系。

### 一、《周易》与明堂

明堂是中国古代的礼制建筑,即古人举行祭祀大典的地方。早在《周礼》中便有记载:"周人明堂,度九尺之筵,东西九筵,南北七筵,堂崇一筵。五室,凡室二筵。室中度以几,堂上度以筵,宫中度以寻,野度以步,涂度以轨。庙门容大

---

① 潘谷西:《中国建筑史》,中国建筑工业出版社 2001 年版,第 212 页。
② 潘谷西:《中国建筑史》,中国建筑工业出版社 2001 年版,第 212 页。

扃七个,闱门容小扃参个,路门不容乘车之五个,应门二彻参个。内有九室,九嫔居之。外有九室,九卿朝焉。"①由此可见,明堂建筑产生时间很早。

西汉时期的《大戴礼记》中也有关于明堂的说明:"明堂者,古有之也。凡九室,一室而有四户八牖,三十六户,七十二牖。以茅盖屋,上圆下方。明堂者,所以明诸侯尊卑。外水曰辟雍。南蛮,东夷,北狄,西戎。《明堂月令》:赤缀户也,白缀牖也。二九四七五三六一八。堂高三尺,东西九筵,南北七筵,上圆下方。九室十二堂,室四户,户二牖,其宫方三百步。在近郊,近郊三十里。"②

我们看到,《大戴礼记》中有关明堂的描述比《周礼》中的记载更加详细。不过,我们也可以看出,《大戴礼记》和《周礼》中关于明堂规制的记载是有出入的。事实上,由于各类典籍记载之间的差异,关于古代明堂的规制一直都存在比较大的争议。我们现在能够明确知道的明堂规制是唐代明堂的规制,唐高宗曾发布诏书《定明堂规制诏》详细地规定了明堂的形制及各部分尺寸。《定明堂规制诏》中与《周易》相关的明堂规制如下:

> 其明堂院每面三百六十步,当中置堂。按《周易》乾之策二百一十有六,坤之策一百四十有四,总成三百六十,故方三百六十步。当中置堂,处二仪之中,定三才之本,构兹一宇,临此万方。
>
> ⋯⋯⋯⋯⋯⋯
>
> 其上檐周回二百四柱。按《周易》,坤之策一百四十有四,又《汉书》,九会之数有六十,故置二百四柱。所以采坤策之玄妙,法甲乙之精微,环回契辰象之规,结构准阴阳之数。又基以象地,故叶策于坤元;柱各依方,复规模于甲子。
>
> 重楣,二百一十六。按《周易》,乾之策二百一十有六,故置二百一十六条。所以规模《易》象,拟法乾元,应大衍之深玄,叶神策之至数⋯⋯
>
> 连栱,三百六十枚。按《周易》,当期之日,三百有六十,故置三百六十枚。所以叶周天之度,准当期之日,顺平分而成岁,应晷运以循环⋯⋯南北大梁,(三)[二]根。按《周易》,太极生两仪,故置二大梁。轨范乾坤,模拟

---

① 陈戍国:《周礼·仪礼·礼记》,岳麓书社 2006 年版,第 108 页。
② 王聘珍:《大戴礼记解诂》,中华书局 1983 年版,第 149~151 页。

天地,象元黄之合德,表覆载以生成。阳马,(二)[三]十六道。按《易纬》,有三十六节,故置三十六道。所以显兹嘉节,契此贞辰,分六气以变阴阳,环四象而调风雨……①

我们可以从《定明堂规制诏》中看到,明堂的规制明显受到了《周易》的影响。

例如,明堂院的边长为三百六十步,源于"《乾》之策"和"《坤》之策"的总数。在大衍筮法中,每占得一个老阳需要 36 根蓍草,每占得一个老阴需要 24 根蓍草;所以,得到《乾》卦(☰)需要 216 根蓍草,得到《坤》卦(☷)需要 144 根蓍草。《乾》《坤》之和为 360,对应着明堂院的边长。这也是《系辞》中所说:"《乾》之策二百一十有六,《坤》之策百四十有四,凡三百有六十,当期之日。"②

再如,槛柱的数目按照"《坤》之策"来制定,重楣的数量按照"《乾》之策"来制定。因为《坤》卦(☷)象征着地,《乾》卦(☰)象征着天,所以,在下的槛柱按"《坤》之策"制定,在上的重楣按"《乾》之策"制定。但是,由于"《乾》之策"是 216,"《坤》之策"是 144,二者相差很大,因此,槛柱的数目与重楣的数目并不匹配。于是,出于实际营造工作的考虑,《定明堂规制诏》在制定槛柱数目时不得不在"《坤》之策"的基础上再增加"九会之数"。所谓"九会之数"是指"参天数二十五,两地数三十"③中的"两地数三十",即 60。因此,《定明堂规制诏》才将槛柱数定制为 204,这样便与重楣数相差不大了。

由此可见,《定明堂规制诏》中制定的明堂规制,虽然多处参考《周易》中的数字,但也并非盲目地按照《周易》制定,在营造中还是需要根据实际情况来制定。所以,参考《周易》制定明堂其实是为了赋予明堂以社会文化的意义,从而使得明堂在建筑风格上符合人们关于祭天、祭祀等明堂功能的观念。

## 二、《周易》与北京故宫

北京故宫,即紫禁城,始建于明代永乐年间,是明清两代的皇家宫殿。不

---

① 刘昫等:《旧唐书》,岳麓书社 1997 年版,第 533~536 页。
② 杨天才、张善文:《周易》,中华书局 2011 年版,第 583 页。
③ 班固:《汉书》,中华书局 1962 年版,第 983 页。

过,我们现在看到的故宫实际上经历了李自成焚毁和清代的重建、改建,但总体上仍然保持了明代的布局。

北京故宫属于宫殿建筑,象征着皇权。正是因为故宫至高无上的建筑等级,在修建、重建和改建时都耗费了大量的人力、物力,使用的都是当时最成熟的工艺。从这个角度看,北京故宫在营造时受到自然条件的限制是最小的。也正是由于受到的自然条件限制最小,因而,北京故宫的营造者才能充分地表达自己的建筑设计思想。在这个意义上,相较于一般的建筑,北京故宫可以更加充分地体现易学思想与建筑意匠之间的关系。

北京故宫东西宽 760 米、南北长 960 米,周围有护城河环绕。故宫城墙的南边是正门——午门,进入午门便是外朝。外朝的中轴线上由南到北依次是太和殿、中和殿和保和殿。其中,太和殿是外朝的主殿,是天子登基、皇帝庆寿、颁布重要政令和举行元旦、冬至大朝会的地方。因此,太和殿是中国等级最高的建筑物。

建筑等级是中国古代建筑的一个显著特点。不同身份地位的人所享有的建筑是有着严格的等级划分的。建筑等级在建筑物上最明显的体现便是建筑物的开间数。所谓"开间"是指,我国木构建筑正面相邻两檐柱门的水平距离。通俗地说,建筑物的两根相邻的支撑柱之间便是一个开间。一般而言,建筑物的开间数越多,其面积便越大。由于建筑物的尺度能够给人以最直接的视觉冲击,因而建筑物的尺度往往是建筑等级最直接的体现。也就是说,建筑物的等级越高,其开间数越多。

在中国古代的建筑中,等级最高的建筑物的开间数为面阔九间、进深五架。① 之所以会这样规定,主要源于《周易》中的"九五"之数。《周易》中有"九五,飞龙在天,利见大人"②之辞。所以,古代皇帝也被称为"九五之尊",皇帝的建筑也要按"九五"之数营建。从而,面阔九间、进深五架自然就成了中国古代建筑中的最高等级。现存的中国古代建筑中,符合"九五"之数的建筑物只有北

---

① 建筑的进深通常用屋架上的椽数或建筑侧面的间数来表示。屋架上的椽数与建筑侧面的间数是相互对应的。

② 杨天才、张善文:《周易》,中华书局 2011 年版,第 5 页。

京故宫的乾清宫和山东曲阜孔庙的大成殿。①

　　北京故宫太和殿的前身——明代的奉天殿，也是一座面阔九间、进深五架的建筑物。明代时，奉天殿失火重建，重建后更名为皇极殿。皇极殿同样是一座面阔九间、进深五架的建筑物。明末甲申之变后，李自成占领北京，后清兵入关，李自成从北京撤退时将紫禁城焚毁。直到清代，皇极殿重新建成，并正式定名为太和殿。太和殿是以皇极殿为蓝本营造的，不过太和殿是一座面阔十一间、进深五架的宫殿。

　　那么，太和殿为什么要把面阔改成十一间呢？其中，最重要的原因是受自然条件所限。皇极殿使用的建筑材料是产于我国西南地区的金丝楠木，金丝楠木因其木质致密、质地坚硬且不易变形而成为中国古代建筑中最高级、最理想的建筑用材。但是，金丝楠木生长缓慢。因而，待到清代重建太和殿时，连皇家也无法凑齐建造太和殿所需的金丝楠木了。于是，太和殿实际使用的是产于我国东北地区的松木建造而成的。因为松木的承重力小于金丝楠木，所以每个开间的跨度必须缩小才能保证松木的力学稳定性。进而，太和殿如果要达到皇极殿的通面阔，便需要增加相应的开间数。因此，太和殿将面阔增加到了十一间。

　　然而，即使太和殿将面阔增加到了十一间，相比永乐年间的奉天殿的面积仍然小了许多。于是，我们不禁要问：为什么不继续增加开间数以营造更大的宫殿呢？这又涉及《周易》中的数字。《周易》有言，"天数二十有五，地数三十，凡天地之数五十有五"②，太和殿的面阔十一间、进深五架，总间数恰好是 $11 \times 5 = 55$ 间，正与"天地之数"相对应。所以，太和殿便将面阔设定为十一间而不再增加了，这也使得太和殿成了中国现存建筑中较少的面阔达到十一间的建筑。③

　　不过，太和殿的营造者的独具匠心之处在于，营造者在太和殿东西两侧的两个尽间内沿着平行于山墙的方向各砌了一堵墙，从而形成了两个独立的夹间。从建筑功能的角度看，这两个独立的夹间具有一定的防火作用，预防太和

---

　　① 建筑的等级并非只有开间数这一个衡量标准，还包括台基和屋顶。例如，北京故宫的乾清宫和山东曲阜孔庙的大成殿虽然都是面阔九间、进深五架，但是都采用了重檐歇山顶，而建筑等级最高的屋顶是重檐庑殿顶。

　　② 杨天才、张善文：《周易》，中华书局 2011 年版，第 583 页。

　　③ 另一座面阔十一间的建筑是哈尔滨文庙的主殿大成殿。不过，哈尔滨文庙建于民国期间，虽然沿用了光绪修改的孔庙规制。但是严格来讲，只能算作是仿清代建筑风格了。另外，陕西西安唐大明宫含元殿和麟德殿遗址也是十一开间的建筑。

殿再次遭到焚毁。从建筑风格的角度看,这两个独立的夹间又使得太和殿从内部看来仍然是面阔九间、进深五架,符合皇家建筑的"九五"之数。

此外,由于太和殿面阔十一间、进深五架,太和殿一共使用了 72 根立柱支撑斗栱。在这 72 根立柱中,营造者将位于大殿正中的金銮座椅东西两侧的 6 根内柱漆成金色,其余 66 根立柱都漆成红色。漆成金色的每根内柱上都设计有一条缠绕的沥粉金龙,因此,这六根漆成金色的内柱也称为蟠龙金柱。

从视觉感受上看,六根蟠龙金柱突出了大殿正中高台之上的金銮座椅,使得金銮座椅更显威严。从文化观念上看,六根蟠龙金柱的匠意也符合《周易》中"'时乘六龙',以'御天'也"[①]的说法。进而,中和殿中悬挂的对联"时乘六龙以御天所其无逸,用敷五福而锡极彰厥有常"便与太和殿中的这六根蟠龙金柱遥相呼应。

事实上,在北京故宫中,很多设计都直接或间接地受到了《周易》的影响。例如,北京故宫位于明清时期的北京城的中心,这种规划明显是受《周易》"中正"思想的影响。因为,如果说汉代的未央宫建造在汉长安城的西南侧是因为汉长安城是在秦咸阳的兴乐宫的基础上逐步扩建而来,受到原有城市布局的限制。那么,对于新建的隋大兴城来说,把皇宫设计在城市中轴线北端的城市布局便是主要受文化观念的影响了。所以,明清时期将皇宫设计在城市的中心,相较于隋大兴(或唐长安)而言,更加体现了"中正以观天下"[②]的思想。

综上所述,易学思想深深地影响了我国古代建筑的意匠。虽然有些设计实际上是受营造技术或材料的限制,但即便是妥协后的设计仍然会借助《周易》来阐发其思想内涵。正因如此,宋代建筑设计师李诫曾说:"臣闻'上栋下宇',《易》为'大壮'之时;'正位辨方',《礼》实太平之典。"[③]

## 第四节 从本土化视域看"李约瑟难题"

说到中国古代学术的发展,便绕不开一个问题。这个问题便是"李约瑟难题"。关于"李约瑟难题"具体是什么,李约瑟本人曾有过几种不同的表述:

---

① 杨天才、张善文:《周易》,中华书局 2011 年版,第 20 页。
② 杨天才、张善文:《周易》,中华书局 2011 年版,第 190 页。
③ 梁思成:《〈营造法式〉注释》,生活·读书·新知三联书店 2013 年版,第 3 页。

其一,李约瑟在《中国科学技术史》的序言中说,中国的科学为什么持续停留在经验阶段,并且只有原始型的或中古型的理论?如果事情确实是这样,那么在科学技术发明的许多重要方面,中国人又怎样成功地走在那些创造出著名"希腊奇迹"的传奇式人物的前面,和拥有古代西方世界全部文化财富的阿拉伯人并驾齐驱,并在 3 到 13 世纪之间保持一个西方所望尘莫及的科学知识水平?中国在理论和几何学方法体系方面所存在的弱点,为什么并没有妨碍各种科学发现和技术发明的涌现?中国的这些发明和发现往往远远超过同时代的欧洲,特别是在 15 世纪之前更是如此(关于这一点可以毫不费力地加以证明)。欧洲在 16 世纪以后就诞生了近代科学,这种科学已被证明是形成近代世界秩序的基本因素之一,而中国文明却未能在亚洲产生与此相似的近代科学,其阻碍因素是什么?另一方面,又是什么因素使得科学在中国早期社会中比在希腊或欧洲中古社会中更容易得到应用?最后,为什么中国在科学理论方面虽然比较落后,却能产生出有机的自然观?[①]

其二,李约瑟在《中国科学技术史》的全书编写计划中再次说道,我们所面对的是一系列惊人的科学创始精神、突出的技术成就和善于思考的洞察力。既然如此,那么,为什么近代科学,亦即经得起全世界的考验、并得到合理的普遍赞扬的伽利略、哈维(Harvey)、维萨留斯、格斯纳(Gesner)、牛顿(Newton)的传统——这种传统注定成为统一的世界大家庭的理论基础——是在地中海和大西洋沿岸,而不是在中国或亚洲其他任何地方发展起来呢?[②]

其三,李约瑟在《东西方的科学与社会》中又一次说道:"为什么近代科学只在欧洲文明中发展,而未在中国(或印度)文明中成长?""为什么在公元前 1 世纪至公元 15 世纪期间,中国文明在获取自然知识并将其应用于人的实际需要方面要比西方文明有成效得多?"[③]

从李约瑟各种不同的表述中,我们可以把"李约瑟难题"简要地概括为:为什么中国古代涌现出很多科学发现和技术发现,但近代科学却没有出现在中国?同时,从李约瑟的表述中,我们也可以看出,李约瑟是从西方科学史的视角

---

① 李约瑟:《李约瑟中国科学技术史 第一卷 导论》,袁翰青等译,科学出版社 2018 年版,第 1~2 页。

② 李约瑟:《李约瑟中国科学技术史 第一卷 导论》,袁翰青等译,科学出版社 2018 年版,第 18 页。

③ 李约瑟:《李约瑟文录》,王钱国忠编,浙江文艺出版社 2004 年版,第 152 页。

来审视中国古代科技的发展,或者说,根据我们在第六章中的讨论,李约瑟的问题域倾向是西方的。同样的现象,换一个视角,我们其实还可以发出这样的疑问:为什么西方在公元 1 世纪至 15 世纪在获取自然知识并将其应用于人类实践需要方面落后于中国,却能诞生近代科学呢?这样看来,正如第六章中的讨论,我们改变一下问题倾向,便有可能得出不同的结论。那么,如果从本土化视域的角度来看,我们又应该怎样理解"李约瑟难题"呢?

鞠实儿证明了科学实际上也是地方性知识:"科学知识是在科学文化背景下,以科学工作者为主体的社会文化群,开展科学研究这一社会活动的结果。根据科学史和科学研究经验,这一以科学家为主体的科学知识形成过程通常包含如下要素:(1)科学文化背景,主要是关于科学的信仰、信念、观念等;包括支撑科研的关于宇宙和人类社会的基本看法、注重经验验证和逻辑分析的认识论传统、崇尚善和服务人类的科学伦理传统。(2)科学实践活动的制度、习俗,包括研究程序、处理群体内外关系的准则等。(3)科学研究基本方法,包括假说形成与检验、归纳与演绎、公理化方法、数学方法等。(4)科学研究的成果,主要是科学理论、科学在工程技术中应用等。(5)科学成果的功能是解决人类面临的问题,在人类需求和环境之间达到某种平衡。(6)科学成果的形式与内容会不断地变化和发展。我们称根据上述过程得到的科学成果为科学知识。科学知识的发生描述表明:(1)(2)和(3)为科学知识的形成提供文化背景,囊括社会制度、组织保障和方法论;(4)和(5)是科学知识的实体部分。根据定义,科学知识属地方性知识。"①

于是,我们似可以得出,科学和中国古代学术类似,都是特定的社会-文化群体对人和自然的认知实践而产生的地方性知识。当然,因为人和自然都具有客观属性,所以科学和中国古代学术的认知实践必有相似之处。例如,中西方观测到的太阳和月亮的运行周期基本上是相同的,因此,中西方的历法大体上也是一致的。这是因为历法要与观测数据相符合。但是,我们在本章的第二节中说到,中西方对天象的认识实践是截然不同的。再如,相同的建筑材料在中西方体现出来的性质基本上也是相近的,因此,中西方使用相同材料建造的建筑物在设计上也会有相近之处。这是因为建筑物的设计势必会受到建筑材料

---

① 鞠实儿、刘兵:《地方性知识研究》,商务印书馆 2021 年版,第 21 页。

的限制。但是,在本章的第三节中我们说到,中西方建筑的建筑意匠是完全不同的。这些不同之处是因为对天象的认知和建筑意匠都会受到社会-文化群体的影响。

因此,当我们在谈到科技的时候,不妨把"科学"和"技术"分开来谈。"技术"是直接应用于人体或自然物的实践。由于人体和自然物都是客观的,从而不同社会-文化群体中的技术总是相似的。不过,"科学"却属于人的认知范畴,在不同的社会-文化群体中有可能是不同的。或者说,每一个社会-文化群体中都有一部分相当于"科学"的知识,但这部分知识未必就是我们现在所说的"科学"。

从本章对"易学"与中国古代学术的探讨来看,我国古人主要是以"易"为基础来思考实践问题的。因此,我国古人在获得技术成就的同时实际上并没有任何和科学有关的问题。

我们不妨再举一例。《神农本草经》中记载了水法炼钢的技术,也许有些社会-文化群体并未掌握该技术,但掌握了该技术的社会-文化群体对水法炼钢的技术描述都与《神农本草经》中的记载大同小异。这是因为冶炼技术是直接对自然物(矿石)的操作,不同社会-文化群体对水法炼钢的认知却是小同大异的。我国古人是从易学(《周易参同契》)的角度来认知具体的冶炼技术的。所以,我们看到,在发展技术的同时,我国古人实际上丰富和发展了"易"的思想,却完全没有做科学的考虑。

在这个意义上,我们似可以认为,李约瑟在《东西方的科学与社会》中提出的"中国文明在获取自然知识并将其应用于人的实际需要"[①]的说法是失之偏颇的。中国古代文明虽然在人类实践方面做出了很高的成就,却从未考虑过任何科学方面的问题,自然而然地就从未获取过自然知识。相反,中国古代文明的人类实践极大地丰富了"易学"的内容,从而把"易学"发展为一门"无所不包"的学问。

不过,需要说明的是,中国古代文明从人类实践中获取"易学"等知识并不意味着"易学"等知识阻碍了中国产生近代科学。因为只有当近代科学是人类

---

① 李约瑟:《李约瑟文录》,王钱国忠编,浙江文艺出版社 2004 年版,第 152 页。

知识体系发展的必然或唯一时,才会涉及"阻碍因素是什么"①这一类的问题。否则,中国没有产生近代科学便是没有产生近代科学,这不是一个需要分析的问题。

因此,从本土化视域的角度看,"李约瑟难题"是一个因问题域倾向不明确而导致的伪问题。正如席文、何丙郁、吴国盛等学者指出的那样,"李约瑟难题"实际上是没有意义的。②③④

回到本书的讨论中,在对"李约瑟难题"的回应中,我们可以具体地看到研究视域对研究问题或研究结果的影响。或许,立足于本土化视域,我们可以更清晰地看到《周易》在中国传统文化中的价值与作用,从而,可以更有创造性地转化、发展和弘扬中国传统文化。

① 李约瑟:《李约瑟中国科学技术史 第一卷 导论》,袁翰青等译,科学出版社 2018 年版,第 1~2 页。
② 席文:《为什么中国没有发生科学革命?》,载《科学与哲学》1984 年第 1 期,第 5~43 页。
③ 何丙郁:《试从另一观点探讨中国传统科技的发展》,载《大自然探索》1991 年第 1 期,第 27~32 页。
④ 吴国盛:《现代化之忧思》,生活·读书·新知三联书店 1999 年版,第 74 页。

# 参考文献

## 一、古籍文献

[1]杨天才,张善文.周易[M].北京:中华书局,2011.

[2]许慎.说文解字[M].蔡梦麒,校释.长沙:岳麓书社,2021.

[3]陈戍国.周礼·仪礼·礼记[M].长沙:岳麓书社,2006.

[4]陈戍国.尚书[M].长沙:岳麓书社,2019.

[5]刘昫,等.旧唐书[M].长沙:岳麓书社,1997.

[6]陈戍国.春秋左传[M].长沙:岳麓书社,2019.

[7]李维琦.国语·战国策[M].长沙:岳麓书社,2006.

[8]班固.汉书[M].北京:中华书局,1962.

[9]司马迁.史记[M].北京:中华书局,1950.

[10]许慎.说文解字注[M].段玉裁,注.杭州:浙江古籍出版社,1998.

[11]王充.论衡[M].长沙:岳麓书社,1991.

[12]陈晓芬,徐儒宗.论语·大学·中庸[M].北京:中华书局,2011.

[13]方勇,李波.荀子[M].北京:中华书局,2011.

[14]陆玖.吕氏春秋[M].北京:中华书局,2011.

[15]汤漳平,王朝华.老子[M].北京:中华书局,2014.

[16]方勇.庄子[M].北京:中华书局,2010.

[17]方勇.孟子[M].北京:中华书局,2010.

[18]朱熹.周易本义[M].廖名春,点校.北京:中华书局,2009.

［19］脱脱,等.宋史［M］.北京:中华书局,1977.

［20］王弼,韩康伯,陆德明,孔颖达.周易注疏［M］.北京:中央编译出版社,2012.

［21］黎靖德.朱子语类［M］.王星贤,点校.北京:中华书局,1985.

［22］顾炎武.顾炎武全集［M］.上海:上海古籍出版社,2011.

［23］王夫之.周易内传·周易大象解·周易稗疏·周易外传［M］.长沙:岳麓书社,2010.

［24］张世亮,钟肇鹏,周桂钿.春秋繁露［M］.北京:中华书局,2012.

［25］黄奭.易纬·诗纬·礼纬·乐纬［M］.上海:上海古籍出版社,1993.

［26］周敦颐.周敦颐集［M］.梁绍辉,徐荪铭,等,校点.长沙:岳麓书社,2007.

［27］黎翔凤.管子校注［M］.梁运华,整理.北京:中华书局,2004.

［28］陈高佣.公孙龙子·邓析子·尹文子今解［M］.北京:商务印书馆,2017.

［29］李鼎祚.周易集解［M］.北京:中央编译出版社,2011.

［30］高华平,王齐洲,张三夕.韩非子［M］.北京:中华书局,2010.

［31］钱大昕.十驾斋养新录［M］.杨勇军,整理.上海:上海书店出版社,2011.

［32］姚际隆.卜筮全书［M］.闵兆才,编校.北京:华龄出版社,2019.

［33］邵雍.梅花易数［M］.陈阳,整理.北京:九州出版社,2016.

［34］方勇.墨子［M］.北京:中华书局,2011.

［35］王志彬.文心雕龙［M］.北京:中华书局,2012.

［36］程翔.说苑［M］.北京:商务印书馆,2018.

［37］王符,汪继培.潜夫论笺校正［M］.彭铎,校正.北京:中华书局,1985.

［38］章伟文.周易参同契［M］.北京:中华书局,2014.

［39］陈广忠.淮南子［M］.北京:中华书局,2012.

［40］刘毓庆,李蹊.诗经［M］.北京:中华书局,2011.

［41］王聘珍.大戴礼记解诂［M］.北京:中华书局,1983.

［42］梁思成.《营造法式》注释［M］.北京:生活·读书·新知三联书

店,2013.

　　[43]陈立.白虎通疏证[M].北京:中华书局,1994.

　　[44]邵雍.康节先生文集1[M].闵兆才,编校.北京:华龄出版社,2020.

　　[45]刘牧、张理.易数钩隐图·大易象数钩深图[M].郑同,整理.北京:九州出版社,2020.

　　[46]黄宗羲.黄宗羲全集[M].杭州:浙江古籍出版社,2012.

## 二、学术论著

　　[1]王力.古代汉语 第一册[M].北京:中华书局,2001.

　　[2]宋兆麟,黎家芳,杜耀西.中国原始社会史[M].北京:文物出版社,1983.

　　[3]朱伯崑.易学哲学史[M].北京:昆仑出版社,2009.

　　[4]朱伯崑,李申,王德有.周易知识通览[M].北京:中央编译出版社,2018.

　　[5]任晓明,桂起权.非经典逻辑系统发生学研究——兼论逻辑哲学的中心问题[M].天津:南开大学出版社,2011.

　　[6]刘笑敢.诠释与定向——中国哲学研究方法之探究[M].北京:商务印书馆,2009.

　　[7]衣俊卿.文化哲学十五讲[M].北京:北京大学出版社,2015.

　　[8]孙延钊.孙衣言、孙诒让父子年谱[M].徐和雍,周立人,整理.上海:上海社会科学出版社,2003.

　　[9]苏秉琦.中国文明起源新探[M].北京:人民出版社,2013.

　　[10]李学勤.字源[M].天津:天津古籍出版社,2012.

　　[11]余英时.论天人之际:中国古代思想起源试探[M].北京:中华书局,2014.

　　[12]吴文俊.吴文俊论数学机械化[M].济南:山东教育出版社,1996.

　　[13]吴文俊.《九章算术》与刘徽[M].北京:北京师范大学出版社,1982.

[14]吴国盛. 现代化之忧思[M]. 北京：生活·读书·新知三联书店, 1999.

[15]张金平. 考古发现与《易》学溯源研究[M]. 北京：中国社会科学出版社, 2015.

[16]张闻玉. 古代天文历法讲座[M]. 桂林：广西师范大学出版社, 2017.

[17]陈寅恪. 陈寅恪史学论文选集[M]. 上海：上海古籍出版社, 1992.

[18]武宏志, 周建武, 唐坚. 非形式逻辑导论[M]. 北京：人民出版社, 2009.

[19]苗力田. 亚里士多德全集 第一卷[M]. 北京：中国人民大学出版社, 1990.

[20]尚秉和. 尚氏易学存稿校理[M]. 北京：中国大百科全书出版社, 2005.

[21]冯友兰. 中国哲学史[M]. 上海：华东师范大学出版社, 2011.

[22]罗振玉. 殷虚书契考释三种[M]. 北京：中华书局, 2006.

[23]郑也夫. 文明是副产品[M]. 北京：中信出版社, 2015.

[24]顾颉刚, 等. 古史辨[M]. 海口：海南出版社, 2005.

[25]高亨. 周易大传今注[M]. 济南：齐鲁书社, 1979.

[26]高亨. 周易古经今注[M]. 北京：中华书局, 1984.

[27]黄德宽. 古文字学[M]. 上海：上海古籍出版社, 2019.

[28]梁启超. 梁启超全集[M]. 北京：北京出版社, 1999.

[29]温公颐, 崔清田. 中国逻辑史教程[M]. 天津：南开大学出版社, 2012.

[30]潘谷西. 中国建筑史[M]. 北京：中国建筑工业出版社, 2001.

[31]鞠实儿, 刘兵. 地方性知识研究[M]. 北京：商务印书馆, 2021.

[32]哈佛燕京学社. 波士顿的儒家[M]. 南京：江苏教育出版社, 2009.

[33]克利福特·吉尔兹. 地方性知识——阐释人类学论文集[M]. 王海龙, 张家瑄, 译. 北京：中央编译出版社, 2000.

[34]托马斯·库恩. 科学革命的结构[M]. 金吾伦, 胡新和, 译. 北京：北京大学出版社, 2003.

[35]李约瑟. 李约瑟中国科学技术史 第一卷 导论[M]. 袁翰青，等，译. 北京：科学出版社，2018.

[36]李约瑟. 李约瑟文录[M]. 王钱国忠，编. 杭州：浙江文艺出版社，2004.

[37]汉斯-格奥尔格·伽达默尔. 诠释学Ⅰ、Ⅱ 真理与方法[M]. 洪汉鼎，译. 北京：商务印书馆，2007.

[38]柏拉图. 蒂迈欧篇[M]. 谢文郁，译. 上海：上海人民出版社，2005.

[39]威廉·涅尔，玛莎·涅尔. 逻辑学的发展[M]. 张家龙，洪汉鼎，译. 北京：商务印书馆，1985.

[40]维特根斯坦. 哲学研究[M]. 北京：商务印书馆，1996.

[41]斯蒂芬·图尔敏. 论证的使用[M]. 谢小庆，王丽，译. 北京：北京语言大学出版社，2016.

[42]理查德·格里格，菲利普·津巴多. 心理学与生活[M]. 王垒，王甦，译. 北京：人民邮电出版社，2003.

[43]许纪霖. 公共性与公共知识分子[M]. 南京：江苏人民出版社，2003.

[44]陈鼓应. 道家文化研究 第三辑 马王堆帛书专号[M]. 上海：上海古籍出版社，1993.

## 三、论文

[1]安阳市文物工作队. 1995—1996年安阳刘家庄殷代遗址发掘报告[J]. 华夏考古，1997（2）：28-45.

[2]乔清举. 中国哲学研究反思：超越"以西释中"[J]. 中国社会科学，2014（11）：43-62.

[3]李先龙，张晓芒. 从历史化的角度推动逻辑学科的发展——以图尔敏的论证思想为例[J]. 湖北大学学报（哲学社会科学版），2016（3）：34-39.

[4]杨耕. 文化的作用是什么[N]. 光明日报，2015-10-14（13）.

[5]何丙郁. 试从另一观点探讨中国传统科技的发展[J]. 大自然探索，1991（1）：27-32.

[6]张政烺.试释周初青铜器铭文中的易卦[J].考古学报,1980(4):403-415.

[7]张晓芒.中国古代从"类"范畴到"类"法式的发展演进过程[J].逻辑学研究,2010(1):89-113.

[8]费孝通.反思·对话·文化自觉[J].北京大学学报(哲学社会科学版),1997(3):15-22.

[9]席文.为什么中国没有发生科学革命?[J].科学与哲学,1984(1):5-43.

[10]鞠实儿.论逻辑的文化相对性——从民族志和历史学的观点看[J].中国社会科学,2010(1):35-47.

[11]鞠实儿,张一杰.中国古代算学史研究新途径——以刘徽割圆术本土化研究为例[J].哲学与文化,2017(6):25-49.

[12]鞠实儿.广义论证的理论与方法[J].逻辑学研究,2020(1):1-27.